イマジネール

想像力の現象学的心理学

ジャン＝ポール・サルトル
澤田　直・水野浩二 訳

講談社学術文庫

目次

凡例

・本書は、Jean-Paul Sartre, *L'imaginaire: psychologie phénoménologique de l'imagination*, Paris: Gallimard (coll. « Bibliothèque des idées »), 1940 の全訳である。翻訳に用いた底本については、巻末「訳者解説」を参照されたい。

・訳文中で用いた記号類については、以下のとおりである。

（　）　原文における（　）

「　」　原文における « 　» および " 　"（読みやすさに配慮して訳文中で「　」を補った場合もある）

〈　〉　原文において冒頭を大文字にして強調している語句

［　］　編者による補足

〔　〕　訳者による補足・注記

ゴシック体　原文において大文字だけで表記されている語句

傍　点　イタリック

・原注は（1）、（2）の形で、訳注は＊1、＊2の形で箇所を指示した。いずれも部ごとの通し番号とし、注本文は各節の末尾に置いた。
・読みやすさに配慮して、原文中にはない番号づけを行った箇所がある。

イマジネール

想像力の現象学的心理学

序

サルトルは、ル・アーヴルの高校《リセ》の若き教師だった一九三四年に、想像力(1)に関する著作の執筆を企てた。彼の仕事は、生徒たちに大学入学資格試験《バカロレア》を準備させることだった。*1 当時、そしてその後もしばらく、フランスの高校生は一般心理学（その後は「理論」心理学）、形而上学、倫理学、論理学という哲学の伝統的な四領域の手ほどきを受けていた。想像力は、知覚、記憶、観念連合、注意、情動などと同じく、サルトルが講義する心理学のテーマの一つだった。心理学は「心的諸事実とその諸法則に関する実証科学」と定義され、「実践や美学に直結した一切の観点、存在論や規範性に関する一切の関心」は意図的に排除されていた(2)。一九三六年に出版された小著『想像力』(3)と四年後に刊行されることになる『イマジネール』——これは博士論文になるはずだった(4)——は、後者の結論部を除けば、上記のように定義された心理学の目標から——少なくとも形式的には——ほとんど逸脱していない。

しかし、読者はサルトルが本書で考察する諸事実、ひいては諸法則が心理学の公式の教科書と同じ意味ではないことにすぐ気づくだろう。

『イマジネール』の冒頭から、サルトルは、かつて自分が学び、今や生徒たちに教えなければならない理論に背を向ける決意を表明する。彼はそれらの論拠も反論も熟知している。

ある論拠がある種の事実に基づいているとすれば、反論もそれとは異なる事実に依拠しており、その反論もたいていは他の理論によって否定される。たとえば、人間の全能力は基本的な感覚作用の集まりから成る、とするコンディヤックの感覚論がある。また、ヒューム、スチュアート・ミル、テーヌ以来の連合主義理論があり、その論者たちのあいだには、感覚的印象と「意識状態」の関係性や、支配する法則の理解において微妙な差異がある。さらには合理主義的理論があるが、サルトルによれば、これは連合主義を否定するものの、その精神を受け継いでいる……。実際、当時の定番の教科書や、より詳細な心理学概論、たとえば権威のあったジョルジュ・デュマの『新心理学概論[5]』を瞥見すれば、著者たちが、連合主義の理論を部分的に受け入れており、連合の本性を疑っていなかったことは明らかに見て取れる。そのために、意識の総合的活動性を示そうとしながら、連合主義の理論と対になっている心的諸事実の自動性の理論を反駁することができない。

「誰もが、世界を理解するためには、新しく孤独な努力を、生まれた状態で、やり直す必要があるだろう」と、サルトルは青年時代の手帳に無邪気に記している。彼は斬新で具体的な哲学を構築しようという野心を持ち続けたし[6][*2]、ここでは具体性を出発点にしようとしている。だからといって、想像的生を探究する際に、物質に優位を与えるということではないし、ましてや科学の研究対象である物質に優位を与えるということでもない。彼が確信しているところによれば、たとえば「大脳機能の局在論」が科学技術の進歩によってどれほど正確かつ詳細に規定されようと、心的働きが存在するための必要条件を説明する以上のことはできない。大脳の機能の所在を突きとめても、私が一つの意識であり、意識とは知覚し、回想し、想像し、未来におのれを投企するものだという事実を説明することは決してできないだろう。

サルトルより四〇年ほど前に、今一人の哲学者が具体的経験と直観を持ち出して心的生の研究に着手したことを思い出すのは無用ではあるまい。アンリ・ベルクソン（一八五九―一九四一年）である。その『意識の直接与件に関する試論』（一八八九年）は、かつてサルトルに哲学への関心を呼び起こした書だった。ベルクソンが『物質と記憶』（一八九六年）をはじめとする初期の作品を公刊したのは一九世紀末だったが、その哲学の独自性は一九三〇年代のフランスにおいても、なお心理学者や形而上学者のあいだできわめて大きな影響力をもっていた。一九三五年版のキュヴィリエの教科書のなかでは、ベルクソンの考えは先行理論と明瞭に異なると説明されているが、多くの留保もつけられている。サルトルは『青年期作品集』[*3]に収められたテクストで、ベルクソンに賛意を示しつつ引用している。ここでこのことに言及するのは、『イマジネール』の執筆に際して、『嘔吐』の著者サルトルの「念頭」にはしばしばベルクソン哲学があり、ときには反駁を加え、ときにはその着想に依拠したからである。後者の例としては、心的生における「持続」に関する考えが挙げられる。本序文の枠内で、心理学と形而上学が絡み合ったベルクソンの理論の全貌を示すことは、たとえ概略的であっても不可能である。ここでは、サルトルが『イマジネール』に取り組むにあたって参照した理論的枠組みの輪郭を示すにとどめ、以下の指摘だけをしておこう。ベルクソンは連合主義を論破しようとしただけでなく、サルトルと同じく、心的イメージが弱まった知覚でもなく、多少とも自動的な再生でもなく、その本性からして知覚と異なるものであることを主張した。さらに、より一般的に、人間の自由の形而上学的問題と意識の存在の問題が緊密に結びついていることも主張した。サルトルは前著『想像力』において、この主張に関して「生気論者」ベルクソンの立場に見られる矛盾を詳細に分析した。ベルクソンは「生命の進化は、その起源から発して人間に至るまで、意識の流れという比喩を喚起するものであり、そうした意識は、あたかも物質に地下通路を切り開くためであるかのように、物質に入り込んでいる[*4]」と述べたからである。

とはいえ、サルトルが追い求める具体的なものは、ベルクソン的直観とはかけ離れているし、サルトルはベルクソン的直観を主観的すぎると評している——それに、直観はベルクソンを次第に論拠の乏しい宇宙に関する夢想へと導いていったが、そうした夢想はサルトルの関心とは無縁だ。サルトルが考える「具体的なもの」とは、経験の所与が意味をもつようにする支点のことである。最も疑う余地のない具体的なものとは、サルトルにとって、デカルトのコギトだ。「私は考える、ゆえに私はある」とは、反省的意識が可能であるということ、そして、それが他の真理を探求するための堅固な跳躍台であるということの言明である。デカルトの場合、世界の保証人である神が存在することを証明しないかぎり、世界が実在することに関しては間違える可能性があるとしても、それでも少なくとも私は確信することができる、私は考えるがゆえに、私はある、と。サルトルの場合も同じである。「反省作用において「イメージをもっている」と意識した人が誤ることはありえない」のだ。そのために、サルトルはまず、反省的意識が私のイメージの固有の性格について開示すること、すなわち、私がイメージを抱くときに私にとって起こることについて開示するすべてを調べ上げなければならない。

それにしても、なぜ『イマジネール』は「想像力の現象学的心理学」という副題をもつのか。まずギリシア語の語源に立ち返ってみよう。現象とは、現れるもの、明証性をもって現れるもの、したがって記述されうるもの、デカルトの言い方を用いるなら「明晰判明な観念」に導きうるもののことである。現れの真理というものがある。それは、サルトルがフッサール（一八五九―一九三八年）を読んで確信したことだ。サルトルは、一九三三年に、『現象学のための諸構想』[7]という表題でのちに〔フランスでも〕刊行される著作を読むことで、このドイツ人哲学者――フランスではまだほとんど知られていなかった――の研究に着手した。この研究は、彼が『イマジネール』を書いているあいだも継続されていたようである。サルトルは、一九四〇年二月に次のように書いている[8]。「私にとって、一人の哲学者を汲み尽くすということは、その哲学者のパースペクティヴのなかで思索すること、自分が窮地に陥るまでその哲学者に依拠して自分の個人的思想を作ることである。私はフッサールを汲み尽くすのに四年かかった[9]」。

サルトルの関心を本質的に引きつけたこの哲学者のアプローチの仕方――コギトを可能にするデカルト流の判断停止と同じくらい徹底的に基礎創設的なものだとサルトルには見えた

——とは、「世界についての自然的見方を括弧に入れる」ことである。

『イデーンI』をフランス語に訳した哲学者ポール・リクールは、序文でサルトルの解釈に近いコメントを記している。

> 私は、まず世界のなかで忘れられ、見失われ、事物のなかで見失われ、観念のなかで見失われ、植物や動物のなかで見失われ、他人のなかで見失われている。……自然主義は、最も程度の低い自然的態度であり、自然的態度がおのずと陥るレベルのようなものである、と理解される。なぜなら、私が世界のなかで自分を見失うとき、私はすでに自分を世界の事物として扱う心づもりができているからである[10]。

意識を「世界の事物として」扱うこと、これが通常、多少ともすべての心理学が行っていることである。しかし、たとえ感覚与件——サルトルがイメージの「素材」と呼ぶもの——と意識の関係という議論の的である問題を「括弧に」入れたとしても、それでもやはり、フッサールが言うように「あらゆる意識は何ものかについての意識である」ことに変わりはない。この命題は、同語反復などではなく、あらゆる意識が志向的構造をもつことを意味する。知覚であれ、心的イメージであれ、思考であれ、意識は受容体であるどころか、自分の外にある何ものかを目指す。新たな方向性が心理学に与えられる。それは、志向性の様式を意識が働いている場面——なぜなら意識とは一つの作用であるから——に応じて区別すること、また、感覚与件と知を志向性との関わりで扱うことだ。それこそが、本書の第一部と第二部で、「想像的意識《イメージ》」の問題として、サルトルが取り組むものである。

『イマジネール』第一部「確実なもの」において、サルトルは心的イメージの現象学的記述を試みている。そこでは、自分の経験を利用することで、イメージを抱くという事実（あるいはむしろ出来事）に関して直接的反省によって明らかにされうる一切が分類整理され、説明される。その際、フッサールが放棄を促す「自然的態度」の悪い見本として持ち出されるのが、ヒュームの立場である。そうはいっても、サルトルは、フッサール以外の思想家の著作やサルトル以前にイメージに関して集められた実験結果を無価値としているわけではないし、仮説を立てることを決定的にあきらめたわけでもない。さしあたって、哲学的知見の一切を中断するのである。

ところで、想像的《イマジネール》なものの領域は広い。それは心的イメージに限られない。心的イメージとは、不在の対象が主観的に呼び起こされたものであり、記述が最も難しいものである。というのも、とりわけ心的イメージは明白な感覚的支持体なしに出現するからだ。そのため、迂回して「イメージの仲間」の他の事例を取り上げる必要があるとサルトルには思われた。これらの事例には感覚的素材があるので、確定するのがより容易であるからだ。こうして、肖像、カリカチュア、物まね、図式的デッサンなどにおいて想像的意識の役割が問われ、それぞれの事例で、現実的なもの（知覚されたもの）と非現実的なもののあいだで意識がいかなる働きによって対象を目指すのか、その確定が試みられる。

第二部「蓋然的なもの」では、サルトルは厳密な意味での心的イメージに立ち戻る。現象学的記述の第一段階において、最も直接的な最初の問いは「イメージを抱くとは、私にとってどういうことか」だった。今度は、イメージとは何か、意識は実際に何を目指すのか、想像することが可能となるには意識は構造上どのようなものでなければならないのかを確定する必要がある。ところが、心的イメージは反省にとってほとんど接近不可能なのだ。「私がイメージを抱いている」かぎり、私は何も言うことができない。反省的意識によって何かを言えば、イメージは消え失せてしまう。というのも、志向性は別のものになってしまうからである。イメージがもはやそこになくなると、私はイメージの詳細について説明することができない。他方で、たとえば、ある不在の友人、あるいはある歌のメロディーをイメージとして喚起するときは、いかなる現前する感覚的印象——視覚、聴覚、その他の感覚——によっても誘導されていない。かくして、ある種の心理学者は、心的イメージは存在しないと言うことになる。

しかし、サルトルによれば、たとえ現在の知覚に何も負っていなくとも、感覚的内容は確かにある。たとえば芸人が有名人の物まねをするのを見て、意識が想像的なものになるケースがそれだ。この仮説を補強するために、彼は内観に依拠する。自分の内観のみならず、実験心理学がある種の厳密さで実践する指導による内観をも援用する。ドイツのヴュルツブルク学派や、アルフレッド・ビネー博士[11]らのフランスの精神医学者たちの研究などである。この第二部でサルトルが証明を試みるのは、知、情感性、身体の内部運動がどのように作用して、心的イメージの感覚的素材を、つまり想像的志向の現実的対象であるものの類似的代理物《アナロジー》を作り出すかであり、志向される対象とアナロゴンがいかに対立するかである。これは、たとえばベルクソンの考えとは反対の立場だ。ベルクソンにとっては、「一切のイメージはその基本的部分のすべてにおいて、私が自然の法則と呼んでいる一貫した法則に従って、互いに他に働きかけ、影響を及ぼしている」――したがって、感覚与件の自発性は自動性のそれということになる――とされる。一方、サルトルは、心的イメージの主体は、心的イメージを生じさせるためにみずからを総動員する、と主張する。意識が不在の対象を自分にとって現前するものにするときの働きは、その志向のあり方からすれば、エネルギーを集中して死者の魂を呼び寄せる霊媒の呪《まじな》いに似ている。

大多数の伝統的心理学者によれば、イメージとは物質的な痕跡であり、したがって、ある種の惰性の影響を受ける。それに対して、サルトルにとっては、すでに見たように、イメージは意識の働きの産物なので、イメージと思考の関係についての考え方も当然違ってくる。思考が可能になるために、イメージはどのように「相互に結合する」のか、と問う必要はない。心的イメージはすでに思考の側にある。本書の第三部において、サルトルは思考のさまざまなレベル、そのレベルに応じたイメージの介入の度合いについて、挿絵としてのイメージから象徴的図式まで緻密に分析している。挿絵としてのイメージは、推論〔論理的思考〕の努力を麻痺させたり遅滞させたりする――あるいはいったん小休止――。象徴的図式は、推論の努力に協力するもののなかでは最も儚《はかな》いものだが、「消えていく外部として」、ある概念を練り上げることができるとされる。

第四部では、主に想像的生における空間と時間の非現実性が論じられる。とりわけ、夢や幻覚のようなイメージの病理学的事例において、意識は、世界ではないとしても、少なくとも空間と持続を備えた「世界の雰囲気」をみずからに与えるように見えるとされる。サルトルはフロイトの『夢判断（*Traumdeutung*）』を読んでいたが、この著作の基調となる理論にはさほど関心をもたず、独自の道を歩み続けて、とりわけ夢そのものの物語が表している豊かな内観の素材がもたらすものに興味を抱いた。また、哲学者で精神科医のピエール・ジャネの臨床報告を読み、ときには患者たちが書いたほとんど自伝とでも言うべき手記を読んだ[12]。ジャネが何年ものあいだ臨床の枠組みのなかで追求した被験者たちのものである。サルトルは、ジャネの理論一般には疑いをもったが、その具体的観察、とりわけ、譫妄や幻覚時における患者の思い込みの特殊性に関する観察や、患者と精神科医のしばしば緊密な日常的関係の現実と、病理によって患者がはまり込んでいる非現実的世界とのあいだに見られる矛盾に関する観察に関しては考慮に入れる。

とはいえ、幻覚的イメージは長いあいだサルトルを悩ませた。患者たちは幻覚を被り、幻覚に苦しみ、幻覚を恐れているように見えるのに、はたして幻覚に関して志向性を語りうるのだろうか、と。サルトルは、高等師範学校時代の旧友で『言語的幻覚と言葉[13]』を書いたばかりの精神科医ダニエル・ラガーシュと話し合った。そして、自分自身が被験者になることを決意した。ラガーシュの監督下で、彼はメスカリン注射を打ってもらった。メスカリンは幻覚を起こす物質で、具体的なものに可能なかぎり近づこうとする彼の決意に沿うものだった。

二節から成る結論が、いずれも心理学の範囲から外れていることは明白である。第2節は、想像的なものに関する彼の考察の傾向に沿う形で、非現実的なものである芸術作品を前にした意識の活動を対象としている。第1節「意識と想像力」は、最後に書かれたと思われる。おそらく、一九三九年四月にハイデガーの『存在と時間』を読んだ頃のことだろう[14]。サルトルと同世代の心理学者の何人かは、細分化された研究テーマから心理学としてのまとまりを引き出すことに腐心していた。四〇年ほど前から、心理学は物理学と同等の学問〔科学〕だと確信する人々がおり、あらゆる種類の精神生理学的実験やテスト（感覚閾の測定、知能テスト、等々）にがむしゃらに乗り出した。しかし、「たとえば、ストロボスコープ幻覚の研究と劣等コンプレックスの研究以上にかけ離れたものがあるだろうか[15]」。要するに、心理学は、人間の精神活動およびそれと世界との関係についていかなる包括的な理解をわれわれに提供してくれるのだろうか。『イマジネール』を書き終えてから、サルトルにとって一つの目標が明らかになった。「分割不可能な統一性である人間的条件を……われわれの問いかけの対象として立てること[16]」。実体を欠き、自分自身の外部以外の何ものでもない存在として、また、目指された対象のイメージを不在として生み出すことができる存在として、意識は現実的なものの否定となる。何ものでもないもの、不在、否定。『存在と無』を読んだ人は、想像力の研究が、意識（すなわち対自）、意識が生み出す〈無〉、〈即自存在〉の三者が織りなす存在論的ドラマを打ち立てるための重要な一里塚だったことを容易に理解するだろう。

二〇〇五年二月

アルレット・エルカイム＝サルトル

原注

（1） このテーマは、すでに学生時代から彼の関心を引いていた。というのも、彼は一九二七年に、高等教育修了論文のテーマとして「心的生におけるイメージ」を選んでいたからである。

（2） キュヴィリエ〔Armand Cuvillier〕『哲学便覧〔*Manuel de philosophie*〕』第一巻（Librairie A. Colin, 1935）〔訳注——この本は三巻本で、構成は以下のとおり。Tome I - Introduction générale: psychologie; Tome II - Logique, morale, philosophie générale; Tome III - Appendices psychologie expérimentale, science du langage, esthétique, logique formelle〕。

（3） 『想像力〔*L'Imagination*〕』（P.U.F., 1936）は、デカルト以来のイメージ論を批判的に総覧したもの。『情動論素描〔*Esquisse d'une théorie des émotions*〕』（Hermann, 1939）の「序論」における、伝統的心理学のテーマそのものについての、より包括的な批判も参照のこと。

（4） 諸般の事情により、結局は博士論文にならなかった。『奇妙な戦争——戦中日記〔*Carnets de la drôle de guerre, septembre 1939-mars 1940*〕』（Gallimard, 1995）を参照。

（5） 〔ジョルジュ・デュマ（Georges Dumas）〕『新心理学概論〔*Nouveau traité de psychologie*〕』（P.U.F., 1932）。

（6）サルトルは、友人たちから非難されていた抽象的な構築をしがちな自分の傾向を警戒していたのかもしれない。S・ド・ボーヴォワール〔Simone de Beauvoir〕『女ざかり〔*La force de l'âge*〕』(Gallimard, 1960) を参照。

（7）Gallimard, 1950〔訳注――『イデーン』と呼ばれることも多い『純粋現象学および現象学的哲学のための諸考案I《イデーン》』は、一九一三年に現象学派の研究機関誌『哲学および現象学的研究年報』の創刊号に発表され、すぐに単行本としても刊行された。ポール・リクールによるフランス語訳は一九五〇年だが、それまでにも現象学の主著としてあらゆる場所で言及されていた。邦訳は、エトムント・フッサール『イデーンI――純粋現象学と現象学的哲学のための諸構想』全二巻、渡辺二郎訳、みすず書房、一九七九―八四年〕.

（8）『奇妙な戦争』前掲書を参照。

（9）多くのフッサール学徒は「我田引水」と言ってサルトルを批判し、フッサールの思想を捻じ曲げたとまで非難した。『想像力』においてサルトルは、当時フッサール哲学をどのように捉え、何を取り入れるつもりだったかを数頁にわたって説明している。

（10）強調はアルレット・エルカイム＝サルトル〔訳注――Edmund Husserl, *Idées directrices pour une phénoménologie*, traduit de l'allemand par Paul Ricœur, Gallimard (coll. « tel »), 1985, p. X〕。

（11）ビネーは、若きフロイトに影響を与えたことで知られるジャン＝マルタン・シャルコー〔Jean-Martin Charcot〕の協力者だった。

（12）フロイトと同世代のピエール・ジャネ〔Pierre Janet〕は、神経症の病因のなかに性欲が果たす役割があるのではないかと疑っており、ある時期、精神分析の父〔フロイト〕のライバルだった。とりわけ、『心理自動現象〔*L'automatisme psychologique*〕』（一八八九年〔邦訳『心理学的自動症――人間行動の低次の諸形式に関する実験心理学試論』松本雅彦訳、みすず書房、二〇一三年〕）と『不安から恍惚へ

〔*De l'angoisse à l'extase*〕』（一九二六年〔邦訳『症例マドレーヌ——苦悶から恍惚へ』松本雅彦訳、みすず書房、二〇〇七年〕）を見よ。

（13） Alcan, 1934.

（14）『奇妙な戦争』前掲書を参照。

（15） サルトル『情動論素描』（「序論」）、一九三九年。

（16）『奇妙な戦争』前掲書を参照。

訳注

＊1　第二次世界大戦以前は、バカロレアと呼ばれる大学入学資格試験を受けるのは、ほぼ中産階級以上の子弟に限られていた。一九三七年の数字では、合格者、男子一万一〇〇七人、女子四四三二人、計一万五四三九人の狭き門だった。哲学はその必須科目で、各高校の最終学年で授業を担当するのは、サルトルのような若き大学教授資格者（agrégé）であり、雰囲気としては旧制高校のようなものだったと考えてよいだろう。

＊2　サルトルが「具体的なもの」に関心をもったきっかけの一つとして、恩師でもあるジャン・ヴァール（Jean Wahl）（一八八八―一九七四年）の『具体的なものへ——二十世紀哲学史試論（*Vers le concret: études d'histoire de la philosophie contemporaine*）』（J. Vrin, 1932）〔水野浩二訳、月曜社（古典転生）、二〇一〇年〕があったことは間違いないだろう。サルトルは、『方法の問題（*Question de méthode*）』（一九五七年）で、ヴァールの『具体的なものへ』が当時の若手の哲学者たちのあいだで評判になっていたことに触れている。ヴァールは、この著作のなかで、ウィリアム・ジェイムズ（William James）、アルフレッド・ノース・ホワイトヘッド（Alfred North Whitehead）、ガブリエル・マルセル（Gabriel Marcel）という三人の哲学者を取り上げ、彼らはともに「具体的なものへ」の運動の流れのな

かにあると主張した。ただし、両者の「具体的なもの」は完全に同じものとは言えず、とりわけ後期になると違いは大きい。『弁証法的理性批判』第一巻（一九六〇年）の時期のサルトルにとって、「具体的なものとは歴史であり、弁証法的な働きである」（Jean-Paul Sartre, *Critique de la raison dialectique*, tome I, texte établi et annoté par Arlette Elkaïm-Sartre, Gallimard, 1985, p. 130）からである。端的に言って、「具体的なもの」とは「歴史の具体（concret historique）」のことであり、今やそのような歴史の具体に到達するめどがついた、というのが当時のサルトルの思いだった。「われわれはついに具体的なものに到達することができる、つまり、弁証法的経験〔expérience dialectique〕を成就することができる」（*ibid.*, p. 753）。

＊3　Jean-Paul Sartre, *Ecrits de jeunesse*, textes rassemblés, établis, présentés et annotés par Michel Contat et Michel Rybalka, avec la collaboration de Michel Sicard pour l'Appendice II, Gallimard, 1990（未邦訳）.

＊4　Henri Bergson, *L'énergie spirituelle*, Alcan, 1919, p. 21（邦訳『精神のエネルギー』原章二訳、平凡社（平凡社ライブラリー）、二〇一二年、三七頁）.

アルベール・モレルに

第一部　確実なもの

イメージの志向的構造

本書の目的は、「非現実化」という意識の重要な働き、すなわち「想像力」とそのノエマ的相関者であるイマジネール〔想像的なもの〕を記述することである。[*1]

本書では、「意識」という言葉を一般に受け入れられているのとは少し異なる意味で用いている。心的構造に関して「意識状態」[*2]という表現は、ふつう自分からは動かないことや受動性を意味するが、そういった捉え方は反省によって示されるものとは矛盾するように思われる。本書で「意識」という言葉を使う場合、それはモナド[*3]なり、モナドの心的構造全体なりを示すためではなく、心的構造のそれぞれを具体的個別性において指すためである。こうして、イメージの意識、知覚的意識、等々について語ることになるが、その際に想定されているのはドイツ語の Bewusstsein が示す意味の一つである。

訳注

*1　フッサールの『イデーンⅠ』で展開される志向的分析の基本的な対概念が「ノエシス／ノエマ」である。ノエシスは意識の作用的側面を、ノエマはその作用の対象的側面を表す。すべてのノエシスは、必ず

その相関者としてノエマをもっている。また、ノエマは広義での意味（Sinn）とも解される。サルトルは『想像力』において、フッサールの現象学のなかに、イメージについてのまったく新しい学説の基礎になるもの（＝志向性）を見出したとして次のように述べる。「志向性という考え方そのものがイメージの観念を刷新する使命を帯びている」(Jean-Paul Sartre, *L'Imagination* (Alcan, 1936), P.U.F. (coll. « Nouvelle encyclopédie philosophique »), 1969, p. 144)。

＊2　サルトルは『存在と無』のなかで次のように書いている。「意識状態なるものは実証的心理学の単なる偶像であることを、われわれは認めないわけにはいかない」(Jean-Paul Sartre, *L'Être et le Néant*, Gallimard (coll. « Bibliothèque des idées »), 1943, p. 518)。

＊3　「モナド」は、ライプニッツの提唱した概念で、それ以上分割不可能な実体。単一の実体であるが属性をもち、どのモナドも他のモナドとは異なる。モナドは、傾向（欲求）と表象・知覚能力をもち、その意味で、あらゆる個体の「意識」はモナドだとされる。

第一章　記　述

1　方　法

のちに触れるいくつかの先入見にもかかわらず、ピエールのイメージを私のうちに思い描くとき、私の現在〔actuelle〕の意識の対象がピエールその人であることは確実だ。この意識が変様しないかぎり、私はイメージとして私に現れる対象を記述できる。だが、イメージそのものは記述できない。イメージとしてのイメージの固有の性格を確定するためには、意識の新たな働きが必要となる。すなわち、反省する〔*réfléchir*〕必要がある。このように、イメージとしてのイメージは〔意識の〕第二段階の作用によってしか記述できない。この段階では、視線は対象から逸《そ》れて、対象が与えられる仕方のほうに向かう。この反省作用によって、「私はイメージをもっている」という判断ができるのである。

ここで、デカルト以来知られていることを繰り返す必要があるだろう。反省的意識はわれわれに絶対的に確実な所与を引き渡すということ、反省作用において「イメージをもっている」と意識した人が誤ることはありえないということである。心理学者のなかには、強烈なイメージと弱まった知覚を区別することは究極的にはできない、と断言する者も確かにいた。ティチナー[*4]は、このような主張を裏づけるために、いくつかの実験を引き合いに出しているほどである。だが、のちほど示すように、そのような主張は誤りである。実際は、イメージと知覚を混同することは不可能だ。というのも、「イメージ」と呼ばれるものは、反省に対して即座にイメージとして差し出されるからである。そうはいっても、ここで問題にしているのは、名状しがたい形而上学的な啓示などではない。イメージについての意識が他のあらゆる意識から即座に区別されるのは、それらがいくつかの目印と特徴をもって反省に対して現れるからであり、それらの目印や特徴がすぐさま「私はイメージをもっている」という判断をもたらす。したがって、反省作用は、イメージの本質と呼びうる直接的に確実な内容をもっている。この本質は、どんな人間にとっても同じものだ。心理学者の第一の使命は、この本質を明らかにし、記述し、確定することである。

　にもかかわらず、なぜ学説は分かれているのか、心理学者たちがこの直接的な〈体験〉知をわずかでも参照すれば、意見の一致を見るはずなのに、と言われるかもしれない。われわれとしては、心理学者の多くは最初にそうした知を参照することがない、と答えておこう。彼らはそうした知を明確化しない状態のままにしておき、むしろイメージの本性に関する説明的仮説を立てようとする[1]。そして、その仮説は、あらゆる科学的仮説と同様、蓋然性しかもたない。それに対して、反省が示す与件《データ》のほうは確実である。

したがって、イメージに関するどんな新しい研究も、次の根本的な区別から始めなければならない。イメージの記述とイメージの本性についての帰納的推理は違う、という区別である。前者から後者に移ることは、確実なものから蓋然的なものに移ることだ。当然のことながら、心理学者の第一の任務は、直接的で確実な知を概念として確定することである。

理論は脇に置いておこう。イメージに関して、反省が教えてくれること以外は何一つ知ろうとせずにおこう。それに続いて、他の心理学者たちと同様、イメージ的意識を他の意識の部類に加え、イメージ的意識に「仲間《ファミリー》」を見出し、イメージの深い本質に関する仮説を立てることにしよう。だが、さしあたっては、イメージの「現象学」を試みるにとどめよう。その方法は単純だ。イメージをいくつか自分のうちに作り出し、それらについて反省し、記述すること、つまり、イメージの特徴の確定と分類を試みることである。

原注

（1）　拙著『想像力〔*L'Imagination*〕』（Alcan, 1936）を参照。

訳注

＊4　エドワード・ティチナー（Edward Titchener）（一八六七―一九二七年）は、アメリカの心理学者。イングランドに生まれ、オックスフォード大学で哲学や生理学を学ぶ。ヴィルヘルム・ヴント（Wilhelm Wundt）の下で学び、アメリカに渡ってコーネル大学で実験心理学を発展させた。意識を要素に分析し、その結合によって精神過程を解釈しようとする純粋な内観主義（内省的心理学）の立場に立つ。

2　第一の特徴　イメージは一つの意識である

反省によって見直した最初の瞬間から、自分がこれまで二つの誤りを犯していたことに気づくだろう。これまでは漠然と、イメージは意識のなかにあり、イメージの対象はイメージのなかにある、と考えてきた。*5 意識は小さな模像《シミュラークル》で満たされた場所だとされ、その模像がイメージとされてきたのだった。間違いなく、この錯覚の原因は、空間のなかで、空間の語彙によって考えるわれわれの習慣から来ている。この錯覚を、内在性の錯覚と呼ぶことにしよう。この錯覚は、ヒューム*6において最も明瞭に表現されているものである。

ヒュームは、印象と観念を区別したあと、次のように言う。「きわめて勢いよく激しく入ってくる知覚、これを印象と名づけることができる。……観念のほうは、思考や推論における……これらの印象の淡いイメージを意味する」(2)。

ここで言われる観念こそ、一般にイメージと呼ばれるものにほかならない。ところで、ヒュームはその先でさらに付け加えている(3)。

「……ある対象〔事物〕の観念を作ることと、単に観念を作ることは同じことである。なぜなら、観念を対象に関係させることは外的*7〔extrinsèque〕規定であって、観念そのものはいかなる標徴も特徴ももたないからである。さて、質と量をもちながら、その質量が正確にはどのようなものかわからない対象の観念を作ることはできない。だとすれば、質と量によって制限も局限もされない観念もまた作ることができないことになる」。

つまり、椅子についての私の現在の観念は、実在する椅子と外的に関係するにすぎない。それは外部世界にある椅子、私が今しがた知覚した椅子とは違う。私の〔椅子の〕現在の観念を、テーブルやインク壺の観念から区別することを可能にするのは、この藁《わら》と木でできた椅子ではないのだ。にもかかわらず、私の現在の観念は、まさしく椅子の観念である。つまり、ヒュームにとっては、椅子の観念と、観念としての椅子がまったく同じものであることを意味する。椅子の観念をもつということは、意識のなかに椅子をもつことである。このことを明確に示すのは、対象にあてはまることは観念にもあてはまる、という事実である。対象がある確定された量と質をもつはずだとすれば、観念もまたそのような確定をもつはずである〔というわけだ〕。

たいていの心理学者や哲学者は、このような観点を採用してきた。なぜかと言えば、それが常識でもあるからだ。ピエールの「イメージをもっている」と私が言うとき、心理学者や哲学者は、私が今ピエールのある種の肖像画を意識のなかにもっていると考える。[*8] その場合、私の現在の意識の対象はまさにこの肖像画だということになってしまい、また、生身のピエールのほうは、彼がこの肖像画に表象されているという事実からして、きわめて間接的かつ「外部的」にしか到達されないことになる。同様に、展覧会で私は「ピエール・Zの肖像」と絵の下に書いてあることに気づかぬまま、肖像画をそれ自体として長いあいだ眺めることがあるだろう。言い換えれば、イメージは、それが表象している物的対象に暗黙裏に同化されるのだ。

　意識と、このように理解されたイメージが、根本的に異質であることを人々がまったく感じてこなかったというのは何とも驚きである。それは、内在性の錯覚が常に暗黙裏の状態にとどまってきたために違いない。さもなければ、これらの物的肖像画を意識の総合的構造のなかに滑り込ませることは、意識の構造を破壊し、スイッチを切り、流れを遮断し、連続性を断ち切ることなしには不可能であることを理解したはずである。そうなっては、意識は自身にとって透明であるのをやめてしまい、意識の統一性は、同化できない不透明な遮蔽物《スクリーン》によって至る所で寸断されてしまう。スペエール、ビューラー、フラッハ[*9]らの研究は、イメージが生き生きしたものであり、感情や知に満ちていることを示すことで、イメージの概念そのものを柔軟にしたが、それも無駄だった。有機体の一つになったとしても、イメージが相変わらず意識にとって同化できない産物であることに変わりはない。だからこそ、F・ムーティエ[4]のような論理的思考の持ち主は、心的総合の全体性を保つために心的イメージの存在を否定しなければならないと考えた。このような過激な解決策は、内観が示すものと矛盾する。私はいつでも、馬、木、家をイメージとして思い浮かべることができる。しかし、内在性の錯覚を受け入れる場合、精神の世界は、外的世界の対象〔objets（＝事物）〕によく似た対象、ただ別の法則に従っている対象から構成されているのだと、われわれは必然的に考えてしまうのである。

　諸理論はとりあえず措いておき、内在性の錯覚から免れるために、反省が教えてくれることを見てみよう。

椅子を知覚するとき、椅子が私の知覚のなかにあると言うのは馬鹿げているだろう。本書での用語法に従うなら、私の知覚とはある種の意識であり、椅子はこの意識の対象である。今、私は眼を閉じ、知覚したばかりの椅子のイメージを思い描こうとする。椅子は今やイメージとして与えられているが、先ほど以上に意識のなかに入ることはないだろう。椅子のイメージは椅子ではないし、椅子ではありえない。実のところ、私が座っているこの藁椅子を知覚しようが、想像しようが、椅子は常に意識の外にとどまっている。いずれの場合も、椅子はそこに、空間のなかに、この部屋のなかに、机の前にある。ところで――それはとりわけ反省が教えてくれることだが――私がこの椅子を知覚しようが、想像しようが、私の知覚の対象と私のイメージの対象は同じものである。それは私が座っている、この椅子である。ただし、意識は二つの異なる仕方でこの同じ椅子に関係している。いずれの場合も、意識は椅子をその具体的個体性において、その物質性において目指す。ただし、一方の場合、椅子は意識に「出会う」。他方の場合は、出会わない。だが、椅子は意識のなかにはない。イメージとしてさえ、そうではない。突然、意識のなかに入り込んできたような、また、実在する椅子と「外部的な」関係しかもっていないような椅子の模像のことを問題にしているのではない。ある種の意識、つまり実在する椅子に直接関係している総合的組織を問題にしているのであり、そうした組織の奥深い本質とは、まさに、何らかの仕方で実在の椅子に関係することである。

結局のところ、イメージとは何だろうか。それはもちろん椅子ではない。一般的に言って、イメージの対象そのものはイメージではない。イメージとは全体的な総合的組織、すなわち意識であると言えばよいのだろうか。この意識は現在的かつ具体的な本性であり、そうした本性は即自的かつ対自的に存在し、常に直接反省に与えられうるものである。だとすれば、イメージという言葉は、意識と対象の関係を意味することしかできないだろう。言い換えれば、それは対象が意識に現れるときのある種の仕方、あるいは、こう言ってよければ、意識が対象をみずからに与えるある種の仕方である。実を言えば、心的イメージという表現は混乱を招く。「イメージ-としての-ピエールについての意識」あるいは「ピエールについての想像的意識」と言ったほうがよいだろう。「イメージ」という言葉はそれ自体が長い来歴をもっているので、われわれはそれを完全に拒絶することはできない。だが、あらゆる曖昧さを避けるために、イメージとは一つの関係にほかならないことを、ここで銘記しておこう。私がピエールについて抱く想像的意識は、ピエールのイメージについての意識ではない。というのも、ピエールは直接到達されるからであり、私の注意はイメージに向けられるのではなく、対象に向けられるからである(5)。

このように、〈意識〉の総合的作用の網目のなかに、われわれが想像的意識と呼ぶいくつかの構造が、ときおり現れる。そうした構造は、それに固有の法則によって生じ、発展し、消える。以下で、それらの法則を明確化しようと思う。想像的意識の生と、想像的意識の対象の生とを混同することは重大な誤りだろう。前者は持続し、組織され、分解し、後者はそのあいだも微動だにせず、とどまり続けるのだ。

原注

（2）　ヒューム〔David Hume〕『人間本性論〔*Traité de la Nature humaine*〕』(Trad. Maxime David)〔F. Alcan, 1912〕、九頁〔邦訳『人性論』一、大槻春彦訳、岩波書店（岩波文庫）、一九四八年、二七頁〕。

（3）　同書、三三頁〔邦訳五二頁〕。

（4）　F・ムーティエ〔François Moutier〕『ブローカ失語症〔*L'Aphasie de Broca*〕』(Thèse de Paris, Steinheil, 1908)、二四四頁参照。「われわれはイメージの存在を明確に拒絶する」。

（5）　外部に現実的存在をもたない対象のイメージを思い浮かべる場合を持ち出して異論を唱えようとする人がいるかもしれない。しかし、まさにキマイラは「イメージとして」は実在しない。それはイメージとしても、それ以外の仕方でも実在しないのだ。

訳注

＊5　サルトルは『存在と無』のなかで、「欲望」に関して次のように述べている。「経験的心理学者は、欲望を、欲望的意識の《内容》という資格で人間のなかに存在するものとみなしており、欲望の意味が欲望そのものに内属していると思い込んでいる」(Jean-Paul Sartre, *L'Être et le Néant*, Gallimard (coll. « Bibliothèque des idées »), 1943, p. 643. 強調はサルトル)。

＊6　デイヴィッド・ヒューム (David Hume)（一七一一―七六年）は、イギリスの哲学者。ロック的内観による心の要素論的分析に基づいて、一切の観念の根源を感覚印象に求めた。そして、この印象から観念が生まれるとした。さらには、これらの観念が結合することによって知識が成立するとした。印象は直接所与であるのに対して、観念は、力と生気の面で印象に劣るが、記憶・想像における印象の再現として

の役割をもっている。連想（連合）心理学の先駆者の一人である。

＊7　ヒュームの原典では "extraneous" となっている（David Hume, *A Treatise of Human Nature*, edited with an analytical index by L. A. Selby-Bigge, 2nd ed., Oxford: Clarendon Press, 1978, p. 20）。『イマジネール』のドイツ語訳では „außerhalb der Vorstellung liegende" である（Jean-Paul Sartre, *Das Imaginäre: phänomenologische Psychologie der Einbildungskraft*, Deutsch von Hans Schöneberg, Rowohlt, 1971, S. 45）。いずれにしても、観念の外にある、観念にとって無関係の、本質的でない規定、という意味。

＊8　イメージを知覚の弱まったものとする論から、想像することとはイメージを心のなかにもつことである、という想像力論が生まれた。たとえば、デカルトは次のように言っている。「想像することとは、物的事物の形やイメージを眺めることにほかならない」（René Descartes, *Les Méditations*, in *Œuvres philosophiques*, textes établis, présentés et annotés par Ferdinand Alquié, tome II, Garnier (coll. « Classiques Garnier »), 1967, p. 420）。

＊9　サルトルはフラッハのファーストネームが男女同形のため男性だと考えて「彼」としているが、本書では「彼女」に訂正して訳す。

3　第二の特徴　準 - 観察の現象

本研究を開始した当初は、複数のイメージ、つまり意識の諸要素を相手にすることになるはずだと考えていた。ところが、今では、複数の全体的な意識、つまり対象を「志向する」いくつかの複雑な構造を問題にしていることがわかった。反省によって、これらの意識について、さらにわかることがないか見てみよう。最も簡単なのは、イメージを概念や知覚と比較検討することだろう。何しろ、知覚すること、概念を抱くこと、想像することは意識の三つのタイプだからであり、それらを通して同一の対象がわれわれに与えられるからである。

知覚において、私は対象を観察する。これは、たとえ対象が全面的に私の知覚のなかに入ってきたとしても、一度に私に与えられるのは対象の一つの側面でしかないことを意味する。立体の例は、よく知られている。それが立方体〔正六面体〕であることは、その六面を把握しないかぎり、私は知ることができない。〔ところが〕私は最大限一度に三面を見ることはできるが、それ以上は決して見ることができない。だから、六面を次々と把握する必要がある。たとえば、面ＡＢＣを把握することから面ＢＣＤを把握することに移行するとき、私が位置を変えているあいだに面Ａが消えてしまう可能性が常にある。したがって、立方体の実在は疑わしいもののままとどまるだろう。同時に指摘しなければならないのは、私が立方体の三面を一度に見るとき、それらの三面は決して私に〔三つの〕正方形として立ち現れてくることはない、という点である。その輪郭は押しつぶされ、角は鈍角となる。そこで私は、それらの三面が正方形から成っていることを知覚の現れに基づいて再構成しなければならない。以上のことはみな、何度も言われてきたことである。つまり、知覚の特性として、対象は側面や投影の連続においてしか現れない。立方体は確かに私に現前している。私はそれに触れることもできるし、見ることもできる。しかし、それを見ることができるのは、ある仕方によってでしかなく、その仕方は他の無数の観点を必要とすると同時に、それらを排ればならないのだ。対象自体は、こうした観点の出現の総合である。それゆえ、ある対象を知覚することとは、無数の面が現れることである。これは何を意味するだろうか。それは、対象のまわりを回る必要があるということ、ベルクソンに言わせれば、「砂糖が溶ける[*10]」のを待つ必要があるということである。

これに反して、私が具体的概念[(6)]によって立方体について考えるとき、私は立方体の六つの面と八つの角を同時に考える。私は、その角は直角であり、面は正方形だと考える。私は私の観念の中心にいる。私はその観念のすべてを一挙に捉える。もちろん、私の観念が無限の進歩によって補われる必要はない、と言いたいわけではない。ただ、私は一回の意識作用によって具体的本質を考えることができ、さまざまに見えたものを再構成したり、時間をかけて学習したりする必要はない。それがおそらく、思考と知覚の最も明瞭な違いである。だからこそ、われわれは思考を知覚することも、知覚を思考することも決してできないのだ。両者は、根本的に区別された現象である。思考は、一挙に対象の中心に身を置く、自己自身の意識的な知であり、知覚は、ゆっくりと学習する、多様に見えたものの総合的統一である。

では、イメージはどうだろうか。イメージは時間をかけた学習なのか、それとも知なのか。まず注意しておきたいのは、イメージは知覚「の側に」立っているように見える、ということである。どちらの場合でも対象は、断面を通して、投影によって、ドイツ人が「射映[*11]〔Abschattungen〕」という適切な用語で示しているものによって、与えられる。ただし、われわれは、もはや対象のまわりを回る必要はない。というのも、イメージとしての立方体は、直接そのまま与えられるからである。「私が知覚している対象は立方体である」と言うとき、私は仮説を立てているわけだが、この仮説はそれに続く知覚によって放棄されることになるかもしれない。〔一方〕「今、私がイメージとして抱いている対象は立方体である」と私が言うとき、それは明証的判断である。私のイメージの対象が立方体であることは、まったく確実なのだ。つまり、どういうことか。知覚においては、知はゆっくりと形成されるが、イメージにおいては、知は即座である。かくして、イメージとは、より固有に表象的である要素に、具体的だがイメージ化されていない知を結びつける総合的行為であることがわかる。イメージは学習されないのだ。イメージは、学習される対象とまるで同じように組織されているが、実は現れるや否や、一挙に全体として与えられる。たとえ戯れに頭のなかでイメージとしての立方体を回転させたり、イメージとしての立方体が多様な面を示すふりをしたりしたとしても、その操作が終わっても進歩などない。何も学習することはないのだ。

それだけではない。たとえば、テーブルの上に置かれたこの紙片をとくと見てみよう。それを見つめれば見つめるほど、それはわれわれにその特性をあらわにする。

私の注意や分析が新たな方向に向けられるたびに、新たに詳細があらわになる。たとえば、紙片の上部の縁が少し反《そ》っている、三行目の実線の最後が点線になっている、等々。一方、私は望むがままに、いくらでも長いあいだ、イメージを私の視界にとどめておくことができる。だが、自分がイメージに置いたもの以外は何も見出さないだろう。この点は、イメージを知覚から区別するうえできわめて重要である。知覚の世界では、いかなる「もの」も、他のものと無数の関係を結ぶことなしには現れえない。そればかりか、そうした無数の関係——諸要素が互いのあいだに保つ無数の関係と同時に——こそが、ものの本質そのものを構成している。そこから、「もの」の世界には何かあふれ出るものがあることになる。すなわち、瞬間ごとに、見ることができるものより無限に多くのものが常にある。私の現在の知覚の豊かさを汲み尽くすためには、無限の時間が必要なのだ。注意してほしい。この「あふれ出る」というありようが、対象の本性そのものを構成している。これこそが、対象は明確な個体性なしには存在しえないと言うときに理解されることである。「他の無数の対象と無数の一定の関係を保つことなしには〔存在しえない〕」ということだ。

　ところで、イメージの場合は、反対に一種の本質的貧しさがある。イメージの諸要素は、世界の他の部分とはいかなる関係ももたず、要素間でも二、三の関係しかもたない。たとえば、私が確認できた関係とか、当面覚えておくべき関係などである。それ以外にも隠れた関係があるとか、照明をあてられるのを待っている、などと言うべきではないだろう。他の関係など存在しないのだ。たとえば、現実の場合にはある種の不調和関係にある二つの色が、イメージとしては共存でき、しかも互いにいかなる種類の関係もない、ということはありうる。対象は、それについて考えるかぎりにおいてしか存在しないのだ。以上のことは、イメージを再生した知覚とみなす人たちにとっては、理解できないだろう。というのも、実際、問題は強度の違いではないからである。イメージの世界の対象は、いかなる仕方であっても知覚の世界に存在することはできない。それに必要な条件を満たしていないからだ[7]。

要するに、知覚の対象が絶えず意識をあふれ出るのに対して、イメージの対象は人がそれについてもつ意識以上のものでは決してない。イメージの対象は、この意識によって決定されている。イメージに関しては、すでに知っている以外のものを学習することはできない。確かに、イメージ回想〔回想としてのイメージ〕が不意に現れ、予期せぬ顔や場所をもたらすことはある。しかし、その場合でも、それはひとかたまりとして直観に現れ、一挙にあるがままの姿を引き渡す。知覚する場合は、この芝生の一部がどこのものなのかを知るために長いこと調べる必要がある。イメージの場合は、即座に知るのであり、それはある場所の、ある牧場の芝生だとわかる。出所はイメージに基づいて解読されるわけではない。対象をイメージとして与える行為そのもののうちに、それが何であるかの認識が含まれているのである。むろん、記憶イメージ[*12]〔image-souvenir〕が特定されないような、かなり稀な場合を持ち出して反論する人がいるかもしれない。たとえば、突然、灰色の空の下の悲しげな庭をまざまざと思い出すが、いつどこでその庭を見たのかがわからない場合だ。しかし、イメージに欠けているのは単に一つの規定だけであり、いかなる観察も、たとえそれが継続的に繰り返されたとしても、欠けている認識を私に与えることはできない。たとえ少しあとで庭の名前が見つかっても、純然たる観察とは何の関係もない別の方法によってである。イメージは一挙にそれが所有していたものをすべて与えたのだ[8]。

このように、イメージにおいて、対象は多様な総合的作用において捉えられるべきものとして現れる。そのことによって、また、対象の内容が感覚的不透明性をもつ幻影のようなものをとどめているため、すなわち、本質や一般法則が問題になっているのではなく、非合理的性質が問題になっているため、それは観察の対象であるように見える。この観点からすると、イメージは概念よりは知覚に近いように見えるだろう。だが、その一方で、イメージは何も教えず、決して新たな印象をもたらさず、対象の一面をあらわにすることも決してない。イメージは、対象をひとまとめにして引き渡す。失うものもなければ、得るものもない。確実性そのものである。知覚は私を騙すこともあるが、イメージは違う。イメージの対象に対する態度を「準‐観察〔*quasi-observation*〕」と呼ぶことができよう。実際、観察の態度をとってはいるが、何も教えない観察なのだ。イメージとして本の頁が与えられるとき、私は読者の態度をとって、印刷された行を眺める。しかし、私は読んでいない。結局のところ、眺めてさえいない。なぜなら、何が書かれているかをすでに知っているからである。

純粋な記述の領域から離れることなしに、イメージのこの特性を説明しようとすることはできる。というのも、イメージにおいては、ある意識がある対象をみずからに与えるからである。つまり、対象はある総合作用の相関者であり、この総合作用の構造は、ある知と、ある「志向」を含んでいる。志向は意識の中心にあって、対象を目指す。つまり、対象をあるがままのものとして構成する。知は、志向と分かちがたく結びついており、対象がどんなものであるのかを明らかにし、総合的に諸規定を付け加える。みずからのうちにイメージとしてのテーブルのある意識を構成するということは、同時にテーブルを想像的意識の対象として構成することである。したがって、イメージとしての対象は、私がこの対象についてもつ意識と時を同じくし、その意識によって正確に規定される。イメージとしての対象は、そのなかに私が意識している以上のものを何も含んでいない。だが、反対に、私の意識を構成するものは、すべてその相関者を対象のなかに見出す。私の知は、対象の知、対象に関する知にほかならない。意識の作用において、表象的要素と知の要素は一つの総合的作用のうちで結びついている。したがって、この作用の相関的対象は、具体的で感覚的な対象として構成されると同時に、知の対象として構成される。このことから、対象が外部からと同時に内部からわれわれに現前する、という逆説的な結果が生じてくる。外部からというのは、われわれが対象を観察しているからである。内部からというのは、われわれは対象において対象が何であるかを察知しているからである。そんなわけで、イメージは、極端に貧しく、一部分が欠けていて、空間の諸規定に還元されていても、私にとって豊かで深い意味をもちうる。意味は、直接的にこれらの〔書かれた〕線のなかにある。意味は、それを解釈するまでもなく与えられている。そんなわけで、同様に、イメージの世界は、何事も起こらない世界である。私は意のままにイメージのなかでいくつかの対象を発展させ、立方体を回転させ、植物を成長させ、馬を走らせることができるが、対象と意識のあいだには、わずかなずれも生じないだろう。一瞬の驚きも生じないのだ。対象は、活動しているが、生きてはいない。対象は決して志向に先立たない。だが、対象は惰性的でも受動的でもなく、操り人形のように外部から「動かされている」のでもない。意識は決して対象に先立たない。志向が自分自身にあらわになるのは、志向が実現されるのと同時であり、この実現において、また実現によってなのだ(9)。

原注

(6) そのような概念の存在は、ときに否定されてきた。しかしながら、知覚とイメージは、イメージも言葉もない具体的知を前提にしている。

(7) これは、イエンシュ〔Erich Jaensch〕がとてもよく理解していたことである。彼は再生的知覚の理論を徹底させて、直観像を観察や学習の対象にした。

(8) ここで誤解の可能性があるのは、以下の点である。

a 数学的思考におけるイメージの用法。多くの人は、イメージに基づいて図形同士の新たな関係を知覚する、と思っている。

b イメージが一種の感情的教示を含んでいる場合。これらのいくつかのケースは、のちに検討する。

(9) 覚醒と睡眠の境界でイメージの抵抗とみなされうる、かなり奇妙な場合がある。たとえば、よくわからない何かが時計まわりに回転しているのが見えるが、それを止めることも、逆方向に回転させることもできない、という経験がある。この現象については、それと共通性をもつ入眠時イメージについて検討する際に改めて言及する。

訳注

*10 サルトルが好んだこの比喩は『創造的進化』ほか数箇所で用いられているが、ここではベルクソンに

おける持続の文脈とは無関係に用いられている。

＊11　事物を知覚するとき、事物の見え方は常に、連続的に変化している。事物を知覚する際のこのような特有のあり方を、フッサールは、事物は「射映する」と表現した。すなわち、事物が「射映」を通してしか知覚されないということは、われわれの知覚は常に不十分であることを意味する。

＊12　記憶イメージ（image-souvenir）。『物質と記憶』第二章で、ベルクソンは、第一の記憶力は、記憶イマージュの形で、日常生活のすべての出来事を展開に応じて記録している、と述べている（杉山直樹訳、講談社（講談社学術文庫）、二〇一九年、一一三頁参照）。

4　第三の特徴　想像的意識は対象を一つの無として立てる

あらゆる意識は、何ものかについての意識である。非反省的意識は、自分とは異質の対象を目指す。たとえば、樹木についての想像的意識は樹木を目指す、つまり本性から言って意識の外部にある物体を目指す。この意識は自分自身から出て、自分を超越するのである。

この意識について記述しようとする場合、すでに見たように、「反省的」と言われる新たな意識を生み出す必要がある。というのも、第一の意識は全面的に樹木についての意識だからである。とはいえ、注意してほしい。あらゆる意識は、隅から隅まで意識である。たとえば、樹木についての想像的意識が、反省の対象になったときにのみ意識されると考えるなら、この意識は非反省的状態においては自分について無意識だということになるが、これは矛盾している。つまり、この意識は、イメージとしての樹木以外の対象をもたず、また、それ自身が反省にとってのみ対象になるとしても、自分自身についての何らかの意識を含んでいなければならない。われわれの考えでは、想像的意識はみずからについての内在的で非措定的な意識をもっている。この非措定的意識を記述することそのものは、ここでの関心事ではない。[13] だが、想像的意識に関する記述は、次の点を知ろうとしないなら、明らかに不完全なものになるだろう。

1 非反省的意識は、いかにして対象を定立するのか。

2 この意識は、対象の定立にともなう非措定的意識において、いかにしてみずからに現れるのか。

イメージとしての樹木についての超越的意識は樹木を定立する。だが、この意識は樹木をイメージとして、つまり知覚的意識とは異なる仕方で定立する。

これまでしばしば行われたやり方はこうだ。まず、イメージは知覚と同じあり方で構成されているとみなされる。[14] そのあとで、何か（還元するもの、知、等々）が介入し、それをイメージのレベルに置き直す。つまり、イメージとしての対象は、まず事物の世界で構成され、しかるのちに、そうした世界から追い出される、というわけだ。だが、[15] この主張は、現象学的記述が示す与件《データ》と合致しない。さらに、すでに他の著作で見たように、知覚とイメージが本性上区別されず、それぞれの対象が意識に対して特有のものとして現れないのなら、知覚とイメージがみずからに対象を与えるそれぞれの仕方を区別するいかなる手段もないことになってしまう。つまり、ここで確認されたのは、イメージを外的指標によって見るだけでは不十分である、ということだ。したがって――イメージについて語ることができ、イメージという言葉そのものがわれわれにとって意味をもつのだとすれば――、イメージは、それ自体として見て、その内的本性のうちに根本的区別の要素を含んでいる必要がある。この要素は、反省的探究による想像的意識の定立的作用のうちに見出されるだろう。

あらゆる意識は対象を定立するが、それぞれの意識にそれぞれの定立の仕方がある。たとえば、知覚は対象を実在するものとして定立する。イメージもまた、信〔croyance〕の作用または定立作用を含んでいる。作用は四つの形式をとりうるし、しかも四つの形式しかとりえない。(1)対象を非実在のもの〔inexistant〕として定立する。(2)対象を不在のもの〔absent〕として定立する。(3)対象を他の場所に実在するもの〔existant ailleurs〕として定立する。(4)「中立的な立場をとる〔neutraliser〕」、つまり、対象を実在するもの〔existant〕としては定立しない。[10][*16] 以上の作用のうち、〔最初の〕二つは否定作用である。第四の作用は、定立の中止または中立化に対応する。第三の作用は、定立的ではあるが、対象の自然で現前的な実在を暗黙裏に否定することを想定している。〔ところで〕これらの定立作用は――この指摘が重要なのだが――イメージが構成されたあとで、イメージに付け加わるのではない。定立作用はイメージの意識を構成しているのである。実際、これ以外の理論はすべて、反省の所与に反するばかりか、われわれを内在性の錯覚に陥れるものである。

以上のように、〔対象を〕不在または非実在として定立することは、準-観察の次元においてしかありえない。なぜかと言えば、知覚が対象の実在を定立するのに対して、概念や知は諸関係によって構成された本性（普遍的本質）の実在を定立し、対象が「生身で」実在することには無関心だからである。たとえば、「人間」という概念を考えることは、その本質を定立することにすぎない。実際、スピノザは述べている。

「事物についての真の定義は、定義された事物の本性を含み、また本性を表現するにすぎない。したがって、いかなる定義も、ある一定数の個体を含まず、表現することもない(11)」。

ピエールを具体的概念によって考えること、それは相変わらず諸関係の総体を考えることである。諸関係のなかには、場所の規定もある（ピエールは旅行中で、ベルリンにいる――彼はラバト[*17]で弁護士をしている……等々）。だが、それらの規定は「ピエール」という具体的本性に肯定的要素を付け加えたものであり、イメージの定立作用がもつ欠如的だったり否定的だったりする性格をもつことは決してない。「不在の」、「私から遠くに」といった言葉が意味をもつのは、感覚的直観の領域、すなわち、起こりえないものとして現れる感覚的直観の領域においてのことにすぎない。たとえば、私が好きだったある故人のイメージが不意に私に現れたとしても、私が胸のうちに不快な衝撃を受けるのに「還元[*18]」は必要ない。この衝撃はイメージに属しており、それはイメージが対象を存在の空虚として与えることの直接的な結果である。

おそらく、中立的な定立作用を含む知覚の判断はあるだろう。こちらにやって来る人を見て、「あの人はピエールかもしれない」と私が言うときに起こることだ。だが、まさにこの信じる作用の中断、そうした態度の保留は、やって来る人に関係している。その人について、私はその人がピエールであるかどうか疑っている。したがって、その人が人間であることについては確信している。要するに、私の疑いは必然的に、こちらにやって来る人という類型の実在の定立を含んでいる。反対に、「私はピエールのイメージをもっている」と言うことは、「私はピエールを見ていない」と言うことと同じであるばかりか、「私はまったく何も見ていない」と言うことと同じでもある。想像的意識の志向的対象には、次のような特性がある。すなわち、対象はそこにはなく、そこにないものとして定立される、あるいは、対象は実在せず、非実在のものとして定立されるか、まったく定立されない。

私のうちにピエールの想像的意識を生み出すことは、志向的総合を行い、たくさんの過去の瞬間を寄せ集め、ピエールの自己同一性を彼の多様な現れ方を通して肯定し、ピエールという同一対象をある様相〔aspect〕（横顔、四分の三、全身、上半身、等々）のもとにみずからに与えることである。この様相は必然的に直観的様相である。すなわち、私の現在の志向が目指すものは、身体性のうちにあるピエールであり、見たり、聞いたり、触ったりできるかぎりでの、見ることや聞くことや触れることができるピエールである。それは必然的に私の身体から一定の距離にある身体であり、必然的に私に対してある位置を占める身体である。ただし、この触れるはずのピエールを、同時に私は触れないものとして定立する。私がもつピエールのイメージとは、彼に触れたり見たりしないためのある種の仕方であり、彼がしかじかの距離なり位置にいないい仕方である。イメージにおいて、信じる作用は直観を定立するが、ピエールを定立することはない。〔イメージとしての〕ピエールの特徴は、一般に思われているように非‐直観的ということではなく、直観に不在のものとして与えられる「不在‐直観的」ということなのだ。その意味で、イメージはある種の無を内包していると言えるだろう。イメージの対象とは、単なる肖像画のことではない。イメージの対象は明確に現れるが、明確に現れつつ、自滅する。いくら生き生きとしていようと、感動的であろうと、激しいものであろうと、イメージは対象をないものとして与えるのである。それでも、われわれはこのイメージに対して、対象が現前しているかのように、目の前にあるかのように反応することがある。のちに見るように、あたかもイメージが知覚であるかのように、イメージに対して全身全霊で反応しようとすることも起こる。だが、このような両義的で誤った状態は、先に述べたことを、いっそう際立たせるだけだ。対象に向かう行為によって、その対象が現実に存在するという思い込みを自分のうちに生まれさせようとしても無駄である。対象が空無であることについての直接的意識を一瞬、覆い隠すことはできても、それを根絶することはできないのだ。

原注

（10）こうした信の作用の中断も、やはり定立作用である。

訳注

（11）『エチカ』第一部、定理八、注解二（ブーランヴィリエ〔Henri de Boulainvilliers〕訳）。

＊13　非措定的意識については、「自我の超越」や『存在と無』で、より詳細に論じられている。

＊14　ここでサルトルが暗示しているのは、イポリット・テーヌ（Hippolyte Taine）（一八二八—九三年）の『知性論（*De l'intelligence*）』（一八七〇年）だと思われる。

＊15　『想像力』の、とりわけ第三章「古典的な考え方のもつ矛盾」で詳しく論じられている。

＊16　このくだりは、サルトルによるイメージに関する重要な定義である（本書の後半にも同じ文章が出てくる）。「中立性（neutralité）」とは、フッサールによる概念で、定立性に対するもの。『イデーン』（第一〇九—一一四節）での主張を要約しておくと、知覚や判断は、その対象が実在するという「定立（Setzung; position）」ないしは「措定（Thesis; thèse）」を含む。一方、想像の場合は、対象が実在するという定立を含まないため、この態度は「中立的態度」と呼ばれ、そのような態度に移ることを「中立的変様（Neutralitätsmodifikation; modification de neutralité）」と言う。ただし、フッサールの議論は、より緻密であり、想起を問題にする再現前化の場合と、純粋な想像（Phantasie; imagination）を区別する必要も説いている。また、反省は、それ自体が「エポケー（判断中止）」を含むので、知覚作用が反省されるとき、その定立は中止されることになる。以上のようなフッサールの用法を踏まえた上で、サルトルは「定立」と「措定」をほぼ同義語として用いつつ、「中立性」を実在の定立を含まない態度という意味で用いていると思われる。

＊17　北アフリカのモロッコ北部の都市。当時はフランス領。現在では、モロッコ王国の首都。

＊18　「還元」は、フッサールの用語。人は自然的態度では世界の超越的存在の定立を暗黙のうちに認めているが、これでは厳密な学問的認識が不可能だと考えたフッサールは、そのような自然的態度を一時的に「括弧に入れ」て判断中止を行う方法的操作を提案した。これが「超越論的還元（transzendentale Reduktion）」と呼ばれる。この還元によって現象学的剰余として現れるのが、純粋意識である。その一方で、世界の存在意味は主観性のうちに求められなければならないとして、純粋意識の事実から純粋意識

の本質への還元を行うことを「形相的還元（eidetische Reduktion）」と名づけた。本書でのサルトルの議論は、このようなフッサールの議論を踏まえつつ、「還元」という言葉をかなり柔軟に用いている。

5　第四の特徴　自発性

対象についての想像的意識は、すでに指摘したように、みずからについての非‐措定的意識を内包している。この意識は、側面的と呼びうるもので、対象をもたない。[*19] この意識は、何も定立せず、何の情報ももたらさず、認識とは言えない。それは意識がみずからに向けて発する拡散した光である。あるいは、喩えをやめるなら、各々の意識につきまとう定義しがたい性質である。知覚的意識は受動性として現れる。反対に、想像的意識は想像的意識としてみずからに現れる。つまり、自発性として現れ、対象をイメージというあり方で生み出し、保持する。それは対象が空無として現れるという事実の、定義しがたい一種の見返りなのだ。意識は創造的なものとして現れるが、この創造的性格を対象として定立することはない。このような曖昧で儚《はかな》い性質のおかげで、イメージについての意識は海に浮かぶ木片としてではなく、波のあいだの波として現れる。イメージの意識は、隅から隅まで意識であることを自覚しており、また、それに先立つ他の意識と等質であり、他の意識と総合的に結びついている。

訳注

＊19　知覚的であれ、想像的であれ、あらゆる意識は対象についての措定的意識であり、みずからについての非措定的意識である。反省に先立つこの自己意識は、その意味で側面的あるいは横断的である。

結論

イメージに関して、他にも確実な知識を、さらに獲得することができるだろう。だが、そのためには、心的イメージをそれと類似した構造をもつ諸現象のあいだに置き直し、比較による記述を試みる必要がある。単なる反省によってできることはやり尽くしたように思われる。反省は、イメージの静力学と呼ばれうるもの、すなわち孤立した現象とみなされるイメージについて、情報を与えてくれた。

これらの情報の重要性を見誤ってはいけない。これらの情報を集めて整理するなら、第一に見て取れるのは、イメージは状態でもなければ、堅固で不透明な残滓でもなく、意識であるということである。大部分の心理学者は、意識の流れの断面を切り取ることでイメージを見つけ出せると考える。彼らにとって、イメージは瞬間的総合のなかの一つの要素であり、各意識は一つまたはいくつかのイメージを含んでいるか、含むことができる。思考におけるイメージの役割を研究することは、現在の意識を構成している対象の集合におけるイメージにその地位にイメージを置き直そうとすることである。その意味で、心理学者たちはイメージに支えられている思考について語りうる。だが、今や、そのような空間的隠喩は放棄すべきであることがわかった。イメージは、より広範な意識に属することは決してなく、独特の意識である。思考の他に、記号、感情、感覚を含んでいる意識のなかにイメージがあるのではない。そうではなく、イメージという意識は総合的形態であり、その形態はある種の時間的総合の契機として現れ、他の意識形態と一緒に組織される。他の意識形態は、旋律的統一性を形成するために、イメージという意識の形態に先立つ一方で、あとについてくる。対象がイメージとして与えられると同時に概念として与えられるということは、固体であると同時に気体である物体について語ることと同様、奇妙なことである。

このような想像的意識は表象的だと言えるだろう。というのも、それはみずからの対象を知覚の領域で探し、対象を構成する感覚的要素を目指すからである。同時に、想像的意識はみずからの対象に向かうが、それは知覚的意識が知覚された対象に向かうのと同じである。他方、想像的意識は自発的かつ創造的である。想像的意識は、連続的創造によって対象の感覚的性質を支え、保つ。知覚の場合、固有に表象的な要素は意識の受動性に呼応している。イメージの場合、表象的要素は、それが第一であり、伝達不可能なものであるがゆえに、意識の能動性の産物であり、隅々まで創造的意志の流れに貫かれている。かくして、必然的に、イメージとしての対象は、それについての意識以外の何ものでもないことになる。先に「準‐観察」の現象と呼んだものである。イメージについての意識を漠然ともつことは、漠然としたイメージについての意識をもつことである。この点で、われわれはバークリーやヒュームとは、大いに異なる。彼らは、一般的イメージ、未規定のイメージはありえない、と断言するからである。むしろ、われわれはワットやメッサーの被験者たちと完璧に一致する。

被験者Ⅰは「私は翼に似たものを見ました」と言う。被験者Ⅱは顔を見たが、男の顔か女の顔かわからない。被験者Ⅰは「人間の顔についての近似的イメージ、つまり個別のではなく、典型的なイメージ」をもった[12]〔と言う〕。

バークリーの誤りは、知覚にのみあてはまる条件をイメージに適用したことである。漠然と知覚されたウサギは、それ自体、規定されたウサギである。一方、漠然としたイメージとしてのウサギは、未規定のウサギである。

以上の考察の最終的な結論は、対象の肉、〔*chair*〕はイメージと知覚では同じものではない、ということだ。ここで言う「肉」とは、内奥組織〔contexture intime〕のことである。これまでの著作家たちは、イメージは精彩さと明瞭さを欠く知覚だが、肉に関しては他と変わらない、と考えてきた。われわれは今や、それが誤りであることを知っている。知覚の対象は、限りなく多様な規定と関係によって構成されている。反対に、最も規定されたイメージでも、それ自体として、限られた数の規定、すなわち、まさにそれについて意識している規定しかもっていない。これらの規定は、そもそも、それらが互いに関係をもっていることをわれわれが意識しないなら、相互に関係がないままとどまる。そのため、イメージの対象においては、その本性の最も深い部分における不連続性があり、何かぎくしゃくしたものがあり、実在へと向かいながら途中で立ち止まってしまう性質があり、本質的貧しさがあるのだ。

知るべきことはまだ多い。たとえば、イメージとその対象との関係は、きわめて曖昧なままだ。イメージは対象についての意識である、と述べた。ピエールについてのイメージの対象は、現在はベルリンにいる生身のピエールである、とも述べた。だが、他方では、私が今もっているピエールについてのイメージは、自宅にいて、パリの自室のなかで、私もよく知っている肘掛け椅子に座っているピエールを私に示す。だとすれば、イメージの対象は、現在ベルリンに住んでいるピエールなのか、去年パリに住んでいたピエールなのか、という疑問が起こってもおかしくない。それはベルリンに住んでいるピエールである、とあくまで主張するなら、次の逆説を説明しなければならないだろう。なぜ、いかにして、イメージとしての意識は、去年パリに住んでいたピエールを通して、ベルリンのピエールを目指すのか。

ここまででわかったことは、イメージの静力学でしかない。イメージとその対象との関係についての理論を、ただちに示すことはできない。さしあたっては、イメージを機能的態度として記述する必要がある。

原注

（12）メッサー〔August Messer〕（ビュルルー〔Albert Burloud〕『ワット、メッサー、ビューラーの実験的研究による思考〔*La Pensée d'après les recherches expérimentales de Watt, de Messer et de Bühler*〕』

〔Alcan, 1927〕六九頁からの引用)。

第二章　イメージの仲間

イメージと呼ばれる意識のいくつかの形態を、ここまで記述してきた。だが、イメージという集合がどこで始まり、どこで終わるのかは、わかっていない。たとえば、外界にもイメージと名づけられるものは存在する（肖像画、鏡に映った姿、物まね、等々）。それは単なる同形異義語なのか、それとも、それらを前にしたときの意識の態度は「心的イメージ」という現象で意識がとる態度と同一視できるのか。後者の仮説に立つなら、イメージの観念をかなり拡大して、これまで問題にしてこなかった多くの意識を付け加えなければならないだろう。

1　イメージ、肖像、カリカチュア

友人ピエールの顔を思い出したくなったとしよう。私は努力して、ピエールについての一つの想像的意識を生み出す。だが、対象はかなり不完全にしか現れてこない。細部のいくつかが欠けているし、他の細部も疑わしく、全体はかなりぼやけている。私は彼の顔を思い出しながら、ある種の共感と嬉しさの感情を蘇《よみがえ》らせようとしたが、できなかった。私は試みをあきらめず、立ち上がって、引き出しから写真を取り出す。それはピエールの見事な肖像写真だ。そこに彼の顔の細部のすべてを見出すばかりか、見逃していたものまで見出す。だが、写真には生気がない。写真は完璧にピエールの顔の外的特徴を与えてくれるが、ピエールの表情を伝えてくれない。幸い私は、上手なイラストレーターに描いてもらったピエールのカリカチュア〔戯画〕をもっている。こちらのほうは顔の部分同士の釣り合いがわざと歪めてあって、鼻が長すぎたり、頬骨があまりに飛び出ていたりする。にもかかわらず、写真に欠けているもの、すなわち生気や表情がイラストには明瞭に現れている。私はピエールを「見出す」。

　心的表象、写真、カリカチュア。ここで例として挙げた三つの大いに異なる事象は、同一過程における三つの段階、ただ一つの作用の三つの契機として現れている。はじめから終わりまで目的は同じで、そこにいないピエールの顔を私に現前させることが目指されている。ところが、心理学では、イメージの名があてがわれるのは主観的表象の場合だけだ。はたして、これは正しいだろうか。

　本例をさらに深く検討してみよう。ピエールの顔を得るために三つの方法を用いたわけだが、三つのケースには、一つの「志向」が見出される。この志向は、三つのケースにおいて同じ対象を目指している。その対象とは、表象でも、写真でも、戯画でもなく、友人ピエールである。さらには、三つのケースにおいて、私は対象を同じ仕方で目指している。すなわち、知覚の領分においてピエールの顔が現れるようにしたい、私はピエールの顔を「現前させる」ようにしたいのだ。[20] ところで、私はピエールの顔の知覚を直接出現させることができないので、アナロゴンとして、知覚の等価物として働く何らかの素材《マティエール》を用いる。

後者の二つ〔写真とカリカチュア〕の場合、少なくとも素材は、それ自体として知覚されうる。つまり、それがイメージの素材として機能することになるということは、その素材の固有の本性には属していない。写真は、それ自体として見れば、一つのもの〔chose〕である。私は写真の色合いによって、露光の時間、調色し、定着させる薬品などを決定しようと試みることができる。[21] カリカチュアも、ものである。私は、それらが何かを表象する機能をもつとは考えずに、線や色を吟味して楽しむこともできる。

一方、心的イメージの素材を決定するのは、より困難だ。心的イメージの素材は志向の外に〔＝志向がなくても〕現実に存在しうるだろうか。この点は、のちに検討する問題である。だが、いずれにせよ、心的イメージの素材においても、明らかに素材は見出されるはずであり、素材はそれを活性化する志向によってのみ意味をもつ。この点を理解するには、私がもつピエールの心的イメージと、私の最初の空虚な志向を対比してみるだけで十分である。まず私はピエールを空虚に表象しよう〔＝思い浮かべよう〕と思った。そのとき、何かが現れた。それは私の志向を満たしにやって来たものである。したがって、三つのケースは完全に似ている。それらは同じ形式をもった三つの状況であるが、素材が異なるのだ。素材の変化から当然のこととして、内的差異が出てくる。それについては記述すべきだし、それはおそらく志向の構造にまで及ぶ。だが、根本的には、これらの志向は同じ類、同じ型であり、これらの素材の機能は同一だと言える。

もちろん、われわれは心的イメージの例として意図的に生み出された表象を選ぶことで事を有利に運ぼうとした、という批判もありうるだろう。確かに、イメージが、意志とはみなしえない深い自発性から発出するというのが、最もよくあるケースだろう。無意志的なイメージは、私の友人ピエールが曲がり角からふと現れるのと同じように現れると言える。

だが、われわれは、ここでも内在性の錯覚の犠牲になっているのだ。確かに、不適切にも「無意志的想起」と呼ばれるケースにおいては、イメージは意識の外で構成され、構成されたあとで意識に現れる。だが、無意志的イメージと意志的イメージは隣接した二つの型の意識であり、一方は意志的自発性によって生み出され、他方は意志を欠いた自発性によって生み出される。ともかく、われわれの言う志向と、意志を混同してはならない。意志なしのイメージがありうることは、志向なしのイメージがありうることではまったくない。われわれの見解によれば、構成されるために志向を必要とするのは心的イメージだけではない。イメージとして機能する外的対象も、対象を対象として解釈する志向なしには機能しないのだ。突然ピエールの写真を示されたときと、突然意志されることなくイメージが私の意識に現れるときとは、機能としては同じである。ところで、この写真は、単に知覚されるだけなら、影と明るい点がある仕方で按配された、特別な質と色をもった四角い紙として、私に現れる。〔だが〕私がその写真を「玄関先に立つ一人の男の写真」として知覚するとき、心的現象はそれだけでもう当然のこととして別の構造に属する。すなわち、別の志向がそれを活性化している。そして、もしその写真が「ピエールの」写真として私に現れるなら、つまり、その写真の向こうに何らかの仕方で私がピエール〔その人〕を見るなら、私の側のある種の協力がその厚紙片を活性化し、そこになかった意味を与えるのでなければならない。私が写真の上にピエールを知覚するのは、私がピエールを写真の上に置くからである。もしそれが特別な志向によるのでなかったら、どうして私はピエールを写真の上に置くことができるだろうか。そして、この志向が必然的であるなら、イメージが不意に提示されようが、故意に求められようが違いはない。せいぜい、前者の場合、写真の提示とイメージという形で写真を捉えることのあいだにわずかな時差が想定される程度である。つまり、この把握には三つの段階が想像できる。写真だ、玄関先に立つ一人の男の写真だ、ピエールの写真だ。だが、三つの段階が近づき、ついには一つでしかなくなるということも起こりうる。その場合、写真は対象としては機能せず、即座にイメージとして現れる。

同様の証明を心的イメージに関しても行うことができるだろう。心的イメージも意志されることなしに現れることがある。とはいえ、やはりある種の志向、まさに心的イメージをイメージとして構成する志向を必要とする。ただし、大きな違いについても言及しなければなるまい。写真の場合は、まず対象として機能する（少なくとも理論的には）。心的イメージの場合は、即座にイメージとして引き渡される。それは、心的現象の存在と、この現象が意識に対してもつ意味が同じものだからである[13]。心的イメージ、カリカチュア、写真は、どれも同じ類《ジャンル》のなかの種にすぎない。今や、共通点を決定しようと試みることができるだろう。

　以上三つの異なるケースで常に問題になっているのは、ある対象を「現前させる」ことである。その対象はそこになく、われわれはそこにないことを知っている。したがって、第一に、不在の対象に向けられた志向がある。だが、この志向は空虚ではない。この志向はある内容に向けられるが、その内容は任意のものではなく、それ自体において、問題の対象といくらか類似しているところがなければならない。たとえば、ピエールの顔を思い浮かべようとするとき、私が志向を向けるのは決められた対象であって、万年筆や角砂糖ではない。この対象の把握は、イメージという形の下で行われる。つまり、対象はその固有の意味を失って、別の意味を獲得する。対象は、自由な状態で、それだけで存在する代わりに、新たな形式に組み込まれる。志向がそれらの対象を利用するのは、別の対象を想起するための手段としてでしかない。それはちょうど、心霊術で霊を呼ぶために回転テーブルを使うのと似ている。対象は不在の対象の代わりに代理表象物の役割を果たす。しかしながら、想像的意識の対象の特徴である「不在性」を停止する〔suspendre（＝括弧に入れる）〕には至らない。(14)

　ここまでの記述では、対象はそこになく、われわれが対象の不在を定立する、と想定してきた。同様に、対象の非実在性を定立することもある。デューラーの版画という物的な代理表象物の向こう側に私が対象とするのは、〈騎士〉と〈死神〉である。*22 ただし、今度は、私は対象の不在性ではなく、非実在性を定立する。この新たな対象の集合を「虚構」と呼ぶこ合に類似した集合を含んでいる。

要するに、イメージとは、ある不在あるいは非実在の対象をその身体性〔corporéité〕においてて目指す作用であり、その際、その対象は、目指された対象の「類似的な代理表象物」の資格で現れ、それ自身としては現れないような物的または心的内容を通して目指される、と言ってよいだろう。イメージに形を与える志向のほうは同一であるから、イメージのそれぞれの特性は素材による。したがって、素材を事物の世界から借りてくるイメージ（挿絵、写真、カリカチュア、俳優の物まね、等々）と、心的世界から借りてくるイメージ（運動の意識、感情、等々）を区別することにしよう。その中間にさまざまな形態のイメージがあり、それらは外的要素と心的要素の総合として現れる。たとえば、炎のなかや壁紙のアラベスク模様のなかに見える顔、あるいは、のちに見ることになるが、眼球内の微光感覚に基づいて構成される入眠時イメージの場合などである。

心的イメージだけを切り離して研究することはできないだろう。イメージの世界と対象の世界が別々にあるわけではない。どんな対象も、外的知覚を通して現れようが、内感に現れようが、選ばれた中心的基準に応じて、目の前にある実在として機能するか、イメージとして機能するかのどちらかである。想像世界と現実世界という二つの世界は、同じ対象で構成されている。ただ、対象の分類と解釈だけが異なるのである。想像世界を定義づけているものも現実世界を定義づけているものも、意識の態度である。したがって、このあと順次、以下のものについての意識を検討することにする。ピエールの肖像、図式的デッサン、モーリス・シュヴァリエ[*23]の物まねをするミュージックホールの歌手を眺めること、炎のなかに顔を見て取ること、入眠イメージを「もつこと」、心的イメージを「もつこと」である。このように、素材を知覚から引き出すイメージから始めて、素材を内感の対象からとってくるイメージまで考察することで、これらのヴァリエーションを通して意識の二大機能〔のうちの一つ〕である「イメージ」という機能、つまりは想像力を記述し、確定することができるだろう。

原注

(13) 以上の確認により、無意識の存在を全面的に退けざるをえなくなることは承知しているが、ここではそれについては論じない。

(14) 「自由な状態で存在する」ことが、心的イメージの物質的内容にとって何を意味するかは、のちに検討する。

訳注

＊20　アナロゴン（analogon）。ギリシア語 análogos の中性形。「類同的代理物」と訳されてきたが、本書ではそのまま音写することにする。一般には類似したものを指すが、サルトルは直接的にはこの語をフッサールの『論理学研究』から借りてきたと思われる。純粋な記号の意識の場合と異なり、想像的意識は、対象を志向するにあたって、支持体ないしは素材を必要とするが、それは目指される対象に類似した何か

である。

＊21　昔の写真技術では、露出時間（シャッター速度）だけでなく、露光時間（焼きつけ時間）によって、さらには調色・定着液の種類、現像したフィルムを液に漬けておく時間によって、できあがってくる写真の明るさや色調が違ってくる、ということがあった。

＊22　アルブレヒト・デューラー（Albrecht Dürer）（一四七一―一五二八年）の版画は《騎士と死神と悪魔》（一五一三年）だが、サルトルはなぜか悪魔には言及していない。同じ版画は、本書に先立って『想像力』にも登場しているが、そちらでは悪魔にも言及がある。この版画に触れるのは、フッサールが『イデーンI』（第一一一節）で、この版画を用いて志向的分析を行っているためで、サルトルは、その分析を「イメージと知覚の本質的な区別の先駆けである」（Jean-Paul Sartre, *L'Imagination* (1936), P.U.F. (coll. « Nouvelle encyclopédie philosophique »), 1969, p. 149）として高く評価している。

デューラー《騎士と死神と悪魔》

＊23　モーリス・シュヴァリエ（Maurice Chevalier）（一八八八―一九七二年）は、両大戦間期に活躍した

フランス人のエンターテイナー。ミュージックホールでデビューしたあと、アメリカでも活躍。戦後も仏米の映画に出演した。

2　記号《シーニュ》と肖像

私はピエールの肖像写真を眺める。写真を通して、私は身体的個別性をもったピエールを目指す。写真はもはや、知覚が私に与える具体的対象ではなく、イメージの素材の役割を果たしている。

だが、他にも同じ性質をもった現象があるだろう。たとえば、駅舎の一つのドアの上方に掲げられたプレートの上に印刷された太い黒い線に、私が近づくとする。黒い線は突然、それ自身の次元、色、場所をもつことをやめ、今や「副駅長室」という言葉になる。私は言葉をプレートの上に読み取る。そして、今や、自分が苦情を言うためにここに入らなければならないことを知っている。私は言葉を理解し、「解釈した」ということだろうか。いや、必ずしもそうではない。それらの黒い線を基にして言葉を作り出した、と言ったほうがよいだろう。線はもはや私にとってどうでもよい。私はもはや線を知覚していない。実は、私は意識のある態度をとったのだ。その態度とは、黒い線を通して、他の対象を目指すものである。その対象とは、私が用事のある事務室である。それはそこにあるわけではないが、書かれた文字のために、完全に私から逃れ去っているわけでもない。私は事務室を位置づける。

私はそれに関係する知識を手に入れる。私の志向が向かった素材は、志向によって変形され、今では私の現在の態度の欠くべからざる部分となっている。この素材は私の作用の素材であり、つまりは記号である。イメージの場合と同様、記号の場合にも、われわれは対象を目指す志向と、志向が変形させる素材と、そこにはない目指された対象をもつ。〔したがって〕一見したところ、同じ機能と関わっているように見えるかもしれない。確かに、古典的心理学はしばしば記号とイメージを混同してきた。ヒュームが、イメージとその対象との関係は外在的である、と言うとき、ヒュームはイメージを記号にしている[15]。だが、逆にまた、内的言語に現れる形での単語を心的イメージとするときは、人は記号の機能をイメージの機能に還元してしまっていると言える。のちに詳しく見るように、内語[*24]〔endophasie〕における単語は、先走った内観に基づく心理学が信じていたのとは違って、刻印された単語の心的イメージではなく、それ自身が直接的に記号なのだ。さしあたり、物的記号と物的イメージの関係だけを検討しよう。はたして両者は同じ部類に属しているのだろうか。

1　記号の素材は、意味される対象とは無関係である。白いプレートの上の黒い線としての「事務室」〔という文字〕と、物的であるばかりか社会的でもある複合的な事物〔＝対象〕としての「事務室」のあいだには、いかなる関係もない。結びつきの起源は、取り決めである[*25]。その後、取り決めは習慣によって補強される。言葉が知覚されるや否や、ある意識の態度を動機づけるこの習慣がなければ、「事務室」という言葉は決してその対象を連想させることはない。

物的イメージの素材とその対象のあいだには、まったく別の関係が存在する。素材と対象は類似しているのだ。これはどういうことだろうか[*26]。

　肖像写真を見るとき、イメージの素材は、今しがた話を単純化するために言った線と色の錯綜だけではない。それは、実際には準-人物であり、準-顔、その他をそなえている。ルーアンの美術館で見知らぬ部屋に突然足を踏み入れたとき、私は巨大な絵の人物たちを〈本物の〉人間だと思ってしまったことがある。この錯覚は、ほんの一瞬しか続かなかった――たぶん四分の一秒くらいだったと思う――。だとしても、そのごくわずかな時間、私は想像的意識ではなく、知覚的意識をもっていたのだ。おそらく総合がうまくいかず、知覚が誤っていたのだろうが、この誤った知覚はそれでもやはり知覚だった。それは、絵のなかに、人間のように見えるものがあったからである。近づいてみると錯覚は消えるが、錯覚の原因はそのまま残る。すなわち、絵は人間に似せて描かれているので、人間と同じように私に働きかける。私がその絵を前にしてもつ意識の態度がどうであれ、そうなのである。絵のなかの眉をしかめるその様子に、私は直接心を動かされる。というのも、私がその眉を「イメージとしての眉」なり、現実の眉なりに見立てる前に、巧みに仕上げられた「眉」という総合が、それ自身で行われているからである。私の解釈がいかなるものであれ、その顔の穏やかさに私は直接心を動かされる。要するに、それらの要素は、それ自体として中立的であり、想像力の総合にも、知覚の総合にもなりうるのだ。だが、中立的とはいえ、それは表現的である。たとえ、それを単に知覚として捉えようと決心しても、単に美的に絵と対峙しようとしても、はたまた、色彩と形象《フォルム》の関係やタッチについて考察しようとしても、画家の純粋に技術的な手法を研究するとしても、そのために表現的価値が消えることはない。画中の人物は、自分を一人の人間として捉えるよう、ひそかに私に要請する。同様に、肖像画のモデルが知り合いなら、肖像画のなかには、あらゆる解釈に先立って、現実的な力、類似性があるはずだ。

ここで、この類似性が私の精神のなかにピエールの心的イメージを再生させていると考えるのは誤りだろう。そう考えてしまうと、ジェイムズが連合主義者に対して唱えた反論[*27]を受けることになる。ジェイムズによれば、AとBのあいだの類似性は、Aがまず意識に与えられたなら、Bを意識に引き寄せる力として働くことはできない。AとBのあいだに類似性を見るためには、BがAと同時に与えられていなければならないからである。

したがって、ここで問題にしている類似とは、ピエールの心的イメージを喚起するようにさせる力のことではない。そうではなく、ピエールの肖像画をピエール本人だと思わせるような、絵がもっている傾向力のことである。肖像画は——ほぼ——ピエール本人として、われわれに働きかけるのであり、こうして肖像画は、知覚的総合を行うように、すなわち生身のピエールを生み出すように、われわれに促す。

今や、私の志向が現れる。私は「これはピエールの肖像画だ」とか、もっと簡潔に「これはピエールだ」と言う。そのとき、その絵は〔知覚の〕対象であることをやめて、イメージの素材として機能している。〔ただし〕ピエールを知覚せよ、という促しは消えたわけではなく、イメージ化された総合に組み込まれたのである。実を言えば、アナロゴンとして機能するのは、この促しなのであって、それを通して、私の志向はピエールに向かう。「確かにそうだ、ピエールはこんな感じだ。こんな眉をしているし、こんなふうに微笑む」と私は言う。私が知覚したものすべてが投影的総合に組み込まれ、この総合が、そこにはいない生きた存在である真のピエールを目指すのである。

2　記号的意味作用[*28]においては、言葉は目印でしかない。言葉は現れ、意味作用を呼び覚ます。そして、その意味作用は決して言葉に戻ってくることはなく、物に向かい、言葉を振り落とす。反対に、物的基盤をもっているイメージの場合、志向性は絶えず「肖像‐イメージ」へと戻ってくる。われわれは肖像画の前にいて、それを観察する。[16]ピエールについての想像的意識は絶えず豊かになり、新たな細部が絶えず対象に付け加えられる。それまで知らなかった皺をピエールの肖像画のうちに見つけるや否や、私はその皺をピエールに帰属させる。どの細部も知覚されるが、細部それ自体としてではないし、画布の上の色の染みとしてでもない。それは、ただちに対象に、つまりピエールに組み込まれるのである。

3　以上の考察の結果、イメージと記号が対象に対してもつ関係についての問いを立てることができる。記号については、事態は明らかだ。記号的意識は、それ自体としては定立的ではない。記号的意識が一つの言明をともなうとき、その言明は記号的意識に総合的に結びつき、われわれは新しい意識、すなわち判断をもつ。だが、「副駅長室」というプレートを読むことは、何も定立しない。〔一方〕あらゆるイメージには、対象を実在としては定立しないイメージにおいてさえ、定立的規定がある。記号の場合は、この定立的規定がない。記号として機能する対象から出発して、何らかの本性が目指されてはいる。だが、その本性に関して、いかなる言明もなされず、ただ目指されるだけだ。当然のこととして、この本性は記号的意味作用をもつ素材を通して現れることはなく、その彼方にある。

肖像‐イメージの場合、問題はより複雑だ。一方で、ピエールは肖像画からはるか遠いところにいる（歴史的肖像画の場合、モデルが死んでいることもある）。まさにそうした「われわれからはるか遠いところにある対象」を、われわれは目指している。だが、他方で、その物的性質は、すべてそこに、われわれの前にある。対象は不在として定立されているが、印象は現前している。そこには非合理的で説明しがたい総合がある。たとえば、私がフィレンツェのウフィツィ美術館でシャルル八世の肖像画を見ているとしよう[*29]。私は、それがシャルル八世、つまり死んだ人だということを知っている。まさにそうした肖像画の意味が私の現在の態度すべてに影響を及ぼしている。だが、他方では、その曲線を描いた官能的な唇、その狭く頑固そうな額が、私のうちにある感情的な印象を直接引き起こす。そして、この印象は、絵のなかにある、その唇に向けられている。このように、その唇は同時に二つの機能をもっている。一方では、その唇は久しい以前から遺骸のちりとなっている現実の唇にわれわれを差し向け、また、そのことによってのみ意味をもつ。だが、他方で、その唇は直接、私の感覚〔sensibilité〕に働きかける。というのも、その唇は騙し絵だからであり、絵のなかの色の広がりは、額や唇として、私の眼に現れてくるからである。結局、二つの機能は溶け合い、われわれはイメージ化された状態をもつ。つまり、死んだシャルル八世がそこに、われわれの前に現前する。われわれが見ているのはシャルル八世その人であって、絵ではない。にもかかわらず、われわれはシャルル八世を目の前にはいないものとして定立する。われわれはシャルル八世に「イメージ」として、絵の「媒介によって」達しただけである。おわかりだろう。意識が想像的態度において肖像画とモデルのあいだに定立する関係は、まさに魔術的なものである。シャルル八世は、あちらに、過去のなかにいると同時に、ここにいる。スローモーション状態で、多くの規定（立体性や動きや、ときには色など）も欠いたありさまで、相対的なものとして、ここにいる。〔ところが〕あちらでは、絶対的なものなのだ。われわれは、非反省的意識においては、ある画家がこの絵を描いたなどとは考えない。イメージとモデルのあいだに立てられる第一の絆は、流出[*30]の関係である。オリジナルは存在論的優位性をもっている。だが、オリジナルは具現化され、イメージに降臨する。これこそが、自分の肖像画に対する未開人の態度や、黒魔術のいくつかの実践（針が突き刺された蠟人形、狩りの成果があがるようにと壁に描かれた傷ついた野牛）を説明するものである。それに、こういった思考法は今日でも消えてしまったわけではない。イメージの構造は、われわれにおいても相変わらず非合理的であり、ここでもどこでも、われわれは論理以前の土台の上に合理的構築物を築いているだけなのだ。

4　こうして、記号とイメージのあいだには、最後の最も重要な区別が設けられることになる。私は絵のなかにピエールのことを考える、と先に述べた。つまり、私は少しも絵のことは考えていない。私はピエールのことを考えている。したがって、私が「ピエールのイメージとして」絵を考えていると思ってはならない。私の現在の意識において絵が果たす機能を明らかにするのは、反省的意識である。この反省的意識にとっては、ピエールと絵は二つのもの、二つのはっきりと違う対象となる。だが、想像的意識においては、この絵はピエールが私にとって不在に見える仕方にほかならない。このように、ピエールがたとえそこにいなくても、絵はピエールを与える。反対に、記号はその対象を与えない。記号は空虚な志向によって記号として構成される。その結果、本性上、空虚なものである記号的意識は、破壊されずに満たされうる。私はピエールを見る。そして、誰かが「あれはピエールだ」と言う。私は総合的作用によってピエールという記号をピエールという知覚に結びつける。〔こうして〕意味作用は満たされる。〔一方〕イメージの意識は、すでに自分なりの仕方で満たされている。もしピエール本人が現れるなら、イメージの意識は消える。

だからといって、意識が対象をそれとして定立するためには、写真の対象が実在するだけで十分である、と考えてはなるまい。周知のように、対象が実在として定立されないような想像的意識のタイプもある。また、対象が非実在として定立される想像的意識のタイプもある。こうしたさまざまな型についても、すでに行った記述をさほど変えずに行うことができるだろう。変わったのは意識の定立的性格だけである。だが、ここで注意すべきことがある。さまざまな定立の型を区別するのは志向の措定的性格であって、対象の実在ないしは非

‐実在ではない。たとえば、私はまさに半人半獣《ケンタウロス》を実在するもの（ただし不在である）として定立することができる。反対に、私が新聞の写真を見つめているとき、その写真が「私に何も語らない」ということが大いにありうる。つまり、私は実在を定立することなしに、その写真を見つめる。そのとき、確かに私が目にしている写真の人物には、その写真を通して到達されるが、実在的定立はともなわない。それはちょうど、〈騎士〉と〈死神〉に、デューラーの版画を通して到達するが、〔実在として〕定立はしないのと同じである(17)。そのうえ、写真を見ても「イメージ化」すらしない無関心の状態にとどまる場合もある。写真は漠然と対象として構成され、人物は確かに人物として構成されているが、それは人間と似ているからにすぎず、特別な志向性は起こらない。それらは知覚の岸辺、記号の岸辺、イメージの岸辺のあいだをたゆたい、どの岸にもたどりつくことはない。

　反対に、われわれが写真を前にして生み出す想像的意識は一つの作用であり、この作用は自発性としての、みずからについての非‐措定的意識を含んでいる。われわれは、いわば、写真を活性化し、写真に生命を与え、写真をイメージにする、という意識をもつのである。

原注

(15)　I・メイエルソン〔Ignace Meyerson〕氏は、デュマ〔Georges Dumas〕『新心理学概論〔*Nouveau Traité de psychologie*〕』第二巻〔Alcan, 1932〕の「イメージ」の章において、記号とイメージとシンボルを絶えず混同している（とりわけ、五七四、五八一頁）〔訳注――『新心理学概論』は全一〇巻で、主だった心理学者が一堂に会して分担執筆している」。
(16) このような観察は、心的イメージの場合は準 - 観察となる。
(17) フッサール〔Edmund Husserl〕『純粋現象学のためのイデーン〔*Ideen zu einer reinen Phänomenologie*〕』二二六頁。

訳注

＊24 話をしている自分だけには聞こえているので「内的言語」とも呼ばれる。ギリシア語で「内部」を意味するend(o)と、「言葉」を意味するphasieから成る用語で、一八九二年に医者・哲学者であるジョルジュ・サン゠ポール(Georges Saint-Paul)によって作られた。
＊25 サルトルはこの時点でソシュールの理論を知らないが、ここで問題になっているのはシニフィアンとシニフィエの恣意的関係に近いと言えるだろう。
＊26 このあたりの記述は曖昧だが、のちにロラン・バルトが読み取った記号論の基本である。つまり、言語記号と事物は類似関係になく、その結びつきは恣意的であるのに対して、イメージとそれが表象する事物は類似の関係にあり、地続きである。
＊27 ウィリアム・ジェイムズ(William James)(一八四二―一九一〇年)は、アメリカの心理学者、哲学者。連合主義は、心の活動における連合の役割を強調する立場であり、ホッブズ、ロック、ヒュームなどによって創始された。この立場はジェイムズにも影響を与え、それが現在の機能心理学派につながっている。もっとも、ジェイムズは、「意識の流れ」という考え方を重視し、内省によって得られる流動的意識状態を把握することに努める内省的な機能心理学を提唱した。
＊28 「意味作用」と訳したsignificationがsigne(記号)の派生語であることに留意されたい。次の第3節では記号性が強調されているので、「記号的意味作用」と訳した。

＊29　この絵は、チェーザレ・ボルジアなどの肖像画で知られるクリストーファノ・デッラルティッシモ（Cristofano dell'Altissimo）（一五二五―一六〇五年）によるものだと思われる。サルトルは一九三三年にボーヴォワールとイタリアを旅行し、フィレンツェには二週間滞在した。

デッラルティッシモ《シャルル八世》

＊30　「流出」の原語はémanation. 新プラトン派のプロティノスは、プラトンのイデア論を継承し、「一者」と呼ばれる神から万物が「流出」する、と説く汎神論を打ち立てた。

3　記号《シーニュ》からイメージへ　物まねの意識

ミュージックホールの舞台で、寄席芸人のフランコネ[*31]が「物まねをしている」。彼女が物まねをしている芸人が誰なのか、私にはわかる。モーリス・シュヴァリエだ。私は、その物まねが上手だと考え、「まさに彼だ」と思うこともあれば、「失敗だな」と思うこともある。このとき、私の意識のなかでは何が起こっているのだろうか。

ある人たちの意見では、類似によるつながりがあり、比較が行われているだけだ、ということになる。つまり、物まねが私のうちにモーリス・シュヴァリエのイメージを生じさせ、次いで両者の比較がなされた、ということだ。

だが、このような主張は受け入れがたい。それこそ内在性の錯覚である。実際、先に見たジェイムズの反論〔七八頁〕が、ここでは十分な重みをもつ。無意識のなかにイメージを求めにいく類似、イメージについてもつ意識に先立つ類似とは何だろうか。

多少の修正を施すことで、この主張を保てると考える人もいるだろう。類似の代わりに、隣接の結びつきとすればよいのだ、と。

つまり、「モーリス・シュヴァリエ」という名前が隣接性によってわれわれのうちに彼のイメージを呼び起こす、というわけだ。だが、この説明は、芸人が〔物まね相手の〕名前を出さず、仄《ほの》めかすだけである数多くの場合にはあてはまらない。実は、ある名前に結びつけられるべき数多くの記号《シーニュ》が存在する。フランコネは、シュヴァリエの名前を出さずに、不意に麦わら帽子をかぶったりする。ポスター、新聞、カリカチュアなどによって、彼に関する記号の山は徐々に築かれてきており、そこから何かを取り出すだけで十分なのだ。

物まねは観客がそれと理解する記号を使う、という点は正しい。だが、記号とイメージの結びつきを連想的結びつきだと想定するなら、そのような結びつきは存在しない。なぜなら、まず物まねの意識はそれ自体、想像的意識だが、心的イメージをまるで含んでいないからである。そもそも、イメージも記号も、一つの意識である。二つの意識間の外在的結びつきなど問題にならない。意識には、それによって他の意識に結びつけることができるような不透明で無意識的な表面などないのだ。二つの意識のあいだには、原因と結果の関係はない。意識というものは全面的に総合であり、全面的にみずからに親しい内面的なものである。この総合的な内面性の最も深い部分で、意識は過去把持と未来予持[*32]の作用を通して、先立つ意識および、あとから来る意識に合流することができる。それどころか、一つの意識が他の意識に働きかけることができるためには、その意識が、自分が働きかける当の意識によって保持され、再創造される必要がある。これは受動性とはまったく違う。みずからに対して透明である志向的総合の懐《ふところ》における、内的同化や脱同化である。一つの意識は、他の意識の原因ではなく、他の意識を動機づけるのである。

こうして、われわれは真の問題へと導かれる。物まねの意識は時間的形態をしているのであり、つまり時間のなかでその構造を展開するのだ。物まねの意識は、〔まずは〕記号的意味作用の意識である。だが、それは特殊な記号的意識であり、自分がイメージの意識になることをすでに知っている。その後、それは想像的意識になるが、この想像的意識は、記号の意識において本質的だったものを保持する。二つの意識の総合的統一性は、一定の持続をもつ作用であり、この作用において、記号の意識とイメージの意識は手段と目的の関係にある。したがって、本質的問題は、この構造を記述し、いかにして記号の意識がイメージの意識を動機づけることができるか、いかにしてイメージの意識が記号の意識を新たな総合において包み込むのかを明らかにすることである。それと同時に、意味的素材の状態から表象的素材の状態に移行することになる、知覚された対象の機能的変化がどのようにして起こるのかも明らかにしなければならない。

物まねの意識と肖像画の意識の違いは素材に由来する。肖像画の素材は、それ自体が鑑賞者に総合を行うように促す。というのも、画家は肖像画にモデルとの完璧な類似を与えることができたからである。〔一方〕物まねの素材は、人間の身体である。それは硬直的で、抵抗する。[18] その寄席芸人は、小柄で、小太りで、黒髪をしている。女性であるその寄席芸人が男性の物まねをしている。そこから、物まねはおおよそのものということになる。フランコネが自分の身体を使って生み出す対象は、崩れやすい形象であり、絶えず二つの異なる次元において解釈されうる。私は、イメージとしてのモーリス・シュヴァリエを見ることもできれば、顔で表情を作る小柄な女性を見ることもできる。だからこそ、記号が本質的役割を果たす。記号が意識を照らし、導くことになるのである。

意識は、まず一般的状況に向かう。意識はすべてを物まねとして解釈しようとする。だが、意識は空虚なままで、一つの問い（誰の物まねをしているのか）、方向づけられた期待でしかない。最初から意識は、物まねをしている人を通して、物まねの対象Xとして理解された未規定の人物に向けられる。[19] 意識は自分に二重の指示を与える。物まねをしている人がわれわれに与える記号に従って対象Xを規定しなければならないのと同時に、対象Xの物まねをしている人を通してイメージとしての対象を実現しなければならないのだ。

芸人が姿を現す。彼女は麦わら帽子をかぶり、下唇を突き出し、頭を前に出す。私は知覚するのをやめ、読み取る。つまり、私は記号的意味作用の総合を行う。カンカン帽〔麦わら製の堅い凸型帽〕は、まず単純な記号である。それは、現実派シャンソン[*33]の歌手にとって、ハンチングやスカーフが無頼漢の歌の前触れの記号であるのと同じだ。つまり、私はまず麦わら帽子を通してシュヴァリエの帽子を知覚するのではない。寄席芸人の帽子はシュヴァリエを指示しているのだ。それはハンチングが「無頼漢の世界」を指示するのと同じである。記号を解釈するということは、「シュヴァリエ」という概念を生み出すことである。同時に、私は「彼女はシュヴァリエの物まねをしている」と判断する。この判断によって意識の構造が変わる。今や、テーマはシュヴァリエである。意識は、その中心となる志向によって想像的なものになり、私に与えられた直観的素材のなかで私の知を実現することが問題になる。

この直観的素材はきわめて貧しい。物まねが再現する要素は、そもそも直観のうちでおよそ直観的でないものである。つまり、関係性であり、耳の上のカンカン帽の傾きや、顎と首の角度などである。そればかりか、これらの関係性のいくつかは意図的に歪められている。たとえば、カンカン帽の傾きは誇張されている。というのも、それが第一に訴えかけてくるに違いない主たる記号だからであり、この記号のまわりで他の全記号がまとまる。肖像画はそのモデルを詳細にわたって忠実に表現しており、生身の人間の前でと同様、絵の前でも、さまざまな特徴を引き出すには単純化の努力が必要であるのに対して、物まねにおいてまず与えられるのは、その特徴そのものだ。肖像画とは、いわば——少なくとも見かけ上は——〔生身の〕人間のいない景観〔nature〕である。物まねとは、すでに練り上げられ、レシピや図式となったモデルである。それは技術的レシピであり、そこに意識はイメージ化された直観を流し込もうとする。さらに言えば、きわめて簡潔な図式——あまりに簡潔で抽象的なので、今しがた記号として読み取られたほどだ——は、直観に対立するかに見える多くの細部のなかに埋もれている。いったいどうやって、この〔フランコネの〕肉づきのよい化粧した頬、この黒い髪、この女性的身体、女性の衣服を通して、モーリス・シュヴァリエを見出すことができるのだろうか。

『物質と記憶』の有名なくだりを思い出す必要があるだろう。

「……個体的な諸対象のはっきりした区別というのは知覚にとっての贅沢品であり……とアプリオリに言えそうである。……われわれの出発点は、個物の知覚でも類の概念でもなく、むしろ、ある中間的な認識、特徴的性質ないし類似についての漠然とした感じであろう[20]……」。

この黒い髪を、われわれは黒いものとは見ない。この身体を、われわれは女性の身体としては知覚しない。女性の身体の明確な曲線を見ない。と同時に、直観的次元に降りていく必要から、われわれは髪や身体の感覚的内容を完全な一般性において利用する。髪や身体は、はっきりしない塊として、満たされた空間として知覚される。それらは感覚的不透明性をもつ。あとは配置の問題だけである。そんなわけで、ここまで想像的意識を記述してきて初めて、根本的な未確定が現れる——それは知覚のただなかにおいてであるが——のを見る。のちほど心的イメージを検討するとき、このことを思い出す必要があるだろう。かくも漠然としたこれらの性質は、完全な一般性においてのみ知覚されるものであり、それ自体としては価値がない。これらの性質は、イメージ的総合に組み入れられる。そうして、モーリス・シュヴァリエの未規定な身体や髪を表すことになるのである。

だが、こうした性質だけでは十分ではない。積極的な規定を実現する必要もある。寄席芸人であるフランコネの身体によってシュヴァリエの身体の完全なアナロゴンを構成することが問題なのではない。私の手持ちは、先ほど記号として機能していた、いくつかの要素だけだ。物まねされている人物の完璧な等価物がないので、私は直観のうちにある表現的本性〔*nature expressive*〕を、直観に与えられるシュヴァリエの本質の何かを実現しなければならない。

まず、私はあまりに簡潔な図式に生命を吹き込まなければならない。だが、注意しよう。もし私が図式をそれ自体として知覚するなら、〔たとえば〕口もとなり、帽子の麦わらの色なりに注目するなら、イメージの意識は消失してしまう。知覚の運動を逆から行わなければならない。つまり、知から出発して、知に応じて、直観を決定するのだ。この下唇は、先ほどは記号だった。今度は、それをイメージにするのである。ただし、先に記号だったかぎりにおいてイメージにならなければならない。私はそれを「前に突き出た大きな下唇」として見ているだけだ。ここに心的イメージの本質的性格である準‐観察の現象が再び見出される。私が知覚しているのは、私が知っているものである。対象は何も教えてくれない。直観は重くなって降格させられた〔dégradé〕知にすぎない。同時に、それらの区分化された部分は、漠然とした直観のゾーンによって結合される。女優の頰、耳、首は、未規定の結合組織として機能する。ここでもまた、知が最初にある。知覚されたものは、モーリス・シュヴァリエには頰や耳や首がある、という漠然とした知に対応している。特殊性は消失し、消失しないものはイメージ化された総合に抵抗する。

しかし、この直観のさまざまな要素だけでは、先に言及した「表現的本性」[*34]を実現するには十分ではないだろう。そこで新たな因子が出てくる。それが、情感性である。

二つの原則を立ててみよう。

1　あらゆる知覚には情感的反応がともなう[21]。

2　あらゆる感情〔sentiment〕は、何ものかについての感情である。つまり、ある仕方で対象を目指し、対象の上に、ある性質を投影する。ピエールに好感がもてるということは、好感がもてる人としてのピエールの意識をもつことである。

今や、物まねの意識における情感性の役割を理解することができる。私がモーリス・シュヴァリエを見るとき、その知覚は何らかの情感的な反応を含んでいる。この反応は、モーリス・シュヴァリエの顔つきの上に、われわれが彼の「意味」と呼びうるある種の定義しがたい性質を投影する。物まねの意識において、志向的知が志向的実現の始まりと記号に基づいて情感的反応を呼び覚まし、この反応が志向的総合に合体されるようになる。それに呼応して、シュヴァリエの顔の情感的意味がフランコネの顔の上に現れる。こうした意味こそが、さまざまな意味の総合的結合を実現するのであり、さまざまな意味の硬直した簡素さを活性化し、さまざまな意味に生命とある厚みを与える。この意味こそが、物まねのばらばらになった要素に定義しがたい意味と対象の統一性を与えることで、物まねの意識の紛れもない直観的素材とみなされることになる。というのも、結局、われわれが寄席芸人の身体を通して眺めているのは、このイメージとしての対象だからである。すなわち、感情的意味によって結合された記号、つまり表現的本性なのだ。情感性が知覚に特有の直観的な要素に取って代わり、イメージとしての対象を実現するのをここで初めて見たわけだが、これについては、またのちほど改めて見ることになる。

　イメージ的総合には、自発性、さらに言えば、自由についてのきわめて強い意識がともなう。結局のところ、意識がイメージの次元から知覚の次元に移行するのを妨げるのは、断固とした意志だけである。それでも、たいていの場合、この移行は起こる。だが、総合が全面的にはなされないことのほうが、さらに多い。寄席芸人の顔と身体は、その個性をすっかり失うことはない。にもかかわらず、女性のその顔の上に、身体の上に、「モーリス・シュヴァリエ」という表現的本性が現れる。現れたあとは、完全な知覚でも完全なイメージでもないハイブリッドな状態である。この状態については、別に記述すべきだろう。このバランスを欠いた、長く続かない状態が、観客にとっては明らかに、物まねにおける最も楽しい部分である。というのも、対象と物まねの素材との関係は、ここでは憑依〔*possession*〕の関係だからだ。不在のモーリス・シュヴァリエは、顕現するために、一人の女性の身体を選んだのである。

このように、本来、物まねをする人は憑依された人である[22]。おそらく、未開人の祭礼の舞踏における物まねの役割は、この点から説明されるべきだろう。

原注

(18) ここでは、メーキャップなしの物まねに話を限定する。

(19) もちろん、ここでの考察は、意識の運動のすべてがはっきり区別されている理論的事例である。物まねが肖像画の場合と同じくらい類似している場合もある（たとえば、芸人がメーキャップしているとき）。その場合に関しては、前章〔前節2のこと〕で分析したケースにあたる。

(20) ベルクソン〔Henri Bergson〕『物質と記憶〔*Matière et Mémoire*〕』一七二頁〔邦訳、杉山直樹訳、講談社（講談社学術文庫）、二〇一九年、二二九―二三〇頁〕。

(21) アブラモフスキー〔Edward Abramowski〕『正常潜在意識〔*Le Subconscient normal*〕』〔Alcan, 1914〕を参照。

(22) 物まねをする意識についても語る必要があるだろう。それはまさしく、取り憑かれている意識である。

訳注

*31 クレール・フランコネ（Claire Franconnay）（一九〇〇―七〇年）は、フランスの女優。一九二九

年にモーリス・シュヴァリエの物まねで売り出し、一九二〇年代から三〇年代に映画で活躍。

＊32　フッサール現象学における時間意識の作用を表す用語。「過去把持」とは、あらゆる存在の源泉である「原印象」において産出されて「今」として意識されたものを、次の瞬間、なおも「たった今過ぎ去った」ものとして、おのれのうちに保持する意識の作用。「未来予持」とは、「まさに到来しつつあるもの」を待ち受ける意識の作用。

＊33　現実派シャンソン（chanson réaliste）は、両大戦間に流行したシャンソンのジャンル。人間のもつ悩み、苦しさ、悲しさなどを主題とする。イヴォンヌ・ジョルジュ、ダミア、フレエル、エディット・ピアフなどが有名。

＊34　「情感性」、「情感」と訳した affectivité, affection と、「感情」と訳した sentiment をサルトルがはっきりとした基準で明確に区別しているとは思われない。affectivité は心理学と哲学の狭間できわめて漠然と使用されているが、本書において affection は運動感覚や身体性をともなった気持ちを意味する点で、より内的な sentiment と区別されるように思われる。affectivité はハイデガーの Stimmung の訳語でもあるが、本書では「情態」という意味は含んでいないと思われる。また、隣接した概念に「情動（émotion）」があり、サルトルは本書とほぼ同時期に『情動論素描（*Esquisse d'une théorie des émotions*）』を執筆した。情動は、短い期間しか持続しない、身体的反応をともなった気持ちのことで、一般には、喜び、悲しみ、怒り、恐れ、驚き、嫌悪、恥などを指す。

4　記号《シーニュ》からイメージへ　図式的デッサン

イメージは意味作用の「充実[35]」（*Erfüllung*）である、とフッサールは言う。先に行った物まねの検討によれば、むしろイメージとは直観の次元にまで下りて、降格した意味作用である。充実はなく、本質の変化がある。図式的デッサンの意識を検討することで、この考えは裏づけられるだろう。というのも、図式的デッサンにおいて、直観的要素はかなり減少し、意識的能動性の役割の重要性が増すからである。イメージを構成し、かつ知覚のあらゆる弱まりを補うものは、志向である。

図式的デッサンは、図式によって構成される。たとえば、風刺漫画家は、ただの黒い線によって一人の人間を表現できる〔図1〕。黒い点は頭、二本の線は腕、一本の線は上半身、二本の線は足を表現している。図式の特性は、イメージと記号の中間にあることである。素材は解読されることを要求する。図式は関係を現前させることを目指すのみである。図式は、それ自体としては何ものでもない。もしも図式の解読の鍵である約束ごとの体系を知らなければ、多くの図式は解読不能となる。大部分の図式は知的解釈を必要とする。図式は、それが表象する対象と本当に似ているわけではない。にもかかわらず、それは記号ではない。というのは、図式はそのようなものとみなされていないからだ。この何本かの黒い線のうちに、私は走っている一人の人間を志向する。知はイメージを目指すが、知そのものはイメージではない。知が図式のなかに滑り込んできて、直観の形をとるようになる。ただし、知は、図式において直接的に表象されている諸性質についての知識を含んでいるだけでなく、図式内容がもちうる多様な身体的性質、色や顔立ち、ときには表情などに関するあらゆる種類の志向

図1

を未分化の塊として含んでもいる。これらの志向は、図式的図形に到達しながらも、相変わらず未分化のままであるが、その図形の上で直観的に実現する。それらの黒い線を通して、われわれはシルエットだけを目指すのではなく、一人の完璧な人間を目指し、この黒い線のうちに、その人間の性質のすべてを未分化なまま集める。すなわち、図式は炸裂的に満たされる。実を言えば、これらの性質は表象されてはいない。本来の意味において、黒い線は、構造と構えのいくつかの関係以外、何も表象していない。だが、すべての知がそこで総動員され、その平板な図形に一種の深みを与えるようになるためには、初歩的な表象だけで十分である。膝を突き、身体を前に折り曲げ、両腕を宙に挙げた男をデッサンしてみよう。すると、彼の顔の上に、憤慨し、仰天した様子を投影することになるだろう。だが、彼の顔にそんな様子を見るのではない。この様子は、電荷のように潜在的状態にあるのだ。

たいていの図式的図形は、特定の方向で読み取られる。眼球の運動が知覚を組織し、まわりの空間を切り取り、力の場を決定し、線をベクトルに変える。たとえば、顔の図式を考えてみよう〔図2〕。私はそこにいくつかの単一の線を見ることができる。Oに合流する三つの線分、Oの下の少し右側にある第二の点、そして意味のない線。この場合、私はケーラーとヴェルトハイマーが研究した図の法則に従って[*36]線が形成されるにまかせる。白い紙は同質の地の役割を果たす。三つの線分は、二股に分かれた形になっている。私の眼はNから

図2

Oへと遡り、そこで拡大する運動は二つの分岐した線の上を同時にたどる。Oの下の孤立した点が図形にくっつくようになる。反対に、私が下に引いた線は、相変わらず孤立しており、別の図形を形成する。[23]

今や、私は図形をまったく別様に読み取る。そこに顔を見て取るのだ。三つの線分のうち、斜めに上昇している線分は、額の輪郭と解釈される。右側の線分は眉であり、下降する線分は鼻の線である。孤立した点は眼を表象しており、曲線は口と顎を表している。何が起きたのか。まず、志向のなかに根本的な変化があった。この変化については、ここでは詳述しない。これは、よく知られたもの、つまり知覚的志向がイメージ的志向になったのである。だが、それだけでは十分ではない。図形は解釈されるがままでなければならない。最後に、そしてとりわけ、私の身体がある種の態度をとり、線の総体を活性化するために何らかのパントマイムを演じる必要がある。まず、図形の両側の白い紙の意味が全面的に変わる。線の右側のスペースは、線が図形の境界を示しているように見えるよう、図形に結びつけられている。そのために、私は図形の右側の一定量の白い空間を眼で見渡すが、その白い空間を紙として定立することはしない。実を言えば、私はまたその白い空間を顔の肉として考えるのではなく、むしろ容量として、密度、満たされた媒質として考える。同時に、私の眼の運動は、さほど明確にではないとはいえ、図形の右側、眉の少し後方、鼻の先端の高さで始まったが、ちょうどONMを通る線で終わる。それらの線は、したがって不明確な充満した領域の境界として機能している。反対に、図形の左側に位置する白い紙の部分は、空虚な空間として機能する。すなわち、私はそうした部分を考慮に入れるのを拒む、ということである。なるほど、私が眼で図形の黒い線を見回すとき、私はそうした部分を見ずにはいられない。しかし、私はその部分をそれ自体としては見ない。実際は、私の知覚においても、そうした部分は地（＝背景）として機能している。というのも、そうした部分は、私のまなざしが輪郭として理解された線に向けられるとき、おまけとして知覚されるからである。このように、紙片の均質な空間は、右側の充満した空間と、左側の空虚な空間になった。と同時に、どの線も決まった眼の運動によって、それ自体として解読される。たとえば、鼻は眉から出発して上から下に「読解される」（というのは、ごく自然に鼻に接するとき、われわれは「鼻の付け根」と鼻の「先端」を区別し、その結果、鼻を上から下に方向づけられたものとみなすからである）。同時に、われわれは不在の線を補わなければならない。それは、Nを曲線に結びつける線である。切り離された二つの線のグループから一つの図形を作らなければならない。そのため、われわれは眼をNからDへ走らせる。すなわち、われわれは不在の線の役割を演じ、それを自分の身体で演じる。と同時に、NとDの志向的総合を行う。つまり、鳥の飛翔のさまざまな瞬間を捉えるように、Nを連続する意識のなかで捉え、その結果、Dに到達すると、出発点を到達点に結びつけるように、NをDに結びつける。むろん、他にも指摘すべきことはたくさんあるが、ここでは割愛する。

むしろ、他の図式的図形を取り上げてみよう。その図形は、先のデッサンの線とほとんど同じ線によって、ある人物の横顔を表したものである。右側の空間と左側の空間が一つになって空虚な地〔=背景〕を形作り、対照的に、厚みのないそれらの線は境界ではなくなる。それらの線は、密度と厚みをもつ。私は、それぞれの線のなかで、右側の輪郭と左側の輪郭を区別する。と同時に（少なくとも私に関するかぎり）、図形は下から上に読解される、等々。

以上の記述は、読者各位によってやり直されることができるし、またやり直されなければならない。図式的図形についての解釈は知に依存しており、その知は個人によって異なる。だが、いずれにせよ結論は変わらないし、この結論だけが、ここでの関心事である。というのも、われわれはきわめて特殊な現象に遭遇しているからだ。象徴的なパントマイム、実体化され、対象に投影されるパントマイムにおいて、何らかの知が機能している、ということである。心的イメージの場合に少し異なる形式の下に見出されるのもこの現象であるし、きちんと理解されるべきなのもこの現象なのだ。というのも、それはのちほど多くの問題の解決を与えてくれることになるからである。

知覚から始めよう。ここにテーブル、つまり密度が高く稠密な形状、厚みのある対象がある。私が眼を右から左に動かしても、左から右に動かしても、何の変化も現れない。同様に、フランス・ハルス[*37]によるデカルトの肖像画を眺めるとき、口角から出発して哲学者の唇を見ることもできるし、反対に口の真ん中から隅に向かって唇を見ることもできる。肖像画の唇と現実の唇の類似性が、それによって変わることはない。これらの際立った場合には、われわれは知覚された対象の形象と眼の動きをはっきりと区別する。なるほど、たいていの場合、形象を確認するためには、眼球を動かし、眼で輪郭をたどる必要がある。しかし、この動きがどのように行われ、中断され、再開されるかは、ほとんど重要ではない。対象は変わることのない全体としてあり、それを前にした眼球のさまざまな動きは無数の可能で等価な行程なのだ。

だからといって、眼球の動きが知覚に変化を及ぼさないということではない。眼を移動させるとき、対象と網膜の関係は変化する。どんな運動も相対的なので、眼に対して移動するのが対象なのか、それとも対象に対して移動するのが眼なのかを決定できるしるしは、対象のなかには存在しない。もっとも、われわれを混乱させる極端な例もある。だが、たいていの場合、間違うことはない。まず、移動するのは対象だけでなく、対象の周囲全体もそれにともなう。次に、眼球の動きは内部感覚をともなう（眼球が眼窩のなかを回っているのを感じる）。最後に、眼球の動きは、意志の産物としてではないとしても、少なくとも心的自発性の産物として与えられる。とはいえ、その運動をわれわれの身体に関係づけ、目の前にある対象を動かなくするためには、一つの知、まったく特別な志向、決断とでも呼ぶべきものが必要であることに変わりはない。この決断は、もちろん、のちに習得できるようになるものではないし、瞬間ごとに作動できるようなものでもない。決断は、自分のまわりの世界を前にして知覚的態度をとるときに現れ、この態度を構成する（それには別の志向もともなうが、ここでは枚挙しない）。それ自体としては、網膜に対する対象の関係は中立的だと言ってよいだろう。ただ、位置関係のために、現実には何が動いているのかについては答えが与えられないのである。

ところで、知覚の領域でさえ、ある種の形象は一定の眼球運動を強制する。形象の構造そのものが、ある種の運動反応を要求することもあるし、形象と緊密に結びついた習慣性によることもある。この場合、眼球の移動が自発的に行われているという印象は完全に消えてしまう。図形はわれわれの運動に対する規則のように現れ、知覚のいくつかの与件が再編成される。つまり、われわれは新たな対象を構成し、変化をその対象の性質の一つとして与える。たとえば、ミュラー＝リヤー錯視[*38]において、眼の動きはA′とB′で閉じた角にぶつかる〔図3〕。反対に、ＡとＢでは角は開いているので、動きは無限に続けられる。妨げられた動きは〔線分〕A′B′において実体化され〔＝とどまり〕、促進された動きは〔線分〕ＡＢにおいて投影される〔＝外に広がる〕。こうして、線分ＡＢは線分A′B′より大きい、と言うことになる。〔だが〕この言い方は、注意して見れば、かなり不正確であることがわかるだろう。線分ＡＢにおいて、より大きく見えるものは、延長の力である。線分ＡＢは上下に延びる。反対に、線分A′B′は身を縮めている。というのも、実際、動きを線分ＡＢと線分A′B′との上に投影すると同時に、われわれはそれらの図形の不動性を維持しているからである。この矛盾した二つの決断が、対象に新しい性質を与える。すなわち、不動の運動が潜在的運動、あるいは力となる。線分はベクトルになる。そのことは単に、眼の動きが不可逆的なものとして与えられることを意味するに

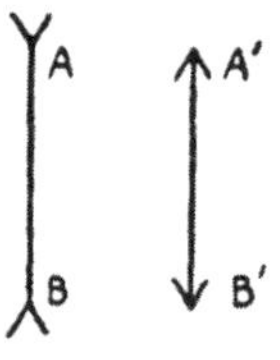

図３

すぎない。以上はすべて、相変わらず知覚の領域のことである。われわれは対象に新しい性質を与えた。その性質を、われわれは知覚した。このようにして構成された対象は、記号としての価値をもちうるが（方向指示の矢印など）、少なくともそのままではイメージとしての価値はもちえない。おわかりのように、知覚を変更させたということ、線に方向を与えたということとは、運動が自発的な所産とは感じられなくなったということだ。反対に、運動は引き起こされたものとして与えられる。われわれは運動を、引き起こすところのもの、つまり紙片の上に投影され、原因として理解された同じ運動を、向き、図形の方向と呼ぶ。ある主体の〔心の〕奥底に投影され、それが外部に顕現するものの原因だと理解される怒りを「短気〔irascibilité〕」と呼ぶのも、同じような仕方による。

今度は、図式的イメージを見ることにしよう。図式的イメージには現実的必然性がほとんどない。図式的イメージは運動の規則としては与えられない。運動的反応を取り仕切るのは、知である。少し前に取り上げた顔の場合と同様に、形象の自然的構造を知が壊し、新しい総合を取り仕切るということさえ起こる。当然、そこから、眼球の動きが自発的なものとして与えられることになる。この動きを、あとから、知覚された線の現実的特性として客観化するのは不可能であるように思われる。つまり、起こっているのはそういうことではなく、眼の動きはイメージとしての特性として客観化されるのである。線の総体として捉えられた図形が別の構造や方向性をもっていることや、方向性をまったくもたないことなどが忘れられたわけではない。ただ、図形の上にイメージとしての方向性を志向するのである。われわれは眼球の動きの自発性を、より広い心的総合に含め、この心的総合は全面的に自発性として与えられる。この心的総合が仮説の資格で図形の意味〔＝方向〕を構成する。知は、線を前にして、運動を引き起こす。それらの運動が果たされるのは、何ものかが「そこから出てくる」かどうかを知るためである。と同時に、それらの運動は図形の上に「仮説的方向性」という形の下で客観化される。つまり、問題は次のようになる。運動が果たされ、方向性が定められ、図形が方向づけられたあと、イメージは結晶化するのか、つまり、イメージは破壊できない新しい形象として現れるのか、今後はそれ自体でイメージを固定化する運動を引き起こす形象として現れるのか、ということである。もしイメージが現れるなら、私は何本かの黒い線の上に走っている人間を見る。だが、私はそれをイメージとして見る。つまり、私は自由に、自発的に運動を、ベクトル的性質の資格で、線に投影したことを忘れたわけではない。私は、自分が瞬間ごとにイメージを作り出していることを知っている。こうして、今や明らかに見て取れることがある。図式的デッサンの意識における表象的要素は、いわゆる線ではない。そうではなく、線の上に投影された運動なのだ。

だからこそ、素材がひどく貧しいイメージの上に、われわれはたくさんのことを読み取る。実際は、われわれの知は、それ自体が語ることはない線の上で、直接的に実現されはしない。知は運動の媒介によって実現されるのだ。一方で、運動はたった一本の線に対して多様でありうる。それゆえ、たった一本の線が多様な意味〔＝方向〕をもちうるし、たった一本の線がイメージとしての対象の多くの感覚的性質の表象的素材となる。他方で、同じ一つの運動がさまざまな知を実現することができる。線それ自体は、支持体、基体でしかない(24)。だが、知と運動を区別することはできるのだろうか。実は、一方に方向を決める知があり、他方に従属する一連の運動があるわけではない。〔言葉にして〕語ることで自分の考えを理解するようになることがあるのと同じように、自分の知を演じることで、それを理解できるのだ。あるいはむしろ、パントマイムという形の下で、知が自覚するのだ。知と運動という二つの現実があるのではない。象徴的運動という一つのものしか存在していないのである。われわれが明らかにしたいと思ったのは、そのことだ。知は、ここではイメージの形の下でのみ、自覚をもつ。イメージの意識とは、降格した知の意識なのである。

原注

(23)　私は知覚をこのように構成するが、それは私だけのものかもしれない。読者は、それぞれ自分なりの仕方を決めればよいだろう。

(24)　外的な表象的要素と、そこに組み込まれている知とのあいだにあるすさまじいギャップを実感したければ、次のような類の例を考えてみればよい。雑誌やカリカチュアで、麦わら帽子、メガネ、パイプという三つの属性によってしばしば描かれる〔＝表象される〕有名人がいるとしよう。結局のところ、この人物は一般大衆の意識では、これら三つの事物に要約されている。三つの事物の図式的表象に何らかの順序（たとえば、パイプ、帽子、メガネの順）を〔恣意的に〕与えるなら、それは記号となる。われわれは、三つの属性から、属性が連想させる人物へと移行する。〔それに対して〕三つの事物を自然の順序に（帽子、帽子の下にメガネ、メガネの下にパイプと、適切な距離と方向で）置くなら、それはイメージとなる。三つの属性は、有名人の顔を表象する。線描された三つの対象以外にある直観的要素といえば、事物の順序と配置だけだ。ほとんど抽象的なこれらの性質を通して、われわれはその有名人をイメージとして志向する。この人物の特徴のどれ一つとして、紙の上に本当の意味で実現されているわけではない。人物は明確化されない状態で、帽子とパイプのあいだに広がる空間のなかにいる。この空間を、われわれは満たされた――その人物によって満たされた――ものと捉えている。

訳注

＊35　フッサールの現象学において、空虚なものは充実を欠いたものであり、充実化されることを要求する。志向的体験は、空虚な志向から直観による充実に向かう目的論的傾向をもっている。換言すれば、認識とは、空虚な志向において付与された意味が、充実する直観において再発見されることである。つまり、対象への指示関係が実現されていないかぎり、意味理解は空なる「意味志向」にとどまっており、それは対象との直観的関わりによって充実されなければならない。

＊36　ヴォルフガング・ケーラー（Wolfgang Köhler）（一八八七―一九六七年）は、ドイツの心理学者。ゲシュタルト心理学の創始者の一人。類人猿が試行錯誤によらない洞察学習を行うことを発見した。マックス・ヴェルトハイマー（Max Wertheimer）（一八八〇―一九四三年）は、チェコ出身の心理学者。ゲシュタルト心理学の創始者の一人。クルト・コフカ（Kurt Koffka）やケーラーとともに実験をした。

＊37　フランス・ハルス（Frans Hals）（一五八三頃―一六六六年）は、一七世紀のオランダで活躍した画家。肖像画を得意とした。ここで言及されるデカルトの肖像画は、ガルニエ版『デカルト全集』（フェルディナン・アルキエ編集）第二巻の表紙にも使用された有名なもの。

＊38　フランツ・カール・ミュラー＝リヤー（Franz Carl Müller-Lyer）（一八五七―一九一六年）は、ドイツ出身の心理学者、社会学者。線分の両端に内向きの矢羽をつけたものと外向きの矢羽をつけたもので

デカルト

は、一方が長く、他方が短く感じるが、実際の長さは同じである。この錯視の説明としては、たとえばリチャード・L・グレゴリー（Richard L. Gregory）が一九六三年に発表した「線遠近法」がある。

5　炎のなかの顔、壁の染み、人間の形をした岩

この場合も、前の場合と同様、やはり形象《フォルム》を解釈する運動である。だが、意識の措定的態度には、かなりの差がある。

デッサンを見るとき、私は自分のまなざしそのもののなかに人間的志向の世界を定立しており、デッサンは人間的志向の世界の産物である。誰かが線を数本描いて、走っている人のイメージを作り上げた。確かに、このイメージが現れるには、私の意識の協力が必要であ

る。だが、描いた人はそれを知っていて、あてにしていたはずだ。彼は黒い線という媒介によって、この協力を促している。線というものが、まずは純然たる線として知覚において与えられ、そのあとで表象の要素としてイメージ的態度において与えられる、と考えるべきではない。知覚においてさえ、線は表象的なものである。〔たとえば〕クロッキー集の頁をめくって眺めるとき、ちらっと見るだけでは、それぞれの線の意味を捉えることは必ずしもできない。それでも、各々の線が表象的であること、それが何かを意味していること、そのことが線の存在理由であるということはわかるだろう。要するに、表象するという性質は、線の現実的特性なのだ。私は、線の大きさや形象《フォルム》と同じ資格で、この性質を知覚する。だが、それは単なる知だ、と言う人もいるだろう。しかし、立体もまた知である。私は立方体の六つの面について同時的直観をもつことはできない。にもかかわらず、この切られた木片を見るとき、私が知覚するのは立方体なのだ。したがって、デッサンに基づいて生み出されたどんなイメージ化された意識も、現実的な実在定立の上に築かれる。この定立は、イメージ化された意識に先立ち、それを知覚の領域で動機づける。たとえ、イメージ化された意識が対象を非実在として定立したり、また単に実在的定立を中立化したりすることがあるとしても、である。

一方、テーブルクロスの染みや絨毯の模様を解釈するときは、それらが表象的特性をもっているとは定立しない。本当に、この染みは何も表象していない。この染みを知覚するとき、私はそれを染みとして知覚する、ただそれだけだ。したがって、想像的態度に移行するそれらのイメージは単なる見かけを素材としており、見かけは見かけとして与えられているだけである。最初は何も定立されていない。いわば宙に浮いた、基体を欠いたイメージが問題になっている。それは心的イメージからさほど遠くない。心的イメージの場合は、素材はほとんど独立性をもっていないので、素材はイメージと一緒に現れ、イメージと一緒に消えるほどである。だが、今検討しているケースでは、われわれは相変わらずイメージを「見ている」つもりでいる、つまり、イメージの素材を知覚の世界から借りているつもりでいる。こうした見かけに関して、われわれは位置を決定する。それは形《フォルム》と素材をもっている。要するに、素材は染み〔そのもの〕ではなく、ある仕方で眼が捉えた染みなのだ。ところで、図式的デッサンでは、ある潜在性、眼の運動を引き起こす一定の力が黒い線と合体していた。一方、ここでは運動は染みの上に跡を残さない。運動が終わるや否や、染みは再び〔ただの〕染みとなり、それで終わる。

二つの場合を想定できる。第一の場合はこうだ。さしたる考えもなく、眼を自由に動かしているとしよう。気の向くままの順番で、ある部分と他の部分を偶然に接近させ、何かが求めたのでも拒否したのでもない総合のうちで、染みの輪郭を好きなように眺める。たとえば、病気で横になっていて動けないとき、眼を壁紙の上に漂わせるときに、そんなことが起こる。知っている一つの形状がアラベスク模様から浮き出てきたりする。そんなとき、それらの運動に続いて、ある程度首尾一貫した総合が私のまなざしの下で生じる。私の眼はみずから道を切り開き、その道は壁紙の上に跡を残したままである。そうして私は思う。これはうずくまっている人だ、花束だ、犬だ。要するに、自由に行われた総合に基づいて、一つの仮説を立てるわけである。すなわち、私は現れたばかりの方向づけられた形式に、表象的価値を与える。実は、たいていの場合、総合が果たされるのを待つわけではない。突然、何かがイメージの始まりとして結晶化するのだ。「最初は花束のように見える、顔の上部みたいだ」。知が私の〔眼の〕動きと合体し、それを導く。今では、私は、いかにして作業を終えるべきかを、何を発見すべきかを知っている。

もう一つのケースはこうだ。ある像〔＝図〕がおのずと背景〔＝地〕に浮かび上がり、その構造によって眼の動きを引き起こす。実は、ケーラーが脆弱で両義的な形象と呼ぶものは、ほとんどがこれである。こうした形状には、明らかな図と隠れた図がある。隠れた図を発見するには、ほとんど常に、眼の最初の動きによる偶然が必要である（たとえば、顔を上げて壁紙を見ると、ふと一本の線が気になる。いつもは、その線を上から下に視線で追っているのだが、今回は下から上にたどってみる。あとはおのずと進行する）。ここでもまた、形象は粗描されるのみだ。額や眼がわずかに姿を現すだけで、すでに黒人であるらしいことはわかる。知覚が現実的に与えるもの（アラベスク模様の線）と眼の動きによる創造的自発性とのあいだに一致を実現させることで、われわれは自分で完成することになる。つまり、自然と、鼻、口、顎などを探し求めるのだ。

運動は、自由に継起しているにせよ、いくつかの構造によって促されているにせよ、最初は意味を欠いているが、すぐに象徴的なものになる。それは、運動がある知と合体するためである。染みの上に運動の媒介によって実現された知は、イメージを生む。だが、運動は自由な戯れとして与えられ、知は無償の仮説として与えられる。その結果、ここでは措定は二重に中立化される。すなわち、染みは表象の特性をもつものとしては定立されておらず、イメージの対象は実在しているものとしては定立されていない。したがって、イメージは単なる幻影として、見かけを介して実現される戯れとして与えられる。

このような意識の根底には、中立化された措定がある。それを積極的な措定と置き換えてみよう。染みに表象の能力を与えてみることにしよう。そうすると、入眠時イメージを前にすることになる。

6　入眠時イメージ、コーヒーの模様や水晶の球のなかに見える光景や人物

明らかに、入眠時幻覚はイメージである。ルロワ(25)は、そのような幻を前にした意識の態度を「演劇鑑賞のような、受動的な」という言葉で性格づけている。それは、意識がみずからに現れる対象を今実在しているものとしては定立しないからである。しかしながら、そうした意識の根底に、積極的な措定がある。というのも、眼を閉じている私の視界を横切るその女性が実在していないとしても、彼女のイメージは実在するからだ。一人の女性だと取り違

えられる何かが私に現れる。しばしばイメージは、対象の姿をそれまでなかったほどはっきり映し出す。

「素晴らしい。私の眼は色のついた写真になった。[*39] この世のいかなる光景も、私のうちにこのようなイメージをもたらすことはない[26]」。

「私は解剖学を勉強していた当時、入眠時幻覚《ヴィジョン》に頻繁に見舞われた。医学生にはよくあることである。ベッドに横たわり、眼を閉じると、とてもはっきりと、まったく客観的に、昼間に取り組んだ解剖標本が見えてきた。とても似ているように思えたし、現実感、あえて表現するなら、そこから引き出される強烈な生の印象は、現実の対象を前にしていたときよりも深いものだった[27]」。

このように、イメージは、「実物より本物」として与えられることがある。それは素晴らしい出来の肖像画に関して、モデルより本物らしい、と言うような意味においてである。そうはいっても、イメージはイメージにすぎない。他方で、意識はイメージが現実的なものであることについては肯定することがまったくない。それは、現実的所与に基づく構築物なのか、幻覚なのか、きわめて生き生きした回想なのか。イメージが現前しているときには決めることができない。言えるのは、ただ、いかなる手段によるのであれ、イメージがわれわれの前に現にあり、われわれに現れ、われわれの眼のなかにある、ということだけだ。つまり、一般に「私は見る」という言い方で表現されていることである。ゴンクール兄弟は、さらなる正確さを期して、先に引用した断章の冒頭で「私は網膜のなかにもっている」と書いている。しかしながら、イメージの定立は知覚の次元ではなされていない。事実、ある事物を知覚することとは、それを他の事物のあいだのあるべき場所に置くことだからである。ただし、半眠状態の幻覚の場合、話は別である。一般に、半眠状態幻覚は局在化されない。それは、どこにもなく、他の対象のあいだのどこにも場所を占めておらず、ただ単に曖昧な背景〔＝地〕に浮かび上がる。要するに、表象を表象であるかぎりにおいて、実在するものとして（ただし、その本性については明確にされることなく）定立するのだ。さらに、半眠状態の幻覚には、客観性、明瞭さ、独立性、豊かさ、外在性といった性格が与えられる。これらの性格は、心的イメージにはないものであり、通常は知覚の特性である。対象は実在するものとして定立されないのである。

他方、入眠時イメージは、準‐観察の領域にとどまっている。そのことは、あまり明らかにされてこなかった。なるほど、入眠時イメージの対象はきわめて生き生きと現れるから、体系的な観察によってさまざまな特性を学ぶことができると一瞬思われるかもしれない。先に引用した幻影のくだりのあとで、ルロワは「検査の日に同じような幻想を意のままに生み出す能力をもっていない」ことを嘆いている。つまり、ルロワは、イメージを固定し、一種の分析にかけることで、その多様な特徴を枚挙できたかもしれない、と想定していたのだ。

しかし、実は対象は決して何も教えてくれない。対象は一挙に、そして全面的に与えられ、観察はさせてくれないのだ。ルロワは、少しあとで「細部に満ちていて、ヴィジョンが豊かだと思われたが、錯覚だった」と指摘している。このように、イメージはとても豊かだと思っているにすぎない。つまり、例の解剖標本の細部のすべてがありありと現れているとしても、それを見ているわけではない、ということだ。のちに見るように、アランは『諸芸術の体系』において、パンテオン[*40]のイメージを頭に浮かべる人なら誰でも、イメージに基づいて正面の列柱の数を数えてみるがいい、と挑戦を投げかけている。この挑戦は、入眠時イメージについても同じようにあてはまる。

　そのうえ、入眠時イメージには「幻想的」[28]性格があり、それはイメージが正確な何かを表現しているわけでは決してないことに由来している。個体化の厳密な法則は、入眠時イメージにまったくあてはまらないのである。

「午後に私が熱心に解剖していたとき、解剖標本は刻一刻と姿を変えていった。それは私のメスによる作業の結果だけでなく、照明や私の位置が変わるためでもあった。ところが、夜、私がそれを幻影として見たとき、それが、いつの、どの姿を再生したものかを尋ねられたら、私は大ざっぱに言うことさえできなかったと思う。とりわけ照明はいつもほとんど理論的なもので、明るすぎて、解剖棟の現実の薄暗い照明よりは、美しい地図帳のカラー図版の照明を思い出させた[29]」。

　入眠時イメージは、個体化の原則からだけでなく、知覚の他の法則からも逃れる。たとえば、遠近法がそうだ。

　観察27――「私は寝ています。……歩いている小柄な女性が見えます。……彼女は私のほうに降りてきます。……近づいてきても彼女は大きくなりませんが、ストッキングのバラ色はより鮮明になります[30]」。

しばしば描写することさえできない。

「日傘の骨のうちの二本がはっきり見えます。異常なことは何もありません。でも、三本目の骨は、本当なら日傘の布地と暖炉の本体で隠されているはずです。両方とも不透明な物体ですから。それなのに、三本目の骨が見えるのです。そうはいっても、透けて見えるわけではありません。説明しようのない、描写しようのない何かがあります[31]」。

少なくとも、たとえ入眠時イメージが何を表しているかを決定するためだけだとしても、一瞬それを観察しなければならない、と言う人がいるかもしれない。しかし、それは誤りである。実際、入眠時イメージのこの本質的性格については十分に語られてこなかったが、入眠時イメージは決して知に先立たない。そうではなく、一挙に、バラの花なり、正方形なり、顔を見ている、という確信に襲われるのだ。そのときまでそのことに気づいていなかったが、今は知っている、という感じだ。ルロワが被験者についてこの観点から研究しなかったのは残念である。彼の卓越した記述は、まさに完璧になったことだろう。かろうじて以下のような指摘が散見される。

「あるとき、眼を閉じていたとき、木を切っている女性がはっきり見えました。それは全面的に一つの塊として現れました[32]」。

あるいはまた、こうだ。

「少しずつ、細い線が何本か水平方向に現れます。花がサイコロの五の目型に並び、その上のほうがかなり紐に近づいていきます。突然、私は、くだんの線が細紐であり、花が干してある半靴下になったのを見ます。そして、たちどころに私は、半靴下を細紐にとめている洗濯バサミも見て取ります[33]」。

実際、私自身の観察および私が尋ねることのできた何人かの観察から考えるに、知覚において顔が現れる仕方と、同じ顔が入眠時イメージにおいて現れる仕方は、根本的に区別する必要がある。知覚の場合、何かが現れ、次いでそれが顔だと同定される。あまたいる哲学者のなかで、アランはいかにして判断が知覚を修正し、組織し、安定させるかを正しく示した[34]。「何か」から「このもの」への移行は、しばしば小説のなかで描写され、とりわけ一人称小説に顕著に見られる。

たとえば、コンラッドは書いている(ここでの引用は記憶によっている)。「私は鈍《にぶ》く不規則な音、ものが軋《きし》む音、ぱちぱちという音を耳にする。雨が降っていたのだ」。現れる対象がそれまでにもしばしば知覚されたことがある場合や、知覚が明晰で明確である場合(とりわけ、知覚が視覚器官によって与えられる場合)は、〈知覚と判断のあいだの〉時差は著しく短縮されうるだろう。そうだとしても、意識は対象にピントを合わせる必要があること――このピント合わせは思うがままに早く行える――、対象がピント合わせ以前にそこにあることは確かなのだ。

〔一方〕入眠時幻覚においては、この原理的ずれは存在しない。ピント合わせもない。そうではなく、知が突然、感覚的明証性と同じくらいはっきり現れる。顔を見ているところだ、という意識をもつのである。顔の出現と、これは顔だという確信は一体である。そのうえ、この確信には、対象が現れた瞬間そのものについての認識は含まれていない。実を言うと、明晰な反省を行えば、その瞬間とは、まさに対象が目の前にあることに気づいた瞬間であることがわかる。ただし、入眠時意識において、対象は、現れているものとしても、すでに現れたものとしても定立されない。そうではなく、顔を見ているという意識を不意にもつのだ。この定立の特徴こそが、何よりも入眠時幻覚に「幻想的」見かけを与える。入眠時幻覚は、突然の明証性として現れ、同じ仕方で消えるのだ。

以上の指摘により、半眠状態では想像的意識が問題になっていることが理解できる。あとは、想像的意識の素材が何であるかを知ることが残されている。そして、想像的意識の懐《ふところ》において、志向と素材の関係はいかなるものなのかを明らかにする必要がある。多くの著者は、素材は内視性の微光によって与えられる、としている。(35)ルロワは、断定は避けるものの、眼内閃光に対するイメージの相対的独立性を挙げて、彼らに反論している。(36)われわれは、その反論が志向と内視性の微光の関係についてのある種の考え方にしかあてはまらないことを明らかにしたい。だが、そのためには、われわれの行った個人的観察と、注に引用したさまざまな著者の観察に基づいて、入眠時状態についての一般的記述を最初からやり直す必要がある。

ルロワが終えたところから始めるために、今や古典となった彼の卓越した結論を引用することにしよう。

「入眠時幻覚を特徴づけているもの……それは主体〔被験者〕の状態の全体的変様、つまり入眠時状態である。入眠時幻覚において複数の表象が総合される仕方は、通常の状態とは異なっている。そこでは、意志的注意や意志的行動は、一般に、特別な方向づけや制限を被る」[37]。

この状態という表現が、われわれにはこの文章における唯一の批判すべき点であるように思われる。心理において、状態というものは存在しない。さまざまな瞬間的意識が、意識のより長期的な志向的統一性のうちで組織化されるだけなのだ。「入眠時状態」とは時間的形式であり、この形式はレルミットが「寝つき」と呼ぶ時間帯に、みずからの構造を展開する。この時間的形式を記述しなければなるまい。

入眠時状態に先立って、感受性と運動性が著しく衰える。ルロワは、視覚感覚だけがなくなると主張している。だが、実際には他の感覚もかなり弱まる。自分の身体がとてもぼんやりと感じられ、シーツやマットレスとの接触はさらに漠然と感じられる。身体が空間のどこに位置するのかがはっきりしなくなる。方向感覚は特徴的な混乱に陥る。時間の知覚も不確かになる。

筋肉の大部分は弛緩している。姿勢はほとんど完全に緩む。にもかかわらず、いくつかの筋肉の緊張は増す。たとえば、瞼《まぶた》が閉じるには、瞼を開く筋肉が緩むだけでなく、眼輪筋が収縮しなければならない。同様に、大斜筋が弛緩すると、小斜筋は収縮する。そのために眼球軸の不一致が起こる。瞳孔の開口部が眼窩の骨でできた上壁の下に位置するようになる。

同様に、瞳孔の狭窄も虹彩の収縮によって起こる[38]。

瞼が閉じられて、すぐさま上下の瞼の筋肉と大斜筋が弛緩するわけではない。人は、しばらくのあいだ、一日の出来事のことを反省したりするからだ。眼は一点に向かったままであり、瞼は眼輪筋の随意的収縮によって閉じられている。その後、思考が曖昧になる。それと同時に、上下の瞼の筋肉の緊張が緩む。今や、眼を開くには積極的な努力が必要になる。大斜筋は弛緩し、眼は眼窩のなかで回転する。〔だが〕少しでも反省を再開すると、大斜筋は収縮し、眼は元の位置に戻る。同じように、物音が聞こえると、私は眼が「固定される」のを感じる。つまり、集中と調節という二つの反射運動が起こるように思われる。たちどころに入眠時幻覚が消え、さらには眼内微光さえ消えるように思われる[39]。筋肉の弛緩と同時に、われわれは自己暗示による麻痺と呼びうる非常に特殊な状態を意識する。ルロワは、それについて優れた記述をしている。

「どのくらい経ったかはわからないが、相変わらず仰向けに横たわりながら、もう目が覚めてしまったと感じて、眼を開けようとした。……ところが、それができないのだ。それでも私は瞼がくっついていると感じなかった（この点は強調したい）。目覚めのときに瞼がくっついていると感じる人がいるが、それとは違う。それなのに、瞼を持ち上げることができなかったのだ」[40]。

これは——先の記述がはっきり示している——筋肉の緊張の弛緩に呼応する単なる末梢性の感覚ではない。それに、ルロワが引用したケースでは、眼輪筋の積極的な収縮もある。純然たる筋肉の感覚（緊張緩和、休息、脱力といった印象）に、独自な意識がさらに付け加わる。それらの運動を行おうと望むことができないことが確認される。もはや自分の身体を活性化することができるとは感じられないのだ。これは自己暗示のとても弱い状態である。この状態は、ヒステリー性ピチアチスム[*41]や被影響妄想などと遠くでつながっている。この断ち切ることのできない連鎖は、自分で作り上げたものだ。不安をかき立てる音が鳴り響くと、われわれは瞬時に起き上がる。だが、何らかの刺激が混乱させにやって来ないかぎり、意識は弛緩した筋肉に同意するようになり、また、ただ単に筋肉の緊張低下を確認する代わりに、意識は弛緩した筋肉によってまさに魅了される。つまり、意識は弛緩した筋肉を確認するのではなく、是認する。まったく新しい思考方法がここに現れるのがわかるだろう。この思考は、すべての罠に捕えられてしまうものであり、すべての誘惑を是認するものであり、自分と対象がまったく区別されないがゆえに、目覚めているときの思考の対象に対するのとはまったく別様に定立されるものである。ルロワは、いかにしてこの自己暗示の状態からいわゆる夢にそのまま陥るかを見事に示した。われわれは、のちほど、想像力と緊密な関係をもつきわめて一般的な意識の様相が存在することを見るつもりだ。この意識を、本書では囚われた意識と呼ぶことにする。夢は、このような囚われた意識の一つである。

　入眠時イメージに先立つ注意の混乱については、大いに強調されてきた。ルロワは、ある[41]随意的注意の低下によって「より興味深い外界の出来事や純粋な思弁に対応できなくなった」ことについて語っている。

これは明らかに、入眠時の意識に不可欠な構造である。というのも、このような注意の混乱は病理学的な事例でも見られるからである。実際、入眠時イメージの病理学というものが存在する。レルミットは最も興味深い事例を三つ報告しているが[42]、彼はそれらを目覚めたときの夢の事例として記述している。だが、どう見ても、それらは入眠時幻覚である。次の引用は、上部脳脚症候群をともなう発作に襲われた七二歳の女性の事例である。

「……この病人は、精神機能の状態にはまったく異常がないのに、きわめて当惑するような幻影発作〔manifestations〕に襲われた、とわれわれに語った。夕方、陽が落ちて、影が彼女の休む部屋の隅々に広がると、動物たちが音もなく床の上を滑るようにやって来た、というのである。雌鶏、猫、小鳥が、ひっきりなしにゆっくり移動していた。彼女は動物たちを数えることができたし、絵に描くことさえできたかもしれない。だが、それらの動物は、夢のなかにいるのとまったく同じように、見覚えのない、奇妙な姿をしており、この世界からは程遠い世界に属しているように見えた。……そうした幻を前にしながら、その病人はまったく落ち着いていて、冷静なままだった。……視覚的、触覚的感覚が結合しているにもかかわらず、病人はそれが本物の知覚だろうとは思わず、幻覚にもてあそばれていると確信したままだった。注目すべきは、その患者の夜の眠りがとても乱れており、夜の不眠症の他に、午後には半睡状態も少し見られたことである。……幻が現れたのは、まさに、まるで夢のなかでのように、夕暮れによって視覚的知覚が鈍り、感度が劣ったために、病人が物事に興味を失ったときのことだった」。

ルロワの結論は、こうである。

「(この三つの事例において)いちばん明瞭に見て取れたのは、現在の、現実の状況に対する無関心であり、方向感覚が怪しくなったことである[43]……」。

したがって、正常な事例でも、病理的な事例でも、注意の衰えが入眠時意識を構成する基礎であるように思える。

ここで、引用した三つの事例において、ヴァン・ボガートとレルミットによって再び取り上げられたベルクソン主義の主張《テーゼ》を認めるべきだろうか。

「これらの幻覚性のイメージは、実際は、現実に対する感覚や生に対する関心が弱まることから生じる。それによって、イメージと表象は異常な輝きを帯びるのだ[44]」。

だが、そうなると、まずは内在性の錯覚にまたもや陥ることになる。すなわち、事物の世界とイメージの世界という二つの相補的な世界があることを暗黙裏に想定してしまうことになるし、一方の世界が曖昧になるほど、他方の世界はそのぶん明瞭になると想定することになる。それは、イメージを事物と同じ次元に置き、両者に同じタイプの実在を与えることである。さらに、この説明は記憶が幻覚として再生する様子にはあてはまるだろうが、まったく新しいイメージが問題になるときは完全に価値を失うだろう。最後に、そしてとりわけ入眠時イメージの出現を条件づけるのは、生や現実に対する注意の低下だけではない。したがって、何よりもこれらのイメージそのものに注意を払うことは入念に避けなければならない。

「現象が続くのを見るためには、現象を生まれさせるときと同様、随意的注意のある種の「不在」が必要である」とルロワは正当にも述べている(45)。

また、バイヤルジェはこう述べる。

「現象が消えるのを見ることなしには、注意を積極的に集中することはできないだろう」。ルロワは、はっきりとは言わないが、そうした注意の不在を放心とみなしている。「現象が発展するためには、ある種の自動症が働く必要がある(46)」とルロワは書いている。〔だが、そうだとすると〕意識はある種の有効性をそなえた修正能力であり、その能力は半眠状態の場合には発揮されず、現象が無秩序に展開するがままにまかせるということになってしまうだろう。実際、ルロワは「熟視的」な意識と、自動的な入眠時現象を区別する。しかし、心理的自動症という観念は、見かけ上の明瞭さによって多くの著者を誘惑したとはいえ、哲学的には馬鹿げていると言わざるをえない。入眠時現象は「意識によって熟視されている」わけではなく、意識に属しているのだ。ところが、意識が自動症に属することはありえない。せいぜい、自動症をまねすることができ、それ自身が自動症的形式にはめられることがある程度である。ここでは、そのケースだ。だが、だとすれば、一種の囚われ状態についても語らなければならないだろう。この不注意な意識は放心しているわけではない。それは幻惑されて〔*fascinée*〕いるのである。

実際、この意識は対象に全面的に向けられていないわけではなく、ただ、注意という仕方では向けられていないのだ。あらゆる注意現象は運動的基盤を含んでいる（視野の集中、調節、狭窄、等々)。これらの運動が、さしあたり不可能になっているのである。すなわち、それらの運動を生み出すには、陥っている麻痺状態から脱出しなければならない。そうすれば、覚醒状態を見出すことになる。ところで、主体が対象との関係で方向を定め、対象を観察できるのは、これらの運動によってであり、運動こそが主体に独立性を与えるのだ。まったく体感的な感覚に対する注意でさえ、その感覚との関係における身体の方向感覚を含んでいるし、思考に対する注意でさえ、空間における一種の位置づけを含んでいる。何かに注意を払うことと、その何かを位置づけることは、まったく同一の行動を示す二つの表現である。対象(それが感覚であれ、思考であれ)に対する主体のある意味での外在性は、そのことに由来する。寝入りの場合は、注意の運動的基盤が欠けている。そのために、対象に対して現前の別の型が現れる。対象はそこにあるが、外在性を欠いている。他方で、対象を観察することはできない、つまり仮説を立てて、その仮説を確認することはできない。欠けているのは、まさに意識の熟視する能力、すなわち、イメージなり自分自身の思考なりから距離をとり、それらが論理的に展開するがままにまかせる仕方である。そうする代わりに、イメージや思考に全面的に影響を及ぼし、みずから裁定のうちに入り込み、裁判官と当事者に同時になり、総合力を行使して、やみくもに何でもかんでも総合してしまっているのだ。「定言命法だった四輪馬車が私に現れた」。この表現に見られるのは、幻惑された意識である。それは、カント倫理学に関する論証の真っ最中に、四輪馬車のイメージを生み出す。この意識は、複数の対象を区別して捉える自由を失い、瞬間の要請に応じて不合理な総合を行い、自分が作った新しいイメージに論理的一貫性をもたせるような一つの意味を与える。しかし、もちろん、この意識は対象の虜《とりこ》なのではなく、自分自身の虜なのだ。われわれは、別の場所で、夢について、思考のこのような融即的様式を研究する予定である。[*42] いずれにせよ、ここであえて一つの結論を提示しよう。人は入眠時イメージを熟視するのではなく、入眠時イメージに幻惑されているのである。

たとえば、私が体を丸めて、筋肉を弛緩させ、眼を閉じ、横向きに寝ているとしよう。私は一種の自己暗示によって麻痺させられた感じがする。自分の思考を追えなくなっている。思考は、無数の印象によって絡め取られ、道を逸《そ》らされ、幻惑される。あるいは、停滞したり、際限なく繰り返されたりする。私は絶えず何ものかに囚われて、抜け出せなくなり、その何ものかが、私を隷属させ、前論理的な思考の領域に引きずり込んだあと、消え去る。私の四肢の麻痺と思考の幻惑は、新しい構造、すなわち囚われた意識の二つの側面にすぎない。こうして入眠時イメージへの準備は整う。私はある種の精神衰弱状態と比較しうる特別な状態にいる。それは夢の前の、意識の最初の緊張の低下であり、第一の弱化である。入眠時イメージは〔それに続く〕二次的低下ではない。入眠時イメージは、この背景において現れることもあれば、現れないこともある、それだけのことだ。このイメージは、単純な形や錯乱した形をとる精神病に似ている。入眠時イメージが錯乱した形をとったとしよう。私は、それでも反省できる、つまり意識の意識を作り出すことができる。だが、一次意識〔非反省的意識、反省される意識〕をそっくりそのまま保つためには、今度は反省的意識自身が幻惑される必要があるし、反省的意識は自分の前に一次意識を定立して観察したり記述したりしてはならない。反省的意識は、一次意識の錯覚を共有し、一次意識が定立する対象を定立し、その対象に囚われるところまで従わなければならない。実を言えば、ある種の迎合をする必要があるのだ。私の能力のなかには、こうした魔力を払いのけ、作り物の外壁を倒し、覚醒時の世界を取り戻す力がまだある。だからこそ、一時的で均衡を欠いた入眠時状態は、ある意味で人工的状態なのだ。それは「形成されるに至らない夢」である。泡立ててもクリームが固まらない、と言うときの意味で、意識は完全に固まってはいない。入眠時イメージが現れるのは、ある種の神経症や、寝つきに対するある種の抵抗があるとき、また眠りに落ちようとしながら、それが何度も中断されるときである。完全な静寂状態の場合は、気づくことなしに素朴な幻惑状態から眠りに落ちる。問題は、ふつうわれわれは眠ろうと欲するということだ。つまり、われわれは眠りに向かう意識をもっている。この意識が、ある種の意識の幻惑状態を生み出すことで、眠りが進むのを遅らせるが、それこそがまさに入眠状態なのである。

このように自分から進んで陥った捕囚状態に、私は眼の閃光感覚視野によって幻惑されることもあるし、されないこともある。幻惑があれば、入眠時イメージが現れる。

私の眼は閉じている。比較的安定した光斑視野が、さまざまな色や明るさをともなって現れる。運動が始まる。それは明確な輪郭を欠いた形状の光を生み出す漠然とした渦巻きである。実際、形状を描写するには、形状の輪郭を眼で追うことができなければならないが、これらの眼球内閃光[*43]は眼のなかにあるので、眼球はそれらに対して位置をとれない。にもかかわらず、われわれは閃光感覚に輪郭を与えるよう絶えず促される。寝入りばなに、眼で閃光感覚を追いかけようとすることさえある。だが、それも空しい。眼の動きは光斑に沿って行われる必要があるが、それはできない。光斑も運動に応じて移動してしまうからである。こうして、運動から、はっきりしないし、はっきりさせることができない燐光を発する走行が生まれる。次に、突然、明確な輪郭の形象が現れる。

「横になってからおよそ三〇分経つと、眼を閉じるたびに、たくさんの光点、星、奇妙な形状が見えてきます。なかでも特に覚えているのは、何度も何度も小さくなったり大きくなったりして現れた形状です。それは不揃いな鋸《のこぎり》の歯から成るジグザグ線で、それがまとまって不揃いな円状の空間を描きます[47]」。

形象は、眼球内の光斑より少し前方で構成される。つまり、光斑視野と入眠時視野のあいだには、わずかなずれがある。第一の形状は、周縁部に、下側に、上側に、右側に、左側に現れる。決して——少なくともはじめは——視野の中心には現れない。先ほど示したように、眼球内視野を見ようと一瞬空しく試みたあと、突然それらの輪郭を見ている最中だと感じる。それらの形状を自分の外に現実に実在しているものとして定立することも、眼球内視野のなかに実在しているものとして定立することもない。ただ、それを今見ていると定立するだけである。要するに、私は鋸の歯を見ているのではなく（眼の閃光現象以外の何も見ていないのだから）、見ているものが鋸の歯のような形であることを私は知っているのだ。同様に、精神混乱の夢の譫妄において、病人は自分が見ているシーツが塹壕であることを知っている。何も新しいものは現れていない。眼球内閃光にはいかなるイメージも投影されていないが、それを捉えるとき、それを鋸の歯として捉えたり、星として捉えたりするのである。光斑視野と入眠時視野のわずかなずれは、私には錯覚であるように思われる。この錯覚の原因は、単に、われわれが眼球内光斑を鋸の歯の形状をしたものとして知覚するのではなく、眼球内閃光に基づいて鋸の歯を知覚することによる。視野は、入眠時視野になるとき、明確になり、方向づけされ、狭まる。結局、閃光現象は、ちょうどそのとき、鋸の歯を把握するときの直観的素材として機能する。鋸の歯に向かう志向があり、その志向が鋸の歯を占有し、鋸の歯はそうした志向を直観的に満たす。だが、もちろん志向はまったく特殊な次元に属している。染みや炎のなかに顔を見ようとする志向に、おそらく似ているからだ。しかし、後者の志向は自由であり、みずからの自発性を意識している。反対に、入眠時意識において志向は隷属している。閃光現象の形象を明確にしたいという欲求によって、志向は始動され、引き起こされたのである。志向は閃光現象を把握しにやって来たのだ。閃光現象は抵抗しなかった――というのも、閃光現象は実際にはいかなる形象ももっていないからである――だが、志向に与《くみ》することもなかった。意識は閃光現象を通して新しい対象を構成したのである。意識はこれらの線や曲線の実在を定立しているのだろうか。そんなことはない。意識は線や曲線の実在に関するあらゆる措定を完全に中断する。意識が定立するのは、自分が線や曲線を見ていること、線や曲線が「意識の表象」であることだけである。意識が形象を見ることを決定されたのは、それを望んだからである。観念が、いわば真の宿命によって、幻視という形で直接的に具体化したのである。だからこそ、入眠時イメージは根本的に虚偽なのだ。入眠時イメージは、主観的現象として、知覚の次元においては、実際は空虚な志向でしかないものを実現する〔＝現実化する〕。眼球内の素材の現実的性質は、志向を支える役割を果たし、素材を驚くほど豊かなものにする。たとえば、私が美しいスミレの三つの線を見るとしよう。実際は、そのスミレを見ていることを私は知っているのであって、スミレを見ているのではない、あるいはむしろ、スミレである何かを私が見ていることを私は知っている。その何かについて、私はイメージが消えたあとになって理解する。それは眼球内光斑の明るさだ、と。したがって、私はその明るさをスミレとして把握したのである。明るさはスミレの役割を果たす……等々。

本来の意味でのイメージ（人物、動物……等々）が次にやって来る。イメージが幾何学的図形より前に現れたケースがしばしば引かれるが、私の見解では、入眠時視野におけるアラベスク模様は、たいてい気づかれていないだけなのである。実際には、最初に現れるのは常にアラベスク模様だと私には思われる。模様は、入眠時視覚に基づいて、ある三次元空間を限定する。こうして枠組みを作る。より複雑なイメージは、幾何学的形象に達したという突然の確信〔の結果〕である。この線は私に顔を思わせる、と人が言うとき、それは覚醒時の思考のなかに見出されるものと、ほぼ等価物だ。だが、ここでは思考は隷属しており、自分と距離がとれない。線が顔を思い出させると考えることは、顔を線のなかに見ることだ。

〔だが〕囚われている思考は、みずからの全志向を実現せざるをえない。私は志向の出現と崩壊をかなり頻繁に見てきた。この点に関しては、「できそこないの幻視」とでも呼べるもの以上に示唆的なものはない。たとえば、色のついた塊や、ある種の形のイメージを明確にしようとしてみる、すると漠然とした類似点によって、私はそれが「鷲」だと思う。突然、何かの音や思考によって私が混乱するなら、この解釈は途中で消え失せるだろう。そのとき、私は、解釈がまさに「固まる」ところだったこと、感覚的次元で実現され、始動するところだったことがわかるだろう。隷属的意識の本質的性格は宿命性にある、とわれわれには思われる。決定論は――それは決して意識の諸事実に適用されえないものだ――ある現象が与えられたら、別の現象が必然的にそれに続くはずだと考える。宿命論のほうは、しかじかの出来事は間違いなく起こるが、それは、そこに至るまでの全系列をある未来の出来事が決めているからだと考える。自由の裏面とは、決定論ではなく、宿命論である。宿命は、物質界では理解できないが、反対に、意識の世界では完全にその地位を確保しているとさえ言えるだろう。アランは、そのことを見事に明らかにした(48)。実際、囚われた意識において欠けているのは、可能なことを表象すること、つまりみずからの判断を停止する能力である。だが、あらゆる思考が意識を捕え、隷属させる――そして、意識は思考を演じ、実現すると同時に、思考を思考する。もしあの突然の音で目が覚めなかったとしたら、私の「鷲」という解釈は「私が見ているのは鷲だ」という形で熟すに至っただろう。それについて完成した意識をもったとしたら、意識を確実なものとして感じてしまったことだろう。このように、入眠時対象の本質が急激に変化すれば、信じることも同じだけ急激な変化を遂げる。そうして言うことになる。

「突然、私はくだんの線が細紐であることを見ます[49]」と。

そのうえ、同じ文章が、いかにして思考が直観的確信に結晶化するのかも明らかにしている。

「そして、突然、私は（半靴下を）細紐にとめている洗濯バサミも見ます[50]」。

紐と半靴下は洗濯バサミの観念を呼び起こす。だが、そうした観念は、単なる観念として思考されたのではない。それは、ただちに「私が見ているものには洗濯バサミが含まれる」という確信において実現される。明らかに、ここでは知が直観へと後退したのが見て取れる。

当然、ここで入眠時イメージにおいて生じる絶えざる変化について説明しなければなるまい。実際、それは絶えざる運動の世界である。図形は変化し、次々と速いテンポで現れ、線は細紐になり、細紐は顔になる……等々。他方で、どの図形も平行移動や回転の運動によって活性化されるのであり、それらは回転する火の車、一気に降下する流れ星、互いに近づいたり遠ざかったりする顔ばかりである。これらの運動は三つの要因によって説明されるように思われる。第一に、隷属的思考が解釈には事欠かない、ということである。一つの明証が他の明証に取って代わり、顔を見ているという明らかな確信が、骸骨を見ているという明証的な確信に変わる……。第二に、光斑視野の変化そのものが、絶えず更新される直観的な基盤を常に新しい確信に与える。微光の起源が、視神経の自発的活動や血液循環の現象だとしても、眼球に対する瞼の機械的作用だとしても、あるいは、それらの要素がすべて同時に働いたのだとしても、原因は絶えず変わり、したがって原因に対する結果も同様に変わる。速いテンポで自転したり、螺旋状に展開したりするこれらの図形の基盤には、眼球内の光斑の連続的明滅がある、とわれわれは考える。第三の要因は、もちろん眼球の運動だろう。以上が、入眠時幻想のいくつかの逆説的現象についての私なりの説明である。たとえば、上から下に流れ落ちるように見える、私の全視野を横切る星が、同時に私の視軸と常に同じ高さにあるように見える、という事実に関する場合が、それである。

だが、ここでわれわれにとって重要なのは、入眠時意識の構造をその細部のすべてに至るまで決定することではない。ただ、これが想像的意識であり、染みや炎のなかのイメージを発見する意識と似ていることを明らかにしたかっただけである。いずれの場合も、素材は可塑性に富む。染みや炎にはアラベスク模様や弱い形象があり、入眠時意識には輪郭を欠いた微光がある。どちらの場合も、精神の緊張は緩んでいる。多くの場合、姿勢は同じである。しばしば横にはなっているものの、眠ることができないので、壁紙のアラベスク模様を眼で追って楽しんでいる。イメージが最も多く発見されるのは、こうした状況においてである。それは幻惑の始まりでもある。多くの場合、アラベスクは奇妙な様相をし、線はさまざまな動かない渦巻きに捉えられ、われわれは形象を運動のうちに捉え、形象を結びつけては消えていく方向性を捉える。まなざしはいくつかのまとまりにつかまるが、視野の残りの部分は漠然として流動的なままである。そのとき、新しい形状や顔が現れる。かなりの高熱が出ている場合だと、それらの顔や人物は、ほとんど幻覚的な明瞭さを帯びる。とはいえ、この二つの型の意識には、きわめて大きな違いがある。アラベスク模様の場合には、対象が動物や顔を表象するという現実的性質をもつとは定立していない。実在の定立はないのだ。この意識には、自発性の感情がある。これは遊びの活動性であり、意識はみずからをそのようなものとして意識している。入眠時イメージの場合、この遊びの意識は消える。イメージは、対象として定立されるのではなく、表象として定立される。猫を見るわけではないが、少なくとも猫の表象を見るのである。あるいは、より正確に言えば、非実在の猫を見ているところなのだ。なるほど、それでも、入眠時意識には自発性や自己満足などの漠然とした感情があり、その気になればすべてを停止できる、と感じている。だが、これは非措定的意識であり、いわば対象を定立することによって反駁される意識である。それに、意識は完全には隷属していないと感じているがゆえに、対象を非実在として定立するのだ。意識は自分を、猫を見ている者として定立する。ところが、それでも意識は、自分がこの幻想の原因だと感じているために、この相関者〔＝猫〕を実在しているものとしては定立しない。そのために逆説が生じる。私は実際には何かを見ているが、私が見ているものは何ものでもないことになるのだ。だからこそ、隷属的意識はイメージの形式をとる。つまり、意識は自分を徹底して推し進めないのだ。夢の場合、意識は完全に囚われているので、猫は対象として定立されることになる。〔それに対して〕入眠時イメージの場合、われわれは意識の本来の定立をもつのであり、この定立はデューラーの版画を前にしたときの定立と、きわめてよく似ている。すなわち、先に述べたように、一方で私は〈死神〉を見ている。他方で、私が見ている〈死神〉は実在しない。今扱っている事例でも同じことだ。だが、版画についての想像的意識においては、素材はその独立性を保っていた。つまり、素材は知覚の対象になりえた。入眠時イメージの場合、素材は、素材についての意識からほとんど切り離せない。というのも、意識することによって、素材の機能ばかりか、素材の構成そのものも根本的に変わってしまうからである。確かに、版画の想像的把握の場合、平板なものが立体感をもつようになったり、無色のものが色のついたものとみなされたり、空虚なものが充実したものとみなされたりすることがあったが、しかし少なくとも、イメージとして捉えられた版画の質の大部分は、版画が知覚の対象になったときも版画に残った。入眠時意識の場合、イメージとその直観的な支持体のあいだには関係がほとんどなくなってしまう。したがって、想像的意識が崩壊するとき、知覚的態度のなかに素材の役割を果たした要素を見出すのは、きわめて難しい。

染みやアラベスク模様をきっかけにして構成される想像的意識が、思い込み〔＝信〕という点で入眠時意識と著しく異なっているとしても、両者の中間に位置するものがある。実際、すでに見たように、前者の場合は幻惑の始まりがある。この幻惑は、何らかの特権的対象を特別な心理的状態で長時間見つめるとき、全面的なものになりうる、とわれわれは考える。たとえば、奇術師のガラス球や女占い師が読み取るカップに残ったコーヒーの模様が、このような対象だと言えるだろう。従順な被験者をしかるべく仕向ければ、水晶球のなかに何らかの光景を見るということは大いにありうる。実際、これは眼球内光斑にかなり近い対象だからである。ガラス球のなかには、正確なもの、固定したものは何もない。眼はどこにも止まらず、いかなる形状も眼の動きを阻止することはない。そうした絶えざる不均衡に促されて幻想が現れるとき、幻想はイメージとして自発的に与えられる。「これは私に起こるべき出来事のイメージだ」と被験者は言うだろう。したがって、眼球内光斑だけが入眠時幻想のありうる唯一の素材でないことは明らかだ。それどころか、イメージの直観的基盤として機能しうるさまざまな対象を挙げることもできるだろう。視野の下で崩壊しては絶えず再形成される脆《もろ》い形象、つまり、まなざしがどこを見てよいかわからない形象（ガラスの球の場合のように何にも出会わないにせよ、カップに残ったコーヒーの模様の場合のように細部にばかり差し向けられるにせよ）、要するに絶えず注意を喚起しつつ裏切るという特性をもった形象でありさえすればよいのだ。むろん、被験者がある種のまどろみや暗示にかかりやすい状態にある必要はあるだろう。入眠時イメージは、このようにして生まれるのである。

原注

(25)　ルロワ〔Eugène-Bernard Leroy〕『半眠状態の幻覚〔*Les Visions du demi-sommeil*〕』(Alcan, 1926)。彼の被験者の一人が、こう言っている。「要するに、それはカラー映画の上映のようなものです」(一一一頁)〔観察37　被験者は、入眠前の状態で、パリ市中を走る路面電車を幻視している〕。

(26)『ゴンクール兄弟の日記〔*Journal des Goncourt*〕』(ルロワ、二九頁の引用による)〔*Journal des Goncourt: mémoires de la vie littéraire*, tome 8, Bibliothèque-Charpentier, 1895, pp. 273-274(一八九一年九月九日水曜日)〕。

(27) ルロワ、前掲書、二八頁〔観察14〕。

(28) 同書、三二頁。

(29) 同所〔三二―三三頁〕。同様に同書の随所を見よ。たとえば、一七頁、観察8「私がその色について定義できない光の帯」等々〔訳注――ルロワの本にはデッサンが添えられている(fig. 6)〕。

(30) 同書、五八頁。

(31) 同書、八六頁。

(32) 同書〔一八頁〕。また、四五頁も参照のこと。「突然、私は自分が目の前で止まった車を見ていることに気づいた」。

(33) ここでの観察がさらに明らかにしていることは、知はいくつかの場合、イメージに先立つことさえある、ということだ〔同書、三七頁、観察19〕。

(34) たとえば、『精神と情熱とに関する八十一章〔*Quatre-vingt-un chapitres sur l'esprit et les passions*〕』〔邦訳、小林秀雄訳、東京創元社(創元ライブラリ)、一九九七年〕を参照。

(35) 以下を参照のこと。ドラージュ〔Yves Delage〕『夢〔*Le Rêve, étude psychologique, philosophique et littéraire*〕』〔Ernest Flammarion, 1920〕。ビネー〔Alfred Binet〕「トランブル・ラッド『網膜への直接的制御』の分析〔Analyses bibliographiques: Prof. George Trumbull Ladd - Direct Control of the Retinal Field. Report on Three Cases〕」(*L'année psychologique*, tome 1〔一九〇三年〕)、四二四―四二五頁。ジェレ〔Gellé〕「入眠時イメージ〔Les Images hypnagogiques〕」(*Bulletin de l'Institut général psychologique*, 4e année, n° 1〔一九〇三年〕)〔これらはすべてルロワが引用しているものであ

る。なお、ジェレについては医師とあるだけで特定できなかった〕。

(36) ルロワ、前掲書、七〇―七四頁。

(37) 同書、一二七頁。

(38) ジェレ、前掲書、六六頁。

(39) これらの現象は、どれもきわめて頻繁に起こる。しかし、入眠時幻覚は眼を開いたまま経験することもある。ルロワの実験における被験者ピエール・Gを参照されたい。

(40) ルロワ、前掲書、一一五頁〔観察38〕。

(41) 同書、六五頁。

(42) レルミット〔Jean Lhermitte〕『眠り〔*Le Sommeil*〕』（A. Colin, 1925）、一四二頁以下。

(43) 同書、一四八頁。

(44) 同書、一四七頁。

(45) ルロワ、前掲書、五九頁。

(46) 同書、五七頁。

(47) 同書、一二頁。

(48) たとえば、『マルス　裁かれた戦争〔*Mars ou la Guerre jugée*〕』〔Gallimard, 1936（邦訳、加藤昇一郎・串田孫一訳、思索社、一九五〇年）〕を見よ。

(49) ルロワ、前掲書、三七頁。

(50) 本書、一一六頁を参照〔原注（33）の部分〕。

訳注

*39　これはデジタルカメラどころか、カラー写真の発明前の話である。

＊40　パリ五区のサント゠ジュヌヴィエーヴ丘に位置する、幅一一〇メートル、奥行き八四メートルのギリシア十字の平面に大ドームとコリント式の円柱をもつ新古典主義建築の作品。一八世紀後半にサント゠ジュヌヴィエーヴ教会として建設され、のちにフランスの偉人たちを祀る霊廟となった。柱の数は遠くから見ると六本がはっきり見えるが、実際には後ろにも並んでいて二二本ある。

パリのパンテオン

＊41　ヒステリー症状は暗示によって起こり、暗示によって消える、という説。

＊42　ここでサルトルは、リュシアン・レヴィ゠ブリュル（Lucien Lévy-Bruhl）（一八五七―一九三九年）の「文明人が分析し判断するところで、未開人は綜合し「融即」する」という考えを踏まえていると思われる。本書の第三部で扱われる。

＊43　眼球の圧迫など、光以外の刺激で起こる光感。

7　肖像から心的イメージへ

これから心的イメージの記述を行う。これによって一連のイメージの考察は終了する。だが、その前に、ここまでの道のりをたどり直してみるのは有益だろう。

志向の根幹はいつも同じだった。ここまで検討したさまざまな事例において常に、ある素材は活性化されることで、不在または実在しない対象の表象になったのだった。素材が表象されるべき対象と完全に類似していたことは決してない。ある種の知が素材を解釈しにやって来て、素材の不備を補ったのである。それぞれの事例において異なっていたのは、素材と知という相関する要素のほうだった。

A　素材。――肖像画の素材は準‐顔〔ほとんど顔と言えるもの〕である。なるほど、素材は何よりも、想像的意識の支持体としても、知覚的意識の支持体としても機能することが可能な中立的要素だろう。だが、その無作為性〔indifférence〕は、理論上の話だ。実際には、意識の自発性が強く要請される。形や色はしっかり整えられているので、ほとんどそのままピエールのイメージとして迫ってくる。たとえ私が気まぐれに形や色を知覚しようとしても、形や色は抵抗する。絵は想像的意識に対して自然と立体的なものとして現れるので、知覚的意識によって絵を平面的に見ようとしてもできないだろう。さらには、この準‐顔を観察することもできる。もちろん、私がそこに知覚する新たな性質を、私の目の前にある対象に、つまり描かれた画布にもたらすことはできない。私が性質を投影するのは、この絵の彼方の本物のピエールに対してなのだ。その結果、私が下す判断のどれもが蓋然的なものとして与えられる（それに対して、真の観察においては、判断は確実である）。「ピエールは青い眼をしている」と言うときには、「少なくとも、その絵がピエールを忠実に表現しているなら」という留保が含まれている。

イメージの素材は、厳密に個的な対象である。この絵は、時間と空間において唯一のものである。さらに、準‐顔の線〔＝特徴〕も同様に絶対的な個性であることを付け加えなければならない。この準‐微笑は、他の何とも似ていない。しかし、この個性は知覚的意識に対してしか現れない。知覚からイメージに移行すると、素材はある種の一般性を獲得する。たとえば、「このとおりだ、まさにそんなふうに彼は微笑む」と言うとき、それは、この微笑がそれだけでピエールの無数の個性的微笑を表現している〔＝代表している〕という意味である。われわれは素材のさまざまな性質を代理表象物として把握するのであり、これらの性質はどれもピエールにおいて現れては消える無数の性質に相当するとみなされている。このバラ色がピエールの頬のバラ色になる。この緑色の光がピエールの眼の緑色になる。この絵を通してわれわれが求めているのは、一昨日や昨年のある日にわれわれに対して現れたかもしれないピエールではない。ピエール一般、ピエールの個的出現にとって主題的統一性の役割を果たす原型なのだ。[51]

想像的《イメージ》意識のレベルが上がれば上がるほど、素材はますます貧しくなる。はじめは、多少の違いはあっても、知覚において見られたものが、そのままイメージに移行した。変化したもの――しかも根本的に――は、何よりも素材の意味だった。知覚の場合、それは素材自身を指示したのに対し、イメージの場合は別の対象を指示した。物まねの場合は、すでに、想像的意識に現れるものは、知覚において見られるものとまるで似ていない。機能が変わるに従って、素材は貧しくなる。私は無数の性質を無視することになる。こうして最終的には、私のイメージの直観の基盤をなすものは、知覚の基盤ではありえなくなる。そのときから、イメージの素材には本質的な貧しさが現れる。こうして、素材を通して志向される対象は、その一般性を増すことになる。フランコネがシュヴァリエの物まねをするとき、私が彼女を通して見ているのは、もはや「茶色の衣装を着たシュヴァリエ」とか「緑色の眼をしたシュヴァリエ」ですらない。それは、ただのシュヴァリエである。図式的デッサンの場合、私が黒い線を通して投影するのは「力走する走者」であり、それはあらゆる可能な走者に対する原型の役割を果たす。この段階になると、走者の観念と走者のイメージを明瞭に区別するのは難しい。のちほど見るように、区別はできるが、観念の対象とイメージの対象は――たとえ違った仕方で捉えられるとしても――同一なのだ。したがって、これは準‐観察の現象である。つまり、素材（物まね芸人の顔、図式的デッサンの線）の上に読み取るのは、そこに自分が持ち込んだもののみである。想像的意識の素材が知覚の素材から遠ざかり、知に侵されれば侵されるほど、イメージと対象の類似性は弱まる。こうして新たな現象が現れる。それは等価性の現象である。直観的素材は、対象の素材と等価性の関係をもつがゆえに選ばれる。運動は形状の等価物として、明るさは色の等価物として実体化される。これらは、もちろん、知がますます重要な役割を果たし、直観の領域でさえ直観に取って代わったことを意味する。同時に、固有の意味での想像的志向は、イメージの素材そのものから刺激を受けることがますます少なくなる。想像的志向を始動させるには、記号の体系（物まね）、約束事の総体と知（図式的イメージ）、精神の自由な遊び（壁の上の染み、アラベスク模様）、あるいは意識の幻惑（入眠時イメージ）が必要である。要するに、知が重要になればなるほど、志向は自発性を増すのだ。

B　知。——知は、観念という形のままで、欠陥のある素材に取って代わることはない。知は、そのものとしては直観の欠損を埋めることはできない。知は降格を被る必要があるのだ。降格については、のちほど取り上げる。知は身体表現の形で直観的なものに移行する。知は運動のなかに流れ込む。こうして新たな現象が現れる。象徴的運動である。それは、その運動の本性そのものによって直観の側にあり、その意味によって純粋思考の側にある。だが、知が、入眠時イメージの場合のように、直接的に他の感覚的性質に組み込まれることもある。知の降格が想像力の現象であるとは限らないこと、単なる知覚においてもすでに見出されることを、のちに見ることにする。

原注

（51）もしイメージによって個別的なもの、つまり「一回かぎりのもの」を表現しようとするなら、画家はそれを明示しなければならないだろう。たとえば、裁判の報道のためのクロッキーを描くイラストレーターは、次のように明示するだろう。「陪審員が評決を下した瞬間の犯人」。

8　心的イメージ

イメージが感覚的内容をもつことを証明するために行われた馬鹿げた実験がある。「たとえば、被験者を非常に明るい部屋に座らせ、目の前には磨《す》りガラスのスクリーンを置き、スクリーンの後ろに布で覆われたプロジェクターを置く。そのとき、被験者は、見えている薄い色がプロジェクターから出ているのか、被験者自身の想像力から出ているのか、よくわからない。被験者に、スクリーンに一本のバナナをイメージするように指示が出される。プロジェクターから微弱の黄色い光の帯が投射される場合でも、客観的な光がまったくない場合でも、結果はほとんど変わらない。黄色い帯の知覚は、それに対応するイメージと混同される(52)」。

シュラウブの最近の実験も同類である。「あらかじめ測定したいくつかの音を聞かせたあと、被験者に音を頭のなかで再現させる。そのあと、頭で再現した音を最初に刺激として与えた音と比較するように求め、改めて音を聞かせるが、その際に音が被験者における音の表象（または再現イメージ）と同じ大きさになるまで段階的に強める（あるいは弱める）(53)」。

この手の研究が意味をもつためには、イメージは弱い知覚である、と想定しなければならない。だが、イメージはイメージとして与えられるのであって、イメージと知覚のあいだのいかなる強度の比較も不可能である。無理解は、どちらの側にあるのだろうか。このような問いを立てる実験者の側か、それとも、おとなしく返答している被験者の側なのか。

われわれは、先ほど、イメージを「それ自体としてではなく、目指された対象の「類似的な代理表象物」の資格で現れる物的または心的内容を通して、不在あるいは非実在の対象を、その形体性〔具体性〕において目指す作用」と定義した。心的イメージの場合、内容は外在性をもたない。肖像画、戯画、染みに関しては、われわれはそれを見るが、心的イメージを見ることはない。対象を見ることとは、空間のなかに、このテーブルと絨毯のあいだに、ある高さで、私の右側や左側に、対象の位置を特定することである。ところが、心的イメージは私を取り囲む諸対象とは一緒にならない。でも、それはそのときの感覚が「還元的に」働いているからだ、という反論があるかもしれない。だが、どうして還元作用があるのか、どうして構成作用が起こらないのだろうか。

実は、心的イメージは現実の事物を目指すのであり、その事物は他の事物のあいだに、知覚の世界のなかに実在する。だが、心的イメージは現実の事物を、心的内容を通して目指す。確かに、この内容はいくつかの条件を満たす必要がある。イメージの意識において、われわれはある対象を他の対象の「アナロゴン」として把握している。絵、戯画、物まね芸人、壁の染み、眼球内閃光、これらすべての代理表象物は、意識にとっての対象であるという共通の性格をもっていた。心的イメージのまったく心理的な「内容」も、この法則を逃れることはできない。目指す事物の前にある意識は、知覚的意識だろう。空虚に事物を目指す意識は、純然たる記号的意味の意識だろう。心的イメージの素材はすでに意識にとって対象として構成されていなければならないが、この必然性を代理表象物の超越性と呼ぶことにしよう。だが、超越性は外在性を意味しない。外在しているのは代理表象されている事物であって、その事物の心的「アナロゴン」ではない。ところが、内在性の錯覚によって、事物がもつ外在性や空間性やあらゆる感覚的性質が超越的な心的内容に移転されてしまう。だが、内容はそれらの性質をもっておらず、表象しているだけだ。ただし、独自な仕方で。

今や、先に肖像や物まねの意識の物質的内容を記述したように、この類似的内容を記述しさえすればよいように思われる。だが、ここで大きな困難に出会う。というのも、以前記述した事例では、固有の意味での想像的意識が消えたときにも、記述可能な感覚的残滓として、描かれた画布や壁の染みが残っていた。眼を再び動かしてみたり、絵の線や色から新たに刺激を受けたりすることで、本来の意味での想像的意識を再現はできなくても、少なくとも感覚的残滓に基づいて「アナロゴン」を難なく再構成することができた。肖像画についての私の想像的意識の素材とは、言うまでもなく描かれた画布だったからである。〔それに対して〕心的イメージの表象的素材については、反省的記述は直接的にわれわれに教えてくれはしない、と言わなければなるまい。想像的意識が消えたとき、その超越的内容も、意識とともに消えてしまったからだ。記述できる残滓は残っていない。目の前にあるのは、元の意識とは何ら共通点をもたない別種の総合的意識である。したがって、内観によってその内容を捉えることは期待できない。つまり、次のどちらか一方だと考えなければならない。われわれはイメージを形成する。その場合、内容についてはアナロゴンとしての機能によってのみ認識できる（非反省的意識を形成するにせよ、反省的意識を形成するにせよ）、つまり、目指された事物の性質は内容のうえで把握される。あるいは、われわれはイメージを形成することはない。その場合は、内容もないことになり、何も残らない。要するに、われわれは――それは本質必然性だから――心的イメージのなかにアナロゴンとして機能する心理的所与があることを知っているが、より明瞭にその本性や構成要素を決定しようとすると、推測に追い込まれることになってしまうのだ。

したがって、現象学的記述の確実な領域を離れ、実験心理学に戻る必要がある。換言すれば、実験科学においてと同様、仮説を立て、観察や実験によって裏づけなければならない。ただし、この裏づけだけでは、蓋然性の領域を乗り越えることはできないだろう。

原注

（52）　ティチナー〔Edward Bradford Titchener〕『心理学便覧〔Manuel de Psychologie〕』（Trad. Lesage）〔Alcan, 1922〕、一九八頁。

（53）　ドゥヴェルスオーヴェル〔Georges Dwelshauvers〕『心理学概論〔Traité de Psychologie〕』〔Payot, 1928〕、三六八頁。

第二部　蓋然的なもの

心的イメージにおけるアナロゴンの本性

1　知

イメージは、その志向によって明確化される。志向とは、それによってピエールのイメージがピエールについての意識になるもののことである。志向を起源に遡って捉えるなら、つまり自発性から発するところで捉えるなら、たとえ何も身につけない剝き出しの状態だと仮定したとしても、志向はすでにある種の知を含んでいる。それを仮にピエールについての知識だとしよう。この知識が一つの単なる空虚な期待、一つの方向性であることは認めてもよい。とはいえ、それはピエールへの方向性であり、ピエールについての期待である。端的に言って、「純粋志向」とは形容矛盾だ。なぜなら、志向は常に何ものかへの志向だからである。だが、イメージにおいて志向は、未規定な仕方でピエールを目指すわけではない。金髪で、背が高く、上向き鼻だったり鷲鼻だったりするピエールを目指すのである。したがって、志向は諸々の知識を帯びているわけで、知の層と呼びうるある種の意識の層を通過しなければならない。だとすれば、想像的意識において知と志向が区別されうるとしても、それは抽象化によってでしかない。志向が明確になるのは知によってのみである。なぜなら、イメージとして表象できるのは何らかの形ですでに知っているものだけだからであり、逆から言えば、知はここでは単に知であるばかりか、作用であり、私が表象したいと思っているものである。私はピエールが金髪であることを知っているだけではない。この知は要求であって、私が直観において実現しなければならないものだ。したがって、この知が、すでに構成されているイメージにあとから付け加わり、それを解明する、と考えてはならない。むしろ、知はイメージの能動的構造なのである。

イメージは、それを構成している知なしには存在しえない。この点こそが、準‐観察の現象の深い根拠である。一方、知のほうは自由な状態で存在できるし、それだけで意識を構成できる。

ビューラー[*1]は書いている。「私は断言する。原則として、どんな対象もイメージの助けなしに十分かつ正確に考えられうる。私は、自分の部屋にかかっている一枚の絵の青色のそれぞれのニュアンスを十分明確に、そして表象なしで考えることができる。そのためには、対象が感覚とは別の手段によって与えられていさえすればよい(1)」。

自由な状態にあるこの知とは、いったい何を意味するのか。この知は本当に対象を目指すのだろうか。ビューラーの被験者は、この点を明らかにしてくれる。

「《システィーナの聖母[*2]》に原色がいくつあるか、ご存じですか」。

「ええ。まずマント姿の聖母のイメージが頭に浮かびます。続いて、他の二人の人物のイメージ、とりわけ黄色の聖女バルバラのイメージが浮かびます。こうして、赤、黄、緑を得たわけです。それから、「青」もそこにあったろうかと自問し、私はそこに青が表象されていたという観念を、イメージなしにもちました」。

この場合、知は、青が絵のなかで表象されるかぎりにおいて、そして青が四つ目の原色であるかぎりにおいて、青を目指している。次のメッサーの被験者の反応も同様である。「〈山〉という言葉が被験者に暗示したのは、よじ登ることができる何かはっきりしたものへの方向についての（言葉を欠いた）「意識」である」。この反応が明らかにするのは、山は直観的実在性として理解されているのではなく、ある種の規則として理解されている、ということだ。それはビューラーの分類法が示すものでもある。ビューラーは「意識性〔Bewusstheiten〕」を三つのカテゴリーに区分している。規則の意識、関係〔*rapport*〕の意識、志向の意識である。最後のタームはかなり不適切で、結局は秩序、配列、体系の意識などを指すことになる。要するに、純粋な状態の知は関係性〔*relations*〕の意識として現れるわけだ。当然、それは空虚な意識である。感覚的素材は、そこでは関係の項や支持体という形でしか考えられていない。たとえば、〔先の例の〕絵の青は「第四の原色」としてしか考えられていないのである。知は望むかぎり詳細になりうるし、無数の多様な関係を複雑な総合へと包括することもある。複数の個別的対象のあいだにある具体的な関係性を目指すこともあるだろう（たとえば、ルブラン氏[*3]は私には「フランスの大統領」として与えられうる)。知は判断に先行することもあれば、判断にともなうこともある。一つの記号にも、一群の記号にも結びつけられうる。それでも、知はやはり空虚な意味の意識のままである。

だが、この空虚な意識は充実されうる、とフッサールは言う(2)。言葉によってではない。言葉は知の支持体でしかないからだ。そうではなく、イメージが、意味の直観的「充実」(*Erfüllung*) なのである(3)。たとえば、私が「燕」を考える場合、精神のうちにまず現れるのは一つの言葉と一つの空虚な意味だけでしかないかもしれない。だが、そこにイメージが現れると、新たな総合がなされ、空虚な意味は燕についての充実した意識になる、というわけだ。

正直に言って、このような理論には驚かざるをえない。そもそも、意味の総合を離れたイメージとは何なのか。イメージが空虚な意識を「充実しに」来るなどということを、われわれは認めることはできない。イメージは、それ自体、意識である。ここでは、フッサールは内在性の錯覚によって欺かれているように思われる。だが、われわれの関心の中心は、何よりも、知の降格問題と呼びうるものだ。知が自由な状態から想像《イメージ》的意識の志向的構造の状態に移行する際には、知が充実以外の変化を被らない、というのは本当だろうか。むしろ、知は根本的変容にさらされているのではないか。イメージと思考の関係について——実験的内観の方法を用いて——研究した心理学者たちは、被験者たちのうちに「意識性[*4]〔Bewusstheiten〕」、「意識状態[*5]〔Bewusstseinlagen〕」、「領域意識〔Sphärenbewusstsein〕」などとして現れる純粋な知の傍らに奇妙な状態があることを指摘している。この奇妙な状態は、いかなる表象的要素も含まないにもかかわらず、被験者はそれをすでにイメージとして示すのである。

シュヴィテに、きわめて意義深い記録が見られる。

1　被験者Ⅰ「開いている」〔という言葉に対して〕。

「私は「開け」に関して、よくわからないイメージをもった」。

2　被験者Ⅱ「似ていない」〔という言葉に対して〕。

「私は二つの何だかよくわからない似ていない対象を見た[4]」。

つまり、この開けは、いかなるものの開けでもなく、さらには決まった形すらもっていない。にもかかわらず、開けのイメージだとされる。また、二つの対象があるが、それらには空間的特徴すらなく、要するに、それらの対象が互いに異なると言えるためのいかなる直観的性質もない。それでも、二つの対象は似ていないものとして、イメージとして把握される。いったい、いかなる点でイメージと純然たる知は違うのかと思ってしまう。にもかかわらず、イメージはイメージとしてみずからを主張するのである。

ビュルルーは、さらに断定的である。彼はメッサーの研究に関して、次のように書いている。

「「最も低い段階では、空間的方向性、外面化の方向性がある」。アトラス山脈[*6]という言葉によって、被験者Ⅱは地図上の場所の視覚的表象をもつ。「どちらかと言うと、地中海の向こう側の方向でした……」。被験者は、それをイメージと呼ぶべきか、思考と呼ぶべきか、しばしばためらう。釘という言葉によって、被験者Iは意識のうちに何か視覚的あるいは概念的なものが生じると言うが、この性質から視覚的印象が生じることも可能だっただろう。「私は何か長いもの、尖《とが》ったものについて考えました」。以上のような状態を指し示すために用いられる表現は、知、視覚的表象への単なる傾向、視覚的表象の萌芽などである[5]」。

知はイメージを構成し始めることで根本的な変容を被る[6]、と先に述べた。だが、実はイメージが構成される前に、知はすでに変容を被っているのだ。純然たる意味の意識と同じように空虚な、ある特殊なタイプの意識が存在するが、それでもそれは純然たる意味の意識とは異なる。この特殊なタイプの意識は、はじめから感覚的なものとの親密な関係を示す。それは「何か視覚的なもの、あるいは、概念的ではあるが、視覚的印象を生み出すこともできたであろう性質をもつ何か」として与えられる。これはビューラーの「意識性」からは程遠い。これもやはり知ではあるが、降格した知なのだ。

「視覚的表象の萌芽」として現れるこの知を、ベルクソンの動的図式だと考える人もいるだろう。確かに、ベルクソンの動的図式は、その親密な構造において未来のイメージと関係するものとされる。「図式とは、イメージを待機すること、一つの知的態度である。それは、記憶の場合のように、正確なイメージの到来を準備することもあれば、創造的想像力の場合のように、図式に組み込まれうる複数のイメージのあいだにある程度広がった働きを組織することもある。イメージが閉じた状態であるのに対して、図式は開いた状態である。イメージがすっかりできた静的状態で与えるものを、図式は生成として動的に示す[7]」。

ベルクソンがこの理論を構想していた当時、動的図式は観念連合説に大きな進歩をもたらした。しかし、今日では、心理学はテーヌの影響からはるかに脱却している。思考は、感覚に還元されるのではなく、意味（*meaning*）や志向性によって定義づけられる。思考は一つの作用だとみなされるのだ。この新しい学説と比べると、動的図式はまだまだ控えめで、目標を達成できない努力に見える。なるほど、動的図式はすでに総合的な組織化であり、イメージの単なる連合以上の何かである。だが、ベルクソンのテクストに、動的図式を構成する志向性に関する積極的記述を探しても無駄だろう。ベルクソンの力動説には一貫して曖昧さがある。確かに、メロディー的総合はある——だが、総合作用はない。組織化はあるが、組織化の力はない。動的図式に関しても同じだ。確かに、力や渦巻きのように動的だが、それが作用として明らかに現れることはない。それは、ものなのだ。

動的図式という考えのあらゆる曖昧さは、この根本的な欠陥に由来する。あるときは、動的図式は表象がとりうる暫定的な形式として現れる。

「知的な働きとは、同一の表象を、さまざまな意識の次元を通して、抽象的なものから具体的なものに、図式からイメージに向かう方向性へと導くことである(8)」。

またあるときは、動的図式は、それが組織化したものの背後で消えてしまう組織化の力である。

「……それは常にイメージとして実現されうるとしても、常にイメージから区別される別の種類の表象である。……それはイメージを喚起する働きのなかに現れ、作用するが、仕事を終えるや、喚起されたイメージの背後に消え去る[9]」。

これらの図式の構成における情感性の正確な役割を捉えることも不可能だろう。あるときは、ベルクソンは次のように書く。

「ある固有名詞を思い出そうとするとき、私はまずその言葉について自分がもっている一般的印象を参照する。この一般的印象が動的図式の役割を演じることになる[10]」。

またあるときは次のように書く。

「……私は固有名詞について相変わらず私に残っていた一般的印象から出発したのだった。それは違和感についての印象だが、無規定な違和感ではない。野蛮や強奪のような何かが基調としてあった[11]」。

にもかかわらず、これらの印象は純粋に情感的ではないとされる。ベルクソンは動的図式を「ある種の情感的色合いをともなった不可分な図式[12]」と呼ぶからである。

実を言えば、ベルクソンは動的図式を明瞭に記述するつもりはあまりなかった。彼にとって何よりも大切なのは、この図式のうちに、彼が意識を記述する際に常に価値を置く性質、すなわち図式が生成であること[13]、さらには図式の諸要素が相互浸透することを見出すことである。この相互浸透性とメロディー的持続によって、図式は「確固たる輪郭と並置された諸部分をともなう」イメージに対立する。図式は生命であり、意識の運動そのものである。イメージは「かつてあったものを描く[14]」。ここには、ベルクソン哲学の主要なテーマ群と、その体系のうちにある古典的対立構造が見られる。図式が動くもの、生命体であるのに対して、イメージは静的なもの、死んだもの、運動の根底にある空間だとされるのである。

だが、まさにこの対立構造はここではわれわれには不幸なものと思われるし、この対立構造のために、ベルクソンの記述の大枠を受け入れることができないのだ。まず、すでに指摘したように、イメージの意識が構成されたあとでも、知は消えない。知がイメージの背後で「消え去る」ことはないのである。「常にイメージとして実現されうるとしても、常にイメージから区別される」ことはない。知は想像的意識の能動的構造を表している。イメージと図式の根本的な区別を、われわれとしては受け入れることはできない。というのも、この主張のとおりだとすれば、イメージもまた知覚と同様に学習する必要があるからだ。そうなれば、イメージを観察する必要があるだろう。そして、イメージを観察するには図式が必要となり……と、以下同様に無限に続くことになる。

さらには、「諸部分が並置された……表象」としてイメージを理解することは、われわれには内在性の錯覚に属するように思われる。諸部分は対象のなかで並置されている。だが、イメージは、その諸要素の現実的な相互浸透によって性格づけられる内在性の総合である。のちほど、夢のなかの人物が男であると同時に女であり、老人であると同時に子どもである例について見るつもりだが[15]、ルロワは覚醒時のイメージもおそらくさまざまな形をとることを鋭く指摘している。それについては次章で明らかにしよう。いずれにせよ、フラッハが[*7]「象徴的図式」と呼ぶカテゴリーに属するイメージは、どれも基本的な不可分性のうちで多くのものを表現し、それがあとから論証的思考によって分析され、並置されることになる。[16]

「ボードレールという言葉の意味を理解せよ」。

「すぐさま見えたのは、何もない空間のとても暗い背景の上の青緑色をした染みで、それは濃硫酸の色に近く、刷毛で太く一回描かれたようでした。染みは横より縦が長く——縦のほうが横より二倍くらい長いかもしれません。すぐさま浮かんだ知は、この色はボードレールを特徴づける病的なものや特有の退廃を表しているに違いない、というものでした。私は、このイメージがワイルドやユイスマンスにもあてはまるかどうか調べましたが、あてはまりませんでした。論理に反する何かが提示されたときと同じくらい強い抵抗を感じました。そのイメージは、ボードレールにしかあてはまらないし、その瞬間以来、私にとってボードレールを表すものになるでしょう」。

だとすれば、「生成」とか「力動性」といった曖昧な表現はやめたほうがよいだろう。こうした「生との共感」の心理学は時代遅れだ。確かに、ベルクソンが捉えたように、「イメージの待機」であるような知のある種の状態は存在するかもしれない。だが、イメージの待機はイメージそのものと同質なのだ。さらに、この待機はきわめて特殊である。知が待っているのは、自分がイメージに変わることなのだ。ここでも「動的図式」という表現より「イメージの曙光[17]」というスペエール[*8]の表現のほうがよさそうである。この表現は、空虚な想像《イメージ》的知と充実した想像的意識の連続性をよく示しているからだ。

被験者Ⅱ「ああ、彼は……〔と言いかけて〕私はやめました。なぜなら、「金持ちだ」という言葉が出る前に自分が何を言おうとしていたかを知っていたからです。「ああ！」という言葉を内的スイッチのように感じました、急に大きくなるサイレンの音にも似た一種の内的運動です……。私は、来るぞ、ほら来た、と感じ、自分が理解したことを知りました。……そのとき、〔「金持ちだ」という〕言葉が現れたのです」[18]。

スペエールは付け加えて言う。

「したがって、最後まで行こうとしない傾向がある。要するに、イメージ自体を省略しよう、早く済ますために曙光だけで満足するのだ……」。

われわれの見解によれば、イメージ的知[*9]と純粋な意味の知のあいだには、イメージ的知と完全な形でのイメージのあいだ以上の差異がある。だが、この差異を深く究める必要があろう。つまり、知が純粋な「意味〔meaning〕」の状態から想像的《イメージ》状態に移行するときに被る降格がどういうものかを明確にする必要がある。そのために、イメージ的知が純粋な状態において、つまり自由な意識として現れる特権的な事例について、より詳細に検討してみよう。

ヴュルツブルク学派の心理学者たち[*10]の研究記録は、その点で参考になる。被験者のうちに二つの型の空虚な意識が見出されるからだ。

第一の型　**円環**〔という語に対して〕。まず幾何学的図形という概念に対応する一般的意識 (*allgemeines Bewusstsein*) をもちます。言葉はありません。

第二の型　**忍耐 - 辛抱強さ**〔という語に対して〕。聖書の世界についての特殊意識をもちます。

尊大な王様〔という語に対して〕。

「別の種類の現実、中世詩《バラード》や古い伝説の世界に連れていかれた（ように感じます）。……尊大な君主が重要な役割を演じていたドイツの過去への方向があります[19]」。

「円環」の意識が一般的であるのに対して、「忍耐、辛抱強さ」の意識は特殊であるが、差異はそこにはない。第一の型の意識も特殊になりうるからである。一方、第一の事例で捉えられるのが規則であるのに対して、第二の事例では、ものである。この点を他の例によって深く究める必要がある。

小説を読む場合で考えてみよう。たとえば、私は脱獄を試みる主人公の運命に興味津々で、好奇心に駆られて逃亡の準備をごく細部まで把握しようとする。ところが、研究者の意見は一致しており、読書の際にはイメージは貧しいとこぞって指摘している[20]。確かに、たいていのテーマはイメージに乏しく、イメージがあったとしても不完全である。さらに付け加えなければならないが、イメージが現れるのはふつう、厳密な意味での読書活動からは外れているとき、たとえば読者が前に戻って前章の出来事を思い出したり、その本について夢想にふけったりするときなのだ。要するに、イメージは、読書が停止しているとき、うまく進まないときに現れる。読者が読書に専念しているときには、心的イメージは現れない。このことは私自身も何度も繰り返し確認できたし、そのとおりだと言ってくれた人も何人もいる。イメージがあふれ出てくるのは、気もそぞろで、しばしば中断される読書の特徴なのだ。

しかしながら、イメージ的要素が読書にまったく欠けているということはありえない。さもなければ、どのようにして情動の力を説明できるだろうか。われわれは登場人物の誰かに肩入れし、憤《いきどお》る。人によっては泣くこともある。実際、読書においては、観劇においてと同様に、われわれは一つの世界の前にいるのであり、またその世界に、演劇の世界に対してと同じだけの実在性、つまり非現実的な世界における完全な実在性を帰属させる。言語的記号は、数学の場合とは異なり、純粋な意味と意識のあいだを媒介するものではない。むしろ、この想像的世界とわれわれのあいだの接触面なのだ。したがって、読書という現象を正確に記述するとすれば、読者は一つの世界の前にいる、と言うべきである。この点をはっきりと証明してくれるのは――証明が必要だとしてだが――ビネー[*11]が「潜在的イメージ」と呼ぶものが存在することだ。

「予想以上に正確なイメージをもつことがしばしばある。たとえば、戯曲を読むときの位置や演出のイメージだ。人は知らず知らずのうちに舞台装置の配置を考えていたりする。たとえば、内的抵抗感を通して自分なりの演出を意識するには、舞台の見取り図を思い描く必要がある(21)」。

もちろん、このような学説を受け入れることはできないだろう。われわれにとってイメージは意識であり、「潜在的意識」は語義矛盾となるからである。だが、何ものかが潜在的イメージなるものの役割を果たしていることを理解する必要がある。それが想像的知《イメージ》である。

文字を読むときの意識は、固有の構造をもった独特の意識である。ポスターや、文脈から切り離された文を読むときに生じるのは、記号的意味についての意識、一つの言葉〔レクシス〕である。学術書を読むときに生まれる意識においては、志向が瞬間ごとに記号に結びつきにやって来る。思考や知が言葉のなかに流れ込み、言葉の上で、言葉の客観的特性として意識される。もちろん、これらの客観的特性は孤立しているわけではなく、言葉から言葉、文章から文章、頁から頁へとつながる。本を開いたときから、目の前にあるのは客観的な記号的意味作用の領域である。

　ここまでのところに新しいものは何もない。相変わらず記号的な知が問題になっている。だが、本が小説であれば、すべてが変わる。客観的な記号的意味作用の領域が非現実的世界になるのだ。小説を読むこととは、意識が一般的態度をとることにほかならない。それは、大ざっぱに言えば、劇場で幕が上がるのを見る観客の態度に似ている。観客は、知覚の世界ではないが心的イメージの世界でもない一つの世界の全体を発見するつもりでいる。演劇を見ることとは、役者の上に人物を把握し、ボール紙でできた木の上に『お気に召すまま』[*12]の森を把握することである。読むということは、記号の上に非現実世界との接触を実現することである。この世界には、植物があり、動物がいて、田園や街があり、人間がいる。まず本のなかで問題になっている人々がおり、次に名前はないが背景にいて、この世界に厚みをつけるその他大勢がいる（たとえば、舞踏会の章なら、言及はされていなくてもそこにいる「頭数に入っている」舞踏会の招待客全員）。それらの具体的存在は、私の思考の対象である。それらの非現実的実在は、私が言葉に導かれて行う総合の相関者である。というのも、この総合を、私は知覚的総合の仕方で行うのであって、記号的総合の仕方で行うのではないからだ。

「彼らはピエールの事務所に入った」という一節を読むとき、この単純な表記はそのあとの総合全体のひそかなテーマとなる。彼らの口論の話を読むとき、私はそれを事務所に位置づけるだろう。「彼はドアをばたんと閉めて出ていった」という文章が出てくる。それがピエールの事務所のドアであることを私は知っている。ピエールの事務所は新築の建物の四階で、建物はパリの郊外にあることも知っている。もちろん、これらすべてが読んでいる一文のうちにすっかりあるわけではまったくない。それを知るためには前の章の内容も知っていなければならない。したがって、私が読む文章のあるがままの記号的意味をはみ出し、包み隠し、方向づけ、位置づけるものがすべて、知の対象となる。だが、この知は単なる「意味〔meaning〕」ではない。私が「事務所」、「四階」、「建物」、「パリの郊外」を考えるのは、記号的意味の形でではない。私はものとして考えるのである。その違いを理解するには、ある報告書のなかで「パリ不動産所有者組合」という文を読むのと、小説のなかで「彼は大急ぎで建物の四階から下まで降りた」という文を読むのを比べるだけで十分だ。何が違うのか。「建物」という知の内容そのものではなく、「建物」が知られる仕方である。第一の場合、知の内容は意識によって規則として目指される。第二の場合、対象として目指される。知が秩序なり規則なりの空虚な意識である点は同じである。だが、一方では、知がまず目指すのは秩序であり、その秩序を通して曖昧な仕方で対象を、「秩序の支持体」として、つまりここでも関係として目指す。――もう一方では、知が目指すのは対象であり、秩序は対象を構成しているかぎりでのみ目指される。

ところで、ここで対象という言葉をどのように理解すべきだろうか。ビューラーとともに、「私は一枚の絵の青色のそれぞれのニュアンスを十分明確に、そして表象なしで考えることができる」と信じるべきだろうか。それでは心理学的秩序ばかりか存在論的秩序においても根本的な誤りを犯すことになるだろう。「青」のそれぞれのニュアンスと知は、二つの異なる存在秩序に属している。〔たとえば〕この肖像の青色は名状しがたいものだ。カントはすでに感覚と思考が互いに還元できない異質なものであることを明らかにしたが、ここで、私の面前で、この独特な青の個性を構成しているのは、感覚の感覚的性質をなすものである。そのため、純粋思考は、この形式の下では、この青を目指すことはできない。純粋思考は、それを外部から考える、この青が、たとえば「システィーナの聖母の第四の原色」や「色彩体系である位置を占めるもの」として、関係の基体であるかぎりにおいて考えるのである。この青を直接捉えようと試みるのは、それを見ようとすることだ。だが、比類のない具体的な青を青色として見ようと試みるには、それをすでにそのようなものとして所有していなければならない。さもなければ、どのようにして自分が何を見たいのかを知ることができるだろうか。このように、知は対象をその本質を通してしか、つまりその性質の秩序を通してしか捉えることができない。ただし、イメージ的知は、この秩序をそれ自体として目指すのではない。この知は、いまだ青を目指すことはできず、もはや「システィーナの聖母の性は事物の背後に移行する。だが、この事物は今のところ「何か」でしかない。つまり、不透明性と外在性が空虚に定立されたものでしかない――不透明性と外在性は、それらの厚みの背後に移行させられた関係性によって正確に決定される。この点は、すでに引用した例が十分に明らかにしたとおりだ。

「釘という言葉によって、被験者は意識のなかに何か視覚的なもの――あるいは、概念的ではあるが、視覚的印象を生み出すこともできたであろう性質をもつ何かが存在する、と答える。すなわち、私は何か長いもの、尖ったものについて考えました、と」。

知が概念として与えられていないとすれば、それは知がみずからを視覚的なものの待機と捉えるからである。他にやりようがないので、知は内容を長くて尖った何かとして与える。

もちろん、ここには志向の根本的な変化がある。純粋知は前対象的である。少なくとも言葉と結びついていないときは、そうだ。つまり、純粋知において形式的本質と対象的本質は未分化である、ということだ。純粋知はビネーの被験者が「別のものである感情」と呼んでいるものの形式の下に現れ、その形式の下で、純粋知は、被験者に彼の能力に関する一種の不確かな情報（「はい、私は知っています」、「知ることができるかもしれない」、「この方向で探求すべきでしょう」）を表明すると同時に――いくつかの対象的な関係についての認識（長い、尖っている、第四の原色、幾何学的図形）も含んでいる。つまり、これは両義的な意識であり、対象の関係的構造についての空虚な意識としてと同時に、被験者自身の状態についての充実した意識として与えられるのである。

それに対して、イメージ的知は、自己を超越し、関係性を外部として定立しようとする意識である。だが、それはみずからの真理を断言することによってではない。そんなことをすれば、それは判断でしかないだろう。そうではなく、知の内容を実在として定立することによってであり、その際には、自分にとって代理表象物として役立つ現実〔le réel〕の厚みを通して行うのである。もちろん、この現実はまったく与えられていない。「何か」という未分化で、きわめて一般的な形式の下においてでさえ、そうだ。この現実は目指されているだけである。したがって、イメージ的知は、この「何か」を決定するための努力として、直観的なものに到達しようとする意志として、イメージの待機として現れる。

読書の意識に戻ろう。小説の文章は、イメージ的知に満ちている。私が言葉の上に捉えるのはイメージ的知であって、単なる記号的意味作用ではない。すなわち、意味作用の客観的領域は、すでに見たように、総合によって次々と頁を通して構成されるが、これは単なる諸関係の総合ではない。それは、しかじかの性質をもつ何かと、しかじかの特徴をもつ何かの総合である。複数の関係性が並び合うのは、ある概念の外延《デノテーション》の構成要素になるため、といったものではない。諸関係の総合の規則は、ちょうど対象のさまざまな性質が互いに混じり合うものであるように、諸関係は互いに混じり合うものでなければならない、といったものだろう。たとえば、ピエールの事務所は、建物のなかにある何かになる。そして、建物はエミール・ゾラ通りのなかにある何かになる[22]。

以上のことから、〔読書において〕記号の役割は奇妙に変化する。記号は、周知のように、単語というひとかたまりのものとして知覚され、それぞれの単語は固有の相貌をもっている。大まかに言って、単語は、小説の読者にとって、前章でその主たる特徴を示した記号としての役割を保持している。だが、イメージ的知は自分を満たしてくれる直観に向かいすぎるため、少なくとも、ときには記号に対象の代理表象物の役割を演じさせずにはいられない。こうして、イメージ的知は、記号をデッサンとして用いる。単語の相貌が対象の相貌を代理表象するものとなる。こうして、現実上の感染が起こる。「この美しい人」というくだりを読むとき、おそらく、そして何よりも、この一連の単語は小説の主人公である若い女性を記号的に意味する。だが、〔その一方で〕若い女性の美しさを、ある程度、表象してもいる。この言葉は、美しい若い女性という何かの役割を果たしているのだ。こうした事例は、思いのほか多い。ドゥヴェルスオーヴェルは、われわれの主張を裏づける興味深い例を挙げている(23)。対になる言葉を被験者に提示し、二つの言葉のあいだに一致を感じるか、不一致を感じるかを答えさせる。むろん、被験者の態度は小説の読者の態度とはかなり違う。にもかかわらず、言葉はすでにかなり頻繁に、代理表象物の役割を果たしている。

「〈共感〉〔Sympathie〕－〈憐れみ〉〔Pitié〕という組み合わせを提示すると、被験者は自分なりの考えに基づいて、一致はない、と反応した。だが、そう反応したあと、すぐさま自分の答えを分析し、それを正当化できないことに思い至った。一連の実験の最後になって、被験者は自分の反応を思い返し、Sympathie〔共感〕とPitié〔憐れみ〕という語のなかでは、Tの字が他の文字より目立っていたことを思い出したような気がしたという。文字と二つの言葉の外観とのあいだに不一致の感情が生じたのだった」。

したがって、ここでは完全には空虚なイメージ的知ではない。言葉が記号の役割を放棄することなく、代理表象の役割をしばしば果たしているのである。つまり、読書の意識とは、半ば記号的で、半ばイメージ的であるハイブリッドな意識なのだ。

イメージ的知に先立って純粋知があるわけでは必ずしもない。多くの事例において（たとえば小説を読むとき）、知の対象は、まずイメージ的知の相関者として与えられる。純粋知、つまり単なる諸関係についての認識は、あとからやって来る。のちほど検討する事例では、純粋知は決して到達されない理念として現れる。その場合、意識は自分の想像的態度の虜《とりこ》になっている。

事物は、まず現前として与えられる。知から出発して見れば、イメージは現前と接触するための思考の努力として生まれることがわかる。このようなイメージの誕生は、知の降格と符合している。降格した知は、諸関係をそれそのものとして目指すのをやめ、事物の実体的性質として目指す。この空虚なイメージ的知――スペエールが「イメージの曙光」と呼ぶもの――は、意識の生において、よく起こることである。それはイメージとして実現されることがないまま、現れたり消えたりするが、それでも狭義でのイメージの境界へとわれわれを連れていくのだ。被験者はあとから尋ねられても、自分が関わったのが「一瞬の閃光のようなイメージ」だったのか、「イメージの曙光」だったのか、それとも概念だったのか、よくわからないのである。

原注

(1) ビューラー〔Karl Bühler〕「思考過程の心理学の事実と問題1　思考内容について〔Tatsachen und Probleme zu einer Psychologie der Denkvorgänge. I, über Gedanken〕」(*Archiv für die gesamte Psychologie*〔Leipzig: W. Engelmann, Bd. IX〕, 1907)、三二一頁。

(2) フッサール〔Edmund Husserl〕『論理学研究〔*Logische Untersuchungen*〕』第二巻第一章、第三巻第一章〔訳注——サルトルが参照した『論理学研究』は三巻本のものであり、これは現在の第二巻第二研究第一章、第六研究第一章の意味充実に関わる議論に関わるものと思われる〕。

(3) もちろん、知覚がない場合である。

(4) シュヴィテ〔Franz Schwiete〕「概念の心的表象について〔Über die psychische Repräsentation des Begriffe〕」(*Archiv für die gesamte Psychologie*〔Leipzig: W. Engelmann〕, Bd. XIX〔一九一〇年〕)、四七五頁〔訳注——この論文も、デュマ『心理学概論』第三章のドラクロワの記述の参考文献として挙げられている〕。

(5) ビュルルー〔Albert Burloud〕『ワット、メッサー、ビューラーの実験的研究による思考〔*La pensée d'après les recherches expérimentales de Watt, de Messer et de Bühler*〕』(Alcan, 1927)、六八頁。

(6) この「被る」という言葉は、文字どおりの意味に理解してはならない。知のなかに、それが何であれ、被ることのできる受動性はない。知は降格をみずからに与える〔*se donne*〕、と言ったほうがよいだろう。

(7) ベルクソン〔Henri Bergson〕『精神のエネルギー〔*L'énergie spirituelle*〕』一九九頁〔邦訳、原章二訳、平凡社(平凡社ライブラリー)、二〇一二年、二六三頁〕。

(8) 同書、一七七頁〔邦訳二五〇頁〕。強調はサルトル。
(9) 同書、一八八頁〔邦訳二六三頁〕。
(10) 同書、一八一頁〔邦訳二五六頁〕。
(11) 同書、一六四頁〔邦訳二三六頁〕。
(12) 同書、一六七頁〔邦訳二三九頁〕。
(13) 同書、一八八頁〔邦訳二六三頁〕。
(14) 同書、たとえば一八八、一六七頁〔邦訳二六三、二三九頁〕。「不可分の図式」など。
(15) フロイト〔Sigmund Freud〕『夢判断〔*Traumdeutung*〕』六七頁、イルマの夢を参照。
(16) A・フラッハ〔Auguste Flach〕「生産的思考過程における象徴的図式について〔Über symbolische Schemata im produktiven Denkprozess〕」(*Archiv für die gesamte Psychologie*, Bd. LII〔一九二五年〕)、三六九、五九九頁〔訳注――フラッハ論文は三六九―四四〇頁なので、この頁数は誤記と思われる〕。
(17) スペエール〔Albert Spaier〕「内観の実験による心的イメージ〔L'Image mentale d'après les expériences d'introspection〕」(*Revue philosophique de France et de l'Etranger*〔tome 77(一九一四年)〕)、二八三―三〇四頁。
(18) 同所。
(19) メッサー〔August Messer〕「思考に関する実験心理学研究〔Experimental psychologische Untersuchungen des Denken〕」(*Archiv für die gesamte Psychologie*, 1906, Bd. VIII)、一―二二四頁。メッサーは、第二の型の意識を恣意的に情感性によって性格づけている。
(20) たとえば、以下を参照のこと。ビネー〔Alfred Binet〕『知性の実験的研究〔*Etude expérimentale de l'intelligence*〕』〔Schleicher frères, 1903〕、九七頁。

(21) 以下の文献でのドラクロワの引用による。デュマ〔Georges Dumas〕『心理学概論〔*Traité de psychologie*〕』〔Alcan, 1924〕、第二巻〔第三章「知的操作」〕、一一八頁〔訳注――サルトルは引用としているが、原著を見るかぎり、ドラクロワ自身の文章のように見える〕。

(22) われわれは、もちろん読書の意識における情感性の役割については問題にしない。

(23) ドゥヴェルスオーヴェル〔Georges Dwelshauvers〕『心理学概論〔*Traité de psychologie*〕』(Payot, 1928)、一二二、一二四頁。

訳注

*1 カール・ビューラー(Karl Bühler)(一八七九―一九六三年)は、ドイツの心理学者。ウィーン大学教授、南カリフォルニア大学教授。『児童の精神発達』を著し、力動的観点から精神の発達は本能、訓練、知能という過程で進行していく、とする三段階説を提唱した。

*2 サルトルは《システィーナ礼拝堂の聖母》と書いているが、正しくは《システィーナの聖母》なので訂正しておく。ラファエロ・サンティ(Raffaello Santi)(一四八三―一五二〇年)がピアチェンサの聖シクストゥス修道院の祭壇画の一翼として一五一三年から一四年頃に描いたもので、最晩年の作品の一つ(ヴァザーリによる)。一八世紀半ばにザクセン国王の命令で購入され、ドレスデンの宮殿の美術館に収められた。現在はアルテ・マイスター絵画館に収蔵。聖シクストゥスと聖女バルバラを両脇にして、聖母マリアが幼児キリストを抱きかかえた構図だが、黄色が基調なのは、聖女バルバラより、むしろ聖シクストゥス。

*3 アルベール・ルブラン(Albert Lebrun)(一八七一―一九五〇年)は、フランスの政治家。一九三二年にポール・ドゥメール(Paul Doumer)が暗殺されたため、後継大統領となり、一九三九年には再選される。したがって、本書執筆当時の大統領である。

ラファエロ《システィーナの聖母》

＊4　ドイツの心理学者ナルツィス・アッハ（Narziss Ach）（一八七一―一九四六年）は、心像や感覚の媒介なしで事物が一挙に意識される場合を「意識性」と呼んだ。「無心像思考」、「非直観的思考」とも呼ばれる。

＊5　ドイツの心理学者カール・マルベ（Karl Marbe）（一八六九―一九五三年）は、心像によらずして思考すること、すなわち、思考を構成する主たる内容が非具象的（unanshaulich）過程であることを主張した。「識態」とも訳される。

＊6　アフリカ北西部にある山脈で、モロッコからチュニジアにかけて東西五〇〇キロにわたって延びる褶曲山脈。モロッコでは、標高三〇〇〇メートルを超える。

＊7　アウグステ・フラッハ（Auguste Flach）（一八九一―一九七二年）は、オーストリアの心理学者。カール・ビューラーのもとで博士論文を執筆。本書の第二部、第三部で全面的に参照される論文を、サルトルは高等教育修了論文でも用いていた。サルトルは男性だと思っていたようだが、実際には女性。『正常

および病的な心的生活における形態形成（*Psychomotorische Gestaltbildung im normalen und pathologischen Seelenleben*）』（一九三四年）などの著作がある。

＊8　アルベール・スペエール（Albert Spaier）（一八八三―一九三四年）は、ルーマニア生まれのフランスの哲学者。カーン大学教授。アレクサンドル・コイレ（Alexandre Koyré）らと『哲学雑誌（*Recherches philosophiques*）』を創刊して（一九三一年）、フランス国外の潮流を紹介するのに貢献した。一九三〇年発表の「具体的思考、知性的象徴主義について（La pensée concrète, essai sur le symbolisme intellectuel）」（*Revue philosophique de la France et de l'Etranger*, tome 110, 1930）、二九五―二九九頁では、思考におけるイメージのいくつかの型を分類し、その役割を分析している。

＊9　このあと問題にされる savoir imageant は、直訳すれば「想像的知」であるが、ここでは想像力そのものとの関係は薄く、むしろイメージをともなった知のことなので、「イメージ的知」と訳すことにする。

＊10　実験心理学の父と称されるヴィルヘルム・ヴントをさらに発展させ、彼が扱わなかった判断や思考などの高等な精神作用をも内観法で研究したのが、オスヴァルト・キュルペ（Oswald Külpe）（ヴュルツブルク大学に心理学実験室を創設した）で、彼の指導下にあったカール・マルベ、ナルツィス・アッハ、アウグスト・メッサー、カール・ビューラーらを総称して「ヴュルツブルク学派」と呼ぶ。アウグステ・フラッハなども含まれる。

＊11　アルフレッド・ビネー（Alfred Binet）（一八五七―一九一一年）は、フランスの心理学者。知能検査の創案者（日本では「田中ビネー知能検査」として知られる）。最初は精神発達遅滞児識別のために作った。「精神年齢」の概念を導入したことでも知られる。

＊12　シェイクスピア作の喜劇。初演は一六〇〇年頃とされる。作者の故郷であるウォリックシャー州エイボンの田園をモチーフとしたアーデンの森が登場する。

2 情感性

まず、情感性の深い本性について、いくつか指摘しておかなければならない。ブレンターノ、フッサール、シェーラーの仕事は、〈感情〉〔Sentiment〕に関するある種の考え方をドイツに定着させた。これらに関しては、フランスの心理学者も知っておいたほうがよいだろう。実際、情感性に関して、フランスの心理学はリボーの時代のままである。[24] デュマの『新心理学概論』を開いてみても、目にするのは末梢説や主知説などの古びた退屈な議論だ。ジェイムズやナーロウスキー以来、情感性の生理学は、ある程度の進歩を遂げた。だが、感情そのものについては、いっこうに認識が深まっていない。[25] 情感的状態について、「それは体験のことである」とドゥヴェルスオーヴェルが述べたとき、彼は通説を正確に要約している。こういった表現や、それをめぐる注釈によって、感情は対象から根本的に切り離されることになる。感情は、純粋に主観的で、言い表せない一種の戦慄として示されるのだ。この戦慄は、確かに個性的な調子をもっているが、体験する主体のうちに閉じ込められている。感情とは、組織的変容を意識することにすぎず、それ以上ではない。純粋な主観性、純粋な内面性である。このような主張によって、情感性は心的発達の初期段階だとされる。この段階では、いまだ事物の世界は存在せず——人々に相関する世界もない、というのだ。あるのは体験された状態、主観的で、表現できない、性質の流れのみだとされる。下手をすると、情感性は体感[13]と混同されかねない。確かに、情感的状態が、たいていの場合、表象と結びついていることは彼らも認める。だが、その結びつきは外からもたらされる。表象と感情の生き生きした綜合は問題になっていないのだ。要するに、こういった考えは相変わらず観念連合の機械的領域にとどまっている。転移、圧縮、置換、昇華といった連合主義心理学の仕掛けにすぎない。文学もそれ以上に進んだわけではない。古くもあり、奥深くもあった、尊敬－愛というパスカルの理論[14]への反発から、一九世紀の作家たちは感情を、たまたま表象と結びつくこともあるが、表象する対象との現実的関係をもたない気まぐれな現れの総体にしてしまったからだ。そればかりか、感情は対象をもたないとされたのである。実のところ、私の愛と私の恋人との絆は、プルーストとその信奉者たちにとっては隣接の絆でしかない。かくして、心理学者や小説家において、人は一種の情感性の独我論に至る。なぜこのような奇妙な発想になるかといえば、感情を記号的意味作用から切り離してしまったからである。

　実は、情感的状態など存在しないのだ。つまり、意識の流れによって運ばれ、ときとして偶然によって表象に結びつくような惰性的な意識内容など存在しないのである。反省をしさえすれば、情感的な諸々の意識が見えるだろう。歓喜、苦悩、憂愁、それらは〔状態ではなく〕意識なのだ。それらに関しても、意識の大原則を適用しなければならない。あらゆる意識は何ものかについての意識である、という原則である。要するに、感情とは、特別の志向性をもち、自己を超越する――数あるうちの――一つの仕方のことなのだ。憎悪とは、誰かについての憎悪であり、愛は誰かについての愛である。ジェイムズは言った、憎悪や憤慨の生理学的表明を取り除きなさい、そうすれば、残るのは抽象的判断のみで、情感性は消えてしまうだろう、と。それに対して、今日では次のように答えることができるだろう。憎悪や憤慨といった主観的現象を生み出そうと試みなさい、ただし、それらの現象を憎んでいる人や不正な行動へと向けずにそうしてみなさい。そうすれば、身を震わそうが、拳《こぶし》で叩こうが、顔を紅潮させようが、内面の状態は憤慨や憎悪とはまったく別ものであるだろう、と。実際、ポールを憎むということは、彼を意識の超越的対象として志向することである。ただし、主知主義的過ちを犯して、ポールが知的表象の対象として現前しているなどと思ってはならない。確かに、感情は対象を目指す。ただし、情感的という独自の仕方で目指すのである。古典心理学（すでにラ・ロシュフーコーもそうだったが）は、感情はある種の主観的な感じ〔tonalité〕として意識に対して現れると主張する。だが、それは反省的意識と非反省的意識を混同することだ。感情がそのようなものとして反省的意識において見られるのは、反省的意識がこの感情についての意識であるからにほかならない。だが、憎悪の感情は、憎悪についての意識ではない。憎むべきものとしてのポールについての意識なのだ。愛とは、まずは愛そのものについての意識ではない。そうではなく、愛される者の魅力についての意識である。ポールを憎むべき人、腹立たしい人、感じのいい人、怪しい人、魅力的な人、不快な人、等々として意識することは、ポールに新しい性質を与えることであり、ポールを新しい次元に従って構成することである。ある意味で、こうした性質は対象の特性ではなく、実のところ「性質」という言葉そのものが不適切なのだ。これらは対象の意味をなすのであり、対象の情感的構造である、と言うほうがよいだろう。これらは対象全体を通して全面的に広がるからである。性質が消えてしまえば——人格喪失症の場合のように——知覚は相変わらずそのまま保たれ、事態も手つかずのように見えるにもかかわらず、世界はきわめて特異な仕方で貧しくなる。ある意味で、感情は一種の認識として与えられるのだ。たとえば、私がある女性の白くて繊細な長い手を愛するとしたら、その手に向かう愛は、手が私の意識に現れるときの現れ方の一つとみなされうる。感情こそが、その手の繊細さや白さ、手の動きのきびきびした様子を目指すのである。こういった性質についての愛でない愛など、何だろうか。それゆえ、感情は、繊細さや白さやきびきびした様子が私に現れる、ある仕方である。しかし、それは知的認識ではない。繊細な手を愛することは、繊細にその手を愛する、ある仕方だと言えるだろう。それればかりか、愛は表象的性質である指の繊細さを志向するのではない。愛は対象の上に、その繊細さや白さの情感的意味と呼びうる、ある色調を投影する。〔D・H・〕ロレンスは、ただ単に対象の形や色を描いているだけに見えながら、対象の最も深い現実性を構成するひそかな情感的構造を暗示するのに長《た》けている。インディアンたちの奇妙な魅力に圧倒されたイギリス人女性の例を見てみよう。

「話をしているのは相変わらず同じ男だった。彼は若く、きらきらと輝く大きく生き生きした眼で、彼女を横目づかいに見ていた。陰気な顔に柔らかい黒い口髭と、まばらで縮れた顎鬚の房がたくわえられていた。艶《つや》のいい長い黒髪は肩に無造作に垂れ下がっていた。彼は陰気で、長いこと身体を洗っていないようだった(26)」。

表象するものは、一種の優位性を保つ。きびきびした、白くて繊細な手は、まずまったく表象的複合体として現れ、次に情感的意識が引き起こされて、手に新たな意味を与える。そうした状況で、情感的意識が目指す対象なしで情感意識を生み出したらどうなるのか、と問うてみよう。

まずは、表象的なものの優位性を誇張したくなるかもしれない。感情を生み出すには常に表象が必要である、と主張するかもしれない。だが、これ以上の誤りはない。というのも、まず感情は他の感情によっても生み出されるからである。さらには、表象が感情を引き起こす場合でさえ、感情がその表象を目指すことになるとは言えない。私が友人のピエールがかつて暮らしていた部屋に入って、見慣れた家具を目にしたとする。すると、おそらく何らかの情感的意識が生み出され、それは家具に直接向かうかもしれない。だが、それがピエール本人を目指して、他のどんな対象も目指さない感情を生み出すこともあるだろう。これでは問題はまったく未解決のままだ。

今度は、その人がいないところで、ある女性の白くて美しい手を思い起こし、感情が再び現れる場合を仮定しよう。正確を期して、この感情には知がまったく含まれていない、と想定しよう。もちろん、これは極端なケースだが、そう想像する権利はあるだろう。

この感情は、純粋に主観的な意識内容ではなく、あらゆる意識に関わる法則を逃れるものではない。つまり、この感情は自己を超越する。この感情を分析すれば、一つの第一次的内容が見出されるが、この内容はきわめて特殊なタイプの志向性によって活性化されている。

つまり、ここで問題になっているのは、その手についての情感的意識なのだ。ただし、意識はみずからが目指す手を、手そのものとして、つまり諸表象の総合として定立するわけではない。（さきに仮定したように）知と感覚的表象が欠けているからである。この意識は、むしろ、繊細で、優美で、純粋な何ものかについての意識であり、繊細さと純粋さの厳密に個別的な色合いをともなっている。その手のうちにある、私にとって比類なきもの――たとえイメージ的知であるとしても、知という形では表しえないもの――指先の皮膚の色調、爪の形、指骨のまわりの小さな皺、それらすべてが私に現れる。だが、そうした細部は表象的側面としては現れない。細部の意識をもつとき、私はそれを描写にも応じない未分化の全体とみなすのだ。この情感的全体は、最も明瞭で、最も完全な知にも欠けている性格をもっている。それは現存している。実際、感情は現前しており、対象の情感的構造は特定の情感的意識との相関関係において構成されているからである。したがって、感情は空虚な意識ではない。それは、すでに所有〔possession（＝憑依）〕なのだ。この手は情感的形式の下で私に与えられるのである。

今度は、私の感情は、この手を単純に情感的に想起していないと仮定しよう。さらに、その手を欲望している、と仮定しよう。当然のことながら、欲望とは何よりも、欲せられる対象についての意識である。そうでなければ、どうして欲することができるだろうか。だが――この欲望がいかなる知も含まないと仮定した場合――欲望は対象を認識できず、一人では対象を表象として定立することができないだろう。したがって、欲望は、新たな総合において、対象の情感的意識に付け加わる、と言うべきだろう。だとすれば、ある意味で、欲望とはそれだけですでに所有するための手を欲望するためには、欲望は手を情感的形式で定立しなければならない。そして、欲望が向かうのは、この情感的等価物に対してなのだ。だが、欲望は手を手それ自体としては認識しない。たとえば、疲労困憊させ、一睡もできない一夜を過ごしたあと、きわめて明確な欲望が私のなかに生まれるのを感じることがある。感情の面から言えば、欲望の対象は厳密に決定されており、取り違えることはありえない。ただ、私はそれが何なのかは知らないのだ。何か冷たくて甘いものを飲みたいのか。眠りたいのか。それとも、性的欲望なのか。私は無駄にあれこれ考えて、疲れきってしまう。実を言えば、錯覚に囚われているに違いないのだ。すなわち、疲れを背景にして、ある意識が生まれ、その意識が欲望の形をとる。もちろん、そうした欲望も対象を定立する。しかし、対象は、ある情感的意識の相関者として以外には存在しない。それは飲み物でも、睡眠でも、何ら現実的なものでもなく、それを定義しようとする努力はすべて、その本性上、失敗せざるをえない。

要するに、欲望とは、すでに情感的次元で与えられているものを表象的次元で所有するための盲目的努力である。欲望は情感的総合を通して彼方を目指す。その彼方を欲望は予感しているが、認識することはできない。欲望は、情感的な「何か」に向かうが、それは現に与えられており、欲せられた事物の代理表象物として把握される。このように、欲望の情感的意識の構造は、すでに想像的意識の構造と同じである。イメージにおいてと同様に、現前している総合が不在である表象的総合の代用品として機能するからである。

「布置説」、「興味の法則」などの名前でリボーの著書にさえ見られる、ある種の心理学説によれば、感情とは、無数のイメージのなかから一つのイメージを選び出す機能であり、感情を定着するイメージを意識に引き寄せることである。だからこそ、エナールは書くことができた。「意識能力がある存在において、一切の感情の波は、おのれを正当化してくれるイメージを引き起こす傾向がある。外的対象に結びついた一切の感情は、そうした対象の内的表象によって正当化され、表現される傾向がある」[*15]。

だが、そうだとすると、イメージは情感的状態とは根本的に異質な心的組成物であることになってしまう。それでいて、多くの情感的状態にはイメージがともない、イメージは欲望を前にして欲せられるものを表象することになる。こうした理論は誤りに誤りを重ねるものだ。イメージと対象が混同され、内在性の錯覚に陥り、情感的志向性が否定され、意識の本性を完璧に誤解している。実際には、すでに見たとおり、イメージとは感情にとってある種の理想であり、イメージは情感的意識にとって一つの極限状態を、つまり、そこでは欲望が同時に認識であるような状態を表しているのだ。イメージは、降格した知がそれへと向かう下限として与えられることもあるが、みずからを認識しようとする情感性がそこへと向かう上限としても現れる。だとすれば、イメージとは情感性と知の総合ということになりはしないだろうか。

この種の総合の本性を理解するには、物理的混合物の比喩を放棄する必要がある。知の意識であると同時に情感的意識でもあるような意識のうちでは、一方に知が、他方に感情があるわけではないだろう。意識というものは常に自分自身に対して透明なのだから、その意識は全面的に知であると同時に、全面的に情感性でなければならない。

美しい白い手の話に戻ろう。もし純粋な情感的意識の代わりに、私が認識的‐情感的意識を生み出すなら、その手は知の対象であると同時に、感情の対象である。あるいはむしろ、その手は、知である情感性と、感情である知識によって定立される。欲望は対象を定立するが、それは手の情感的な等価物である。すなわち、超越的な何ものか、私ではない何ものかが、意識の相関者として与えられるのだ。だが、同時に、この何ものかはイメージ的知を満たしにやって来る。つまり、この何ものかとは「手」であるという認識に私は襲われる。この確信は突然現れる。この情感的対象に対して、私は準‐観察の態度をとる。まさにそこに手はある。手に浸透する知は、私にそれを「ある女性の手、白い手」などとして与える。同時に、感情は情感的次元において、白さや繊細さなどの感覚のなかにある名状しがたいものを再生する。感情は、空虚な知に、前章で言及した不透明性を与える。私の意識の前にある超越的なものとしての対象は白くて繊細な手に該当することを、私は知っている。同時に私は、その白さ、繊細さ、とりわけ相変わらずかくも特別なこの手の本性を感じている。だが、同時に、私はこの手がまだ実在には至っていないことを自覚している。私の目の前にあるもの、それはこの手の代替物である。この代替物は具体的で充実しているが、それだけでは実在するには不十分である。そこに現前しているとき、この代替物は私に手を全面的に与えてくれるが、それと同時に、その本性からして、自分が定立する手を要請するのであり、私はこの代替物を通して手を目指していることを意識している。ここで、心的イメージの本質的性格を思い出していただきたい[27]。それは、対象がまさに現前しながら不在であるための仕方であるというものだった。ここで、この特徴が改めて見出される。実際、今記述したばかりの情感的‐認識的総合は、イメージの意識の奥深い構造にほかならない。今後、より複雑な想像的意識、あるいは逆に情感的要素がほとんど除外されている意識と出会うかもしれない。だが、もしイメージをその源泉において捉えたいなら、イメージの意識のこの奥深い構造から出発しなければならない。とはいえ、〔認識‐情感〕以上のものは何一つ含まないイメージも多い。色や味や風景や顔の表情を対象としたイメージのすべて、要するに形態や運動以外の感覚的性質を主に目指すイメージは、みなそうだ。スタンダールは次のように言っている[28]。「私は事物の相貌を見ることができない。私にあるのは子どものときの記憶だけだ。イメージを見て、それが私の心に及ぼした結果については覚えているが、原因と相貌はまるで覚えていない。一連のはっきりしたイメージは見えても、相貌としては私にとって意味のあるものしか見えない。そればかりか、そういった相貌が見えるのも、それらが私の上に生み出した結果についての思い出を通してだけなのだ」。

原注

（24）リボー〔Théodule Ribot〕『感情の心理学〔*Psychologie des sentiments*〕』〔Alcan, 1896〕。

（25）　情感性を行動の特殊なタイプとして提示しようとするジャネ〔Pierre Janet〕氏の著作（『不安から忘我へ〔*De l'Angoisse à l'Extase*〕』）やヴァロン〔Henri Wallon〕氏の著作は例外扱いにしなければならないだろう。そうした行動の観念は、確かに進歩していると言えるが、にもかかわらず、相変わらず曖昧で、矛盾している。拙著『情動論素描〔*Esquisse d'une théorie des Emotions*〕』（Hermann, 1939）を参照されたい〔訳注――サルトルは『情動論素描』で感情の機械論的解釈を批判し、感情の志向性を主張したうえで、感情を合目的的行為とみなしている〕。

（26）　ロレンス〔D. H. Lawrence〕『馬で去った女〔*The Woman who rode away*〕』〔一九二八年〕。『チャタレー夫人の恋人〔*L'Amant de Lady Chatterley*〕』〔同年〕における密猟監視人の描写、『翼のある蛇〔*Le Serpent à plumes*〕』〔一九二六年〕におけるドン・キプリアノの描写、『大尉の人形〔*Captain's Doll*〕』〔一九二三年〕における大尉夫人の描写も参照されたい。

（27）　本書、第二部第1節〔サルトルは「第一部第二章第1節」と記しているが訂正した〕を参照。

（28）　スタンダール〔Stendhal〕『アンリ・ブリュラールの生涯〔*Vie de Henri Brulard*〕』〔in *Œuvres intimes*, édition établie par V. Del Litto, tome 2, Gallimard (coll. « Bibliothèque de la Pléiade »), 1982, p. 705〕〔訳注――途中に省略があるが、サルトルはそれを明記していない〕。

訳注

＊13　cœnesthésie（全身感覚、体感）は、ギリシア語の koinos（共通）と aisthēsis（感覚）から合成された言葉で、共通感覚のことであり、身体のさまざまな部分から脳に達する感覚であり、意識下にあって自我の原始的な基礎を構成していると考えられている。全身の状態の感じと言えるもので、快と不快、健康感、疲労感、衰弱感などとして体験されている。

＊14　「尊敬‐愛（l'amour-estime）」という表現はパスカルには見当たらないが、ここでは『パンセ』に頻

出するamour propreと同義だと思われる。パスカルは自我と自己愛を徹底的に批判したことで知られるが、サルトルがここで考えているのは、たとえば『パンセ』のなかの以下の一節だろうか。「自己愛とこの人間の「自我」との本性は、自分だけを愛し、自分だけしか考えないことにある。だが、この自我は、どうしようというのか。彼には、自分が愛しているこの対象が欠陥と悲惨に満ちているのを妨げるわけにはいかない。彼は偉大であろうとするが、自分が小さいのを見る。幸福であろうとするが、自分が惨めなのを見る。完全であろうとして、不完全で満ちているのを見る。人々の愛と尊敬の対象でありたいが、自分の欠陥は人々の嫌悪と侮蔑にしか値しないのを見る」（ラフュマ版九七八、セリエ版七四三）。

＊15　アンジェロ・エナール（Angelo Hesnard）『自己意識の相対性（*La Relativité de la conscience de Soi*）』（Alcan, 1924）。

3　運　動

イメージと運動のあいだの緊密な関係を強調した著者は多い。ギヨームは、その博士論文で、いかにしてイメージが少しずつ「運動の動因に、そして同時に制動の要因に」なるかを明らかにした[29]。ドゥヴェルスオーヴェルの実験は、イメージには一連のかなり軽微な運動（指の振戦《しんせん》など）＊16がともなうことを証明しているように思われる[30]。しかし、それらの観察のどれも、イメージを単に運動の条件として提示しがちである。われわれは、逆の方向から、運動が、もっと言えば運動感覚が、イメージの構成に本質的な役割を演じているかどうかを検討したい。

ピエロンの興味深い研究が出発点を与えてくれるだろう。(31) 彼は被験者たちに錯綜した線から成る図形を提示したうえで、その図形を記憶で描くよう指示した。以下が、この実験に関する彼の指摘のいくつかである。

「Sp氏。四回目の提示からは、方法的に見つめるようになる。言葉で表そうとしたが、時間がないため、眼の運動を利用することにし、眼球運動に従って線を再生する。彼の行動を観察した結果によれば、彼は見つめながら、眼の運動によって線をたどり、そこに手の協働による運動が加わって線の模写を描き上げ……言葉をいくつか小声で発するたびに(「ほら!」「よし」)何度か手を止め、観察したり、明確に述べられないつぶやきを発したりする……」。

「To…氏。最初の提示で、彼は非常に線の数が多く、それをきちんと見るのは難しいということに驚く。〔図形が示された〕検査表が消えてしまうと、イメージがまだ残っているという印象をもち、イメージを急いで描き取ろうと努めるが、あまりにもすぐに消えてしまうので、彼はそれをうまく利用することができない。最初の数回は大きな線しか見ていなかったため、二回目の提示のときは検査表が同じものであることはわからなかった。検査表を知的に読み取ろうとするため、あちらこちらに小さな線があることはわかっているが、線がどちらに向かっているのかがわからなくなる。彼は少しずつ観察や読み取りによって認識を深める(ここに鋭角があり、あそこにほとんど平行している二つの線があり、一方の線はもう一つの線より少し太い……等々)。彼を観察すると、ほんの少し眼球を移動させながら頭を動かし、また手を動かすことによって、線をたどっているように見える」。
「Fa…氏。彼は幾何学的に捉えようとして、すぐに検査表の左側に小さな三角形があるのに気づくが、必要な「コツ」がわかるまでには至らない。彼は線の数を数え、線の一点への集中や平行などについて指摘する。彼は遠くから眼球の小さな運動によって見つめる……。一週間後に図形を再現させてみると、幾何学的図式化の影響が歪みをもたらしているのがわかる。すなわち、主要な線が菱形にまとめられているのである……」。

　このように、被験者たちは、図形を再現できるようになりたくて、運動や記憶に役立つ特徴といった、運動を行うための規則に還元されるものを心にとどめようとする。その後、彼らが図形の想像的意識を形成する際、運動は、素描にすぎないものであれ、完全に実現されたものであれ、イメージの土台の役割を果たすことになる。

　ところで、対象は視覚的知覚によってもたらされていた。原則として、人は自分の身体運動について、特別なタイプの感覚、すなわち運動感覚を通して直接的に教えられるので、以下の問いが立てられる。「いかにして運動感覚は、視覚的知覚によって与えられた対象を目指す想像的意識にとって、素材の役割を果たすことができるのか」。

　事柄それ自体に疑問の余地はない。ドゥヴェルスオーヴェルは、一連の実験全体を通して明確にした[32]。

　彼の結論はこうだ。「筋肉の状態を意識へと翻訳した心的イメージが存在する。状態そのものは被験者に感知されず、意識のなかでそれとはまったく異なるイメージを引き起こす。

そのものとは質的に異なる」。

だが、この確実だとされる現象については説明が与えられていない。ドゥヴェルスオーヴェルの記述の仕方そのものも、満足のいくものからは程遠い。われわれもまた、この事態の説明を試み、できることなら解明してみたい。

眼を見開いて、自分の右手の人差し指を見つめるとしよう。人差し指で、曲線や幾何学的図形を宙に描いてみる。すると、曲線がある程度、指の先に見える。それはまず、網膜の印象がある程度残っていることが原因で、人差し指はすでにないのに一種の航跡が残るためだ。だが、それだけではない。指のあったさまざまな位置は、継起的で孤立したものとして与えられるわけではない。確かに、それぞれの位置は具体的で還元できない現在〔＝現前〕ではあるが、これらの現在は単なる意識内容として外的に互いに結び合っているのではなく、内的に精神の総合的作用によって結びつけられているのだ。フッサールは、こうした特殊な志向を見事に記述している(33)。この志向は、生き生きした具体的な「今」から出発して、直近の過去に向かい、それを把握して、また直近の未来に向かい、未来を把握する。彼はそれを「過去把持」、「未来予持」と呼んでいる*17。過去把持は、それだけで運動の連続性を構成しているが、それ自身はイメージではなく、消滅したばかりの運動の位相に向かう空虚な志向である。心理学用語を用いるなら、それは現在の視覚的感覚をめぐる知であり、この知は今をある種の性質をもったあとでもあるものとして、すなわち、他のどんな感覚でもなく、まさに今消え失せたばかりの感覚に続くあとであるものとして出現させる。未来予持のほうは期待であり、その期待は先ほどの視覚的感覚を前でもあるものとして与える。もちろん、この視覚的感覚は「後」としてと同様に「前」としても厳密に決定されるものではない。というのも――あらかじめ決まっている運動を行うという特権的な場合は別にして――あとから来る感覚は全面的には認識されていないからである。だが、あとから来る感覚は、すでにかなり明確な期待によってあらかじめたどられている。すなわち、私は一定の位置に基づいて、私の人差し指の運動によって生み出される視覚的感覚を期待する。いずれにせよ、過去把持と未来予持は、現在の視覚的印象の意味を構成している。この総合的作用がなければ、印象について語ることはほとんどできないだろう。この作用の相関者である「前」と「後」は、空虚な形式として、等質的で無差別な枠組みとして与えられるのではない。現在の感覚は、それに先立ち、あとに来る具体的で個別的な印象とのあいだに具体的で個別的な関係を保っている。

　だが、正確を期する必要があるだろう。すべての意識は、何ものかについての意識である。今しがた過去把持と未来予持を印象を目指すものとして示したのは、単純化するためだった。両者が実際に目指すのは、印象によって構成された対象である。つまりは人差し指の軌道である。その軌道は、もちろん静的な形で現れる。すなわち、軌道は指が通過した道として、また、より漠然とした形で、指の現在地の向こう、これから通過すべき道として与えられる。ちなみに、通過した道——あるいは、その道の一部——のほうは、印象が網膜の上に残存することで生み出された漠然とした光跡の形をとって現れる。

不動の形象となって構成されたこれらの視覚的印象に、それらにひそかにともなう、こちらは運動的〔kinesthésiques〕な印象（皮膚や、筋肉や、腱や、関節の感覚）が合体する。運動的印象はより弱く、その要素は視覚による堅固で明瞭な知覚によって全面的に支配されているだけでなく、ときには歪められていることすらある。これらの運動的印象が過去把持や未来予持の支持体であることは間違いない。だが、この志向は二次的であり、厳密に言えば、視覚の印象を目指す過去把持と未来予持に従属している。そのうえ、運動的な残存というものはないので、それらはすぐさま消える。

今度は眼を閉じて、指で先ほどと同じ運動を行ってみよう。視覚的なものの支配から解放され、運動的印象は力強くはっきり現れる、と想定されたことだろう。ところが、実際にはまったくそうはならない。なるほど、視覚的感覚は消えたが、同様に運動的感覚も消えることが確認されるのだ。意識にやって来るのは、形成されつつある形としての運動の軌道である。人差し指の先で数字の8を描くとき、私に現れるのは、形作られつつある、その8である。それはスクリーン上に次々と形作られる映画の広告の文字に少し似ている。確かに、その形は私の指の先に与えられる。しかし、形は運動的形象として現れるのではなく、視覚的図形として現れるのである。

だが、すでに見たように、この視覚的図形は、視覚的感覚によって与えられるのではなく、眼を開けば指先に見えるであろうものとして現れる。それはイメージとしての視覚的形象である。ドゥヴェルスオーヴェルとともに、運動はイメージを喚起する、と言いたくなるかもしれない。だが、この解釈は受け入れられない。まず、イメージは人差し指の先で直接的に把握されるからである。さらに――われわれとしては、運動がそれ自身、無意識的でありながら、イメージを喚起すると認めることはできないので[34]――運動的感覚は、この仮定に立つなら、それが喚起するイメージの隣に存続することになるからである。ところが、運動的感覚は、本物の視覚的印象によって覆い隠されているときより、さらに独立性を欠いている。あたかもイメージに飲み込まれたかのようであり、たとえ再び見出そうとしても、それが出現するときにはイメージのほうが消えてしまう。だとすれば、単に、運動的印象は視覚的形象の類似的代理物〔substitut〕として機能する、と言うべきなのだろうか。それは、より真実に近いし、そのうえ、先に図式的デッサンを把握する際の眼球の運動の役割を検討したとき、すでにそうした事例が見られた。だが、こんなふうに示されてしまう類似的代理作用は、ほとんど了解できないように思われる。まるで、巻き上げ機は水上飛行機の類似的代理物として機能する、と聞かされているようなものだ。さらに、自分で自分を観察すれば、イメージは運動がいったん停止しても存続するということ、つまり、イメージは最後の運動的印象のあとも生き残り、まさに私の指が動き回った場所にイメージが少しのあいだ残っているように見えるということが確認できるだろう。だが、机上の空論にならないように、代理作用の仕組みをより詳細に検討する必要がある。

実を言えば、運動の知覚を構成する印象がすべて一挙に与えられていたなら、問題は解決不可能になってしまうのだ。ところが、この印象の特徴は、次々としか現れない点にある。それでいながら、どの印象も孤立した内容として与えられることはない。印象は、それぞれが運動の現在の状態として現れる。それもそのはず、すでに見たように、一切の視覚的印象は過去把持と未来予持の作用点のようなものであり、過去把持と未来予持は、運動によって描写された形象の連続性のなかに印象の位置を決定するものだからである。運動的印象もまた、過去把持と未来予持の作用によって結び合わされる。もしそうした作用が運動のすでに消えた過去の状態や、これから来る未来の状態をそれらの運動的印象の形の下で把持または予持することだけを目指すなら、われわれは結局、運動的知覚、つまり実際に存在する運動的形象の意識をもつだろう。

けれども、これは最もよくある例ではない。一般には、視覚的印象のほうが、漠然とした弱い運動的印象にまさっている。視覚的印象は、たとえ不在であっても幅を利かせ、私はそれをさらに求める。視覚的印象だけが調整的な役割を果たすことができる。ドゥヴェルスオーヴェルは、被験者が眼を閉じて二本の同じ長さの線を引かなければならないとき、指先を視覚的に表象することでそれを行うことを明らかにした。したがって、よくあるのは、過去把持や未来予持が、私が視覚器官によって知覚する場合にするようなあり方で、運動の消えてしまった位相を保持したり、未来の位相を予期したりすることである。もちろん、これは以前に記述した降格した純粋な知だ。とはいえ、意識が最初から特有の態度をとることは、認めなければならない。すなわち、一切の過去把持は、ここでは同時に運動的過去把持から視覚的過去把持への転換である。この転換する過去把持に関しては、別途、現象学的記述をする必要があるだろう。未来予持が何なのかを想像するのは、よりたやすい。未来の印象は転換させられる必要がないからである。意識は、そのつど現在の感覚的内容に基づいて視覚的感覚を期待する。

これらの志向〔過去把持と未来予持〕の支持体である具体的印象はどうなるのだろうか。それは、本性上、運動的なものである。したがって、視覚的なものとして与えられることはないだろう。だが、そのうえ、非常に特殊な性質をもった「後」としても把握される。それは視覚的なものとして与えられる過去の帰結、最先端である。同時に、未来へと延長していく一連の内容の現在における瞬間として現れる。このように、具体的印象は、一方では志向された形象の唯一の具体的要素であり、それこそが志向された形象に存在感を与え、降格した知にそれが目指す「何ものか」を供する。だが、他方では、具体的印象がみずからの意味と射程と価値を引き出すのは、視覚的印象を目指す志向からなのである。すなわち、具体的印象そのものが、視覚的印象として期待され、受け取られる。確かに、それだけでは具体的印象を視覚の感覚とするのに十分ではないが、具体的印象に視覚的意味を与えるには、それで事足りる。したがって、視覚的意味をそなえた運動的印象は、視覚的形象のアナロゴンとして機能することになる。この印象が過去に滑っていくとき、それは視覚的印象の形をとってのことだろう。とはいえ、時間は流れ、運動は終わる。過去把持的知は、かなり増大してしまっている。視覚的軌道の大部分が目指されるのは、この知を通してである。だが、過去把持的知は、常に現在の感覚を支点にする。現在の感覚だけが過去把持的知に一種の現実性を与えることができる。最後の印象が消えても、なお航跡のように、満たされたことを意識しているイメージ的知が残っているが、次に、支えがないので、この最後の跡も消える。そのとき、包括的な過去把持が起こるのだ。

　ここまでは、手の動きが偶然になされたと想定してきた。その場合、知は運動とまったく同時的である。しかし、知が運動より前に与えられる事例を考えることもできる。そのとき運動の役割は、知を明らかにすることである。最初は、形象は空虚で、分化は不完全である。少しずつ未来予持的知が過去把持に変化する。それは明瞭になり、正確になる。同時に、それは先ほどまで実在していた具体的印象を目指す。未来予持と過去把持の関係は、等価の関係となり、次いで逆転する。知のこのようなゆっくりした明瞭化は、そうしたときに現在の感覚が過去に陥ることなしには起こりえないが、結局は運動に方向性を与える。すなわち、現象の総体は不可逆的である。そうしたことは、指で数字の8を描こうと決めたときに生じてくる。フラッハの象徴的図式の事例も、それにあてはまる。[35] 純粋空間のこれらの規定（直線、曲線、角度、輪《ループ》など）は、われわれの考えでは、アナロゴンとしての役割を果たす運動的印象によって生み出され、眼球の移動によって引き起こされる。形象——それはまず漠然とした知によって目指されるが、この知は未来から過去に反転されることで明確になる――は、もちろん静的なものとして与えられる。指が描く8は、目の前の空間にある。それは決して動かず、ただ存在しているだけだ。だが、志向は場合に応じて変化しうる。すなわち、私は意図的に形象そのものを目指すこともできる。その場合、具体的印象、すなわち「今」は、未来予持を過去把持に変えるものとして、あるいはむしろ――というのも意識は対象に向けられるから――形象を可能態から現実態に移行させるものとしてのみ把握される。私は、さらに特殊な場合には、瞬間的な具体的印象を目指すこともできる。すなわち、過去把持と未来予持は――それらの重要な役割を演じ続けるとしても――ここでは印象に従属したものとして現れる。印象は現実態として存在している図形に沿って移動する運動体として与えられるだろう。さらに中間的な場合も存在しており（それが大部分である）、そこでは運動体が形象に従って移動することで、形象を可能態から現実態に移動させる。以上の記述の一切は、私が運動の受動的知覚と呼ぶもの、つまり、誰かが指で私の手のひらや頰の上に描く図形の知覚にもあてはまる。そこにも運動の視覚化がある。これは、われわれがささやかな調査の際に気づいたことだ。被験者に眼を閉じてもらい、手のひらに形象を描いて、当てさせてみた。「Zです。私にはあなたの人差し指の先にある、その形が見えます」と被験者は言った。

今しがた検討した複数の場合には、運動体は図形を完全に描き出す。だが、被験者が自分の描く図形をあらかじめ知っていると、しばしば運動の概略だけで満足する。それは心理学者たちが「運動の素描」、「下描きされた運動」、「抑制された運動」と呼んだものである。これらの表現、とりわけ三つ目の表現は、きわめて不明瞭だ。しかし、それらの名の下に研究された現象は、きわめて簡単に説明できるように思われる。まず、運動あるいは運動によって描かれた図形についてのどんな意識も――最初の瞬間と最後の瞬間を除けば――具体的印象によって、過去把持と未来予持を切り離す感覚的直観によって構成されている、ということを思い出そう。したがって、空虚な知を運動や形象によって実現することは、実のところ、この知の内部に二つの方向を生み出すことなのだ。一方で知は過去を把持するために過去に向かい、他方で未来を予期するために未来を目指す。この区分を知の内部で起こすには、瞬間的印象を考えるだけで十分だろう。あるいは、瞬間性が極端だとすれば、少なくとも非常に短期間の現実的運動だけで十分だろう。この期間は、必ずしも運動の最初の段階としては与えられないだろう。たとえば、私が8のイメージを生み出したい場合を想定しよう。最初の志向は8についての未分化のイメージ的知を内包している。この知は、空虚な想像的志向という資格で一瞬現れる輪〔ループ〕の知を含んでいる。そのとき私は、先立つ瞬間の空虚な知と総合的に関係することで、aからbに眼をわずかに動かす。この空虚な知は、たとえば8の字の枝の一つを私に与えるだろう。そのとき、輪の想像的な純粋知だったものが、過去に滑り込むことで、過去把持となる。しかし、運動が長いあいだ延長されないとしても、意味は運動のあとも残り続ける。運動はbにおいて停止するが、bにおいて運動は「輪の始まり」として与えられ、この具体的印象に基づいて、輪の未来予持は未来に突進

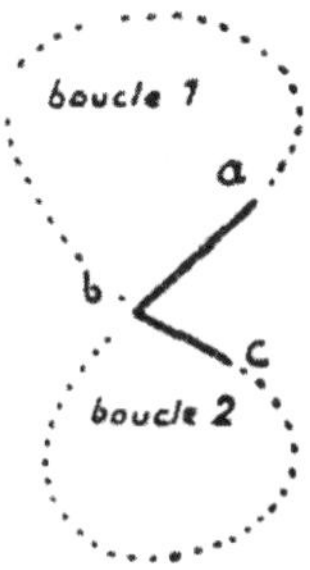

する。つまり、私は描写された運動を輪の一部に沿って果たされるものとして捉える。それだけで輪の想像的な純粋知を過去把持の状態に移行させるのには十分である。同時に私は、bを越えて一つの輪を未来予持的に前方に伸ばす。それらの輪は、私の現実的運動の彼方に、そして手前に、非現実的に存在するものとして与えられる。bから出発して、私はbからcへの眼球の新しい運動を行う。運動bcは、輪1を延長させるものとして与えられると同時に、輪2に沿って果たされるものとして与えられる。そのとき、輪2は想像的未来予持の対象となる。つまり、そのような二番目の輪は、私の運動の意味となる。私がこの運動を捉えることができるのは、それがイメージとしての輪に沿って行われるかぎりにおいてのことにすぎない。こうして、abcを通過する運動を現実に行ったあと、私はこの運動を把握することになり、その際、運動に「8の字」の過去把持的、未来予持的意味を加えることになる。もし私がその運動を現実的運動として把握するなら、その運動はイメージとしての8に沿って行われた運動として与えられるだろう。だが、もちろん、もし私が反対に運動を通して8を静的形象として目指すなら、現実的な運動的印象の上に非現実的に視覚化されるのは、この形象だけである。

　以上の考察から結論をいくつか引き出すときが来た。のちほど見るように、運動は、想像的意識にとってアナロゴンの役割を果たしうる。つまり、運動が視覚とは別の感官によって与えられているとき、運動を了解する意識の構造はすでに想像的なものであって、知覚的なものではないのである。この想像的意識は、これから検討する意識より単純かもしれない。だが、根源的なものである。つまり、根源的に四つの代理作用が生じる、あるいは生じる可能性がある。

(1)一連の運動的（または触覚的）印象は、一連の視覚的印象のアナロゴンとして機能しうる。

(2)運動（運動系〔kinesthésique〕として与えられた）は、動体が描く、あるいは描くとみなされる軌道のアナロゴンとして機能しうる。つまり、運動系は視覚的形象の類似的な代理表象物として機能しうる、ということである。

(3)運動のごく小さな段階（たとえば、ごくわずかな筋肉の収縮）だけで、運動全体を表象するのに十分である。

(4)収縮する筋肉は、イメージとして志向された運動が現実に起こる際に働く筋肉とは限らない。

今やようやく本来の問題に着手することができる。いかにして運動は、想像的意識にとって、対象の類似的な代理表象物の役割を引き受けることができるのか、という問題である。答えは、ただちに予見できる。運動の意識の構造が想像的であるために、イメージ《イメージ》がより豊かになっても、構造はいかなる変容も被らない、というのが答えだ。運動的印象は、すでに視覚的形象を表象していた〔＝代理していた〕ので、より複雑な対象を表象しているもの

〈=代理しているもの〉として機能することになるだけだろう。だが、さらに多くのものが必要だろう。というのも、知はより多くの数の性質を目指すからである。第一部第二章第4節[*18]で、図式的デッサンを見ながら行う「象徴的運動」のなかに、いかにして知が肥大しながら流れ込んだかを見た。ここでも事情は同じである。運動の役割は、いずれの場合でも変わらない。図式的デッサンの場合、それはデッサンの線に基づいてアナロゴンとして働いた。今度の場合、線は不在であり、運動は視覚的感覚によってはあらわにならない。それでも、運動の役割は同じだ。要するに、ある対象のイメージを形成する場合、器官のいくつかの収縮や意志的移動にともなう運動的印象は、常に視覚的形象の代理物にあたることになるのである。だが、視覚的形象は、より広い意味をもつことになる。それは、私の拳《こぶし》、インク瓶、アルファベット文字などの形象をもつ。要するに、何らかの事物《オブジェ》の形象をもつ。実際、数年前、かなり激しい運動をともなうブランコの動きを思い浮かべようと試みたことがある。すると、自分の眼球を少し移動させているとはっきり感じたのだ。そこで改めて、眼を動かさないまま、動くブランコを思い浮かべようと試みた。そして、視線を本の頁番号に固定しようと努めたのである。すると、次のようなことが起きた。眼は意志に反して再び動き始めるか、あるいはブランコの動きを思い浮かべることがまったくできないかのどちらかだった。事情は、まったく単純だ。すでに前に指摘したとおりである。これは、動体の単なる静的形象でも、動体の単なる移動の問題でもない。動体（現在の運動的印象によって表象された）を、図形（円の弧）を可能態から現実態に移動させるものとして理解すべきなのだ。ただし、動体は単に何か未規定の動体であるだけではない。さらに、ブランコのアナロゴンとしても把握されているのである。

したがって、想像的意識《イメージ》に関して二つの類似的な素材があることになる。一つは未来予持と過去把持という付随物をともなった運動的印象、もう一つは情感的対象である。実を言えば、二つの素材は重複しない。情感的代理物は、超越的であるが、外在的ではない。それは、対象の本性がもつ十全性と名状しがたさにおいて、対象の本性をわれわれに与える。〔これに対して〕運動的代理物のほうは、超越的であると同時に外在的である。それは深遠なものは何も引き渡さないが、それによってわれわれは対象の形象を他とは異なる性質のものとして把握するのであり、それこそがイメージとしての対象を「外在化し」、位置づけ、方向を、そして必要なら運動を指し示す。したがって、この二種類のアナロゴンは、意識の同一の作用の相関者として同時に存在しうる。三つの場合があるだろう。

(1)イメージ的知の類似的な相関者が情感的対象である〔場合〕。その構造については前章で記述したが、あとで再び取り上げる(36)。

(2)知の相関者が運動である〔場合〕。この場合、たいてい純粋空間の諸決定に関わっている。これについては、のちほど象徴的図式や共感覚*19との関わりで述べる(37)。

(3)完全なイメージが、対象をその深い本性において現前させる情感的アナロゴンと、対象を外在化して対象に一種の視覚的現実性を与える運動的アナロゴンとを含んでいる〔場合〕。と同時に、覚えやすい運動によって生み出された運動的アナロゴンは、記憶術の卓越した手段である。《クリミア戦争の兵士たちの帰還》[*20]の絵〔イメージ〕を見せられた被験者は、その絵をあとでとても正確に描写した。解釈したのか、描写したのか、どちらなのか尋ねると、彼は言った。

「私はとりわけ線の動きに従って再構成しました」。

また、その少し前に彼は言っていた。

「私はとりわけ下から上に向かう動きによって絵を思い浮かべたのです」。

実際、この動きは、絵の上方に平行に並ぶ数多くの銃剣によって、きわめて特徴的に表現されていた。被験者は、そのとき頭のなかに、下のほうでいくつかの半円形によってつながっていた垂直線によって形成された図形を思い浮かべた、と言った。この図形が、彼にとっては、この絵を表象していた。もちろん、図形は運動《キネスティック》的な起源をもっており、その意味のすべては知から引き出されていた。だが、情感的対象が外在性をもつと言うのは不正確だろう。それは、ただ超越的なだけなのだ。したがって、二つの代理物のあいだには、いかなる空間的関係もない。二つの代理物がそれぞれ固有の仕方で同じ対象をあらわにしていると断言するためには、意識の特別な作用が必要だ。もちろん、イメージに統一性を与えるのは意識の統一性である。

以上の分析が正確であり、運動についての非視覚的把握がそれ自体、想像的構造をもっているのなら、そこから下すべき結論はこうだ。意識は常に、あるいはほとんど常に、多くの未分化な表象をともなっており、その表象が運動的把握なのか、イメージなのかを被験者本人は言うことができない。実際、これこそがヴュルツブルク学派の心理学者たちの実験が明らかにしたことである。

ビュルルーは書いている[38]。「こうした象徴主義的な何かが、思考の働きにともなう運動的表象のなかに見出される。表象はとても曖昧なので、被験者は、それがイメージなのか、運動の感覚なのかは必ずしもわからない。何かを探しているときの、まなざしが行ったり来たりする様子、頭の往復運動。「同意するために頭を傾ける際の一種の象徴的感覚」。「顔を何ものかから逸《そ》らすことで思考を抑圧するときのように、象徴的感覚（あるいは表象）を一緒にともなった顎に痙攣が起きたような圧迫感〔歯を食いしばる様子〕」。疑っているときの「身体の姿勢や手の動きの不安定さ」。それらの現象は、すべて知的過程にも情動的過程にも緊密に混じり合っている。被験者は、たいていの場合、自分がもっているのが態度の意識なのか、それとも意識の態度なのかを明らかにすることができない」。

このように、イメージの明瞭な意識の手前には薄明かりの地帯があり、そこに、ほとんど捉えられない状態、すでにほとんどイメージである空虚なイメージ的知、運動の象徴的把握が、すばやく滑り込んでくる。そして、知の一つが一瞬、運動の一つに定着されるとき、想像的意識が生まれるのだ[39]。

原注

(29) ギヨーム〔Paul Guillaume〕『小児における模倣〔*L'Imitation chez l'enfant*〕』〔Alcan, 1925〕、一一

二七頁。

(30) ドゥヴェルスオーヴェル〔Georges Dwelshauvers〕『下意識のメカニズム〔*Les Mécanismes subconscients*〕』(Alcan, 1925)。

(31) 前掲論文、一三四頁、図1〔訳注――サルトルは、この箇所より前にその論文は引いていない。以下に引用の出典と図を記す。アンリ・ピエロン(Henri Piéron)「形象の記憶と数字の記憶の比較研究(Recherches comparatives sur la mémoire des formes et celle des chiffres)」(*Année psychologique*, tome 21 (1920))、一三九―一四二頁(図A)、一三四頁(図B)〕。

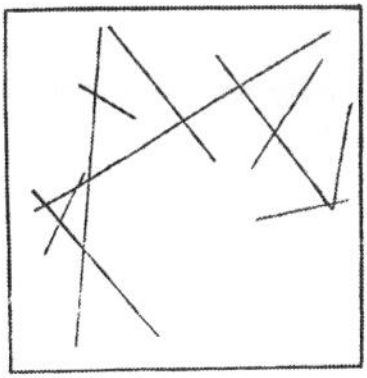

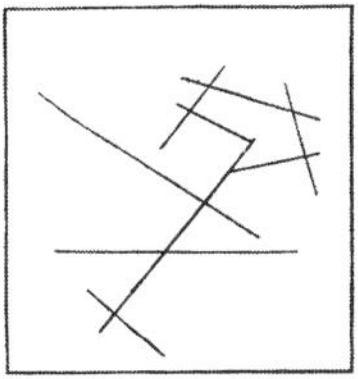

図A

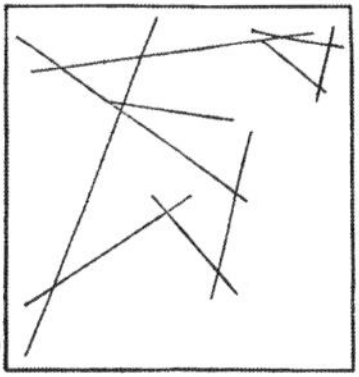

図B

(32) ドゥヴェルスオーヴェル「心的イメージの客観的記録〔L'Enregistrement objectif de l'image mentale〕」、『第七回国際心理学大会〔*VIIth. International Congress of Psychology*〕』〔Cambridge University Press, 1924〕および『下意識のメカニズム』(Alcan〔前出〕)を参照。

(33) フッサール〔Edmund Husserl〕『内的時間意識の現象学〔*Leçons phénoménologiques sur la Conscience interne du Temps*〕』――〔この時点では〕フランス語には未訳。

(34) ときとしてドゥヴェルスオーヴェルが――少なくとも見かけ上は――支持している似たような発想は、単純にまったく意味をもたないように思われる。

(35) 本書、第三部第1節を参照。
(36) 本書、第二部第5節を参照。
(37) 本書、第四部〔実際は第三部〕を参照。
(38) ビュルルー、前掲書、七一―七二頁。
(39) われわれは、現実の運動、現実に果たされた運動だけを利用することで、イメージの運動的土台を説明しようと試みた。今日、下描きされ、素描され、保持された運動の仮説、起源として筋肉の収縮をもっていない運動的印象の仮説は、ムルグ〔Raoul Mourgue〕によって、その著書『幻覚の神経生物学〔*Neurobiologie de l'hallucination*〕』(M. Lamertin, 1932) で支持されていることが知られている。たとえそうした興味深い理論が裏づけを得たとしても、たった今言ったことは何ら変更されないのは自明である。想像的志向が非末梢的な運動的印象にあてはまることを理解するだけで十分なのだ。だが、われわれは、ここでこうした新しい着想を考慮すべきとは思わなかった。というのも、十分に基礎づけられたものとは依然として思われないからである。したがって、われわれは努力感の末梢起源に関するウィリアム・ジェイムズ〔William James〕の有名なテーゼを正当なものとみなした〔訳注――ムルグについては、サルトルは『戦中日記』でも言及している〕。

訳注

＊16 「震顫」とも書く。筋肉の収縮と弛緩が繰り返された場合に起こる不随意のリズミカルな運動。原因としては、ストレス、不安、疲労、アルコールの禁断症状、甲状腺機能亢進症、カフェイン摂取、刺激薬などが挙げられ、パーキンソン病などに見られる。
＊17 第一部訳注＊32(九五頁)を参照。
＊18 サルトルは「第二部第四章」と記しているが、誤記と思われるので正しい該当箇所を記しておく。

＊19　ある刺激に対して通常の感覚だけでなく異なる種類の感覚も生じさせる、一部の人に見られる特殊な知覚現象。文字に色を感じたり、音に色を感じたり、形に味を感じたりする。ランボーの有名な詩「Aは黒、Eは白……」（『母音』）なども、共感覚の例として、しばしば引用される。

＊20　イポリット・ベランジェ（Hippolyte Bellangé）（一八〇〇―六六年）によるクリミア戦争の石版画。この実験は、サルトル自身によるもののようである（Cf. Jean-Paul Sartre, « L'image dans la vie psychologique: rôle et nature » (1927), *Études sartriennes*, n° 22 (2018), p. 239）。

ベランジェ《クリミア戦争の兵士たちの帰還》

4　心的イメージにおける言葉の役割[*21]

言葉〔単語〕はイメージではない。聴覚・視覚現象としての言葉の機能は、一幅の絵のような物理現象の機能とは似ても似つかない。記号《シーニュ》の意識とイメージの意識の唯一の共通点は、どちらもそれぞれの仕方でだが、ある対象を別の対象を通して目指すことである。ただし、イメージの意識においては、〔目指される対象と意識の〕あいだに置かれる対象はアナロゴンとして機能する、つまり目指される対象の代わりに意識を満たす。要するに、対象は代理人を介して現前している。もう一つのタイプの意識〔＝記号の意識〕では、あいだに置かれる対象は意識を不在の対象に向けさせるだけである。その結果、記号の意識は空虚なままであることも大いにありうる。一方、イメージの意識は、ある種の虚無と同時に、一種の充実を経験する。この違いは、心的イメージと内的言語が問題になるとき、完璧にあてはまる。実際、この領域では、すべてが混同されてきた。I・メイエルソン氏は、この点に関しては多くの心理学者の意見に従って、イメージとは明確に限定されていないバランスの悪い記号、つまり個人にとってのみ意味をもつ記号だと考えた。また、内言語[*22]における単語を「言語的イメージ」と呼ぶ人々もいる。こうなると、記号はイメージになり、イメージは記号になってしまう。その結果、きわめて根深い混同が生じる。たとえば、私が馬についての思考を形成し、思考の途上で馬の心的イメージを生み出すなら、このイメージは私の思考にとっての記号ということになる。しかし、いったい何についての記号だというのか。言葉だけで十分ではないのだろうか。同様に、生身の馬を眺めながら、私が馬についての思考を形成するとき、この馬は馬についての私の思考にとっての記号ということになるだろう。忘れてはならないのは、実際には心的イメージにおいて、われわれが馬を前にしているということである。ただし、この馬は同時に一種の虚無である。すでに述べたように、馬は代理人を介して目の前にいる。実を言えば、記号‐イメージの理論は、内在性の錯覚に直接由来する。馬の心的イメージはミニチュアの馬だと想定されている。精巧にできた小さな馬と生身の馬とのあいだにあるのは、外的関係、すなわち記号と記号によって意味された事物との関係だけである。反対に、われわれは馬とそのイメージのあいだには内的な関係があることを示そうとしてきた。それは、われわれが憑依の関係と呼ぶものである。アナロゴンを通して意識に現れるのは、馬それ自体である。これについては、のちに触れよう。なぜなら、明らかなことだが、イメージのうちに、規則に従わない記号、社会が規定する体系の外にあるアウトローを見るか、それとも不在の対象を現前させるある種の仕方を見るかによって、心的生におけるイメージの役割はまったく異なるものになるからである。いずれにせよ、今や結論を下すことができる。心的イメージにおいて、アナロゴンの機能は、言葉の意識における言語的記号の機能とは何ら共通性をもたない、と。

逆の観点から言えば、言葉の意識とイメージの意識を同一視するのも誤りということになる。内的言語における単語はイメージではない。言語的イメージというものは、ほぼ存在しない。あるいは、言葉がイメージであるのは、記号の役割を演じるのをやめたときだ。被験者が「活字で書かれた言葉を見る」とか「自分の書体で書かれた言葉を見る」と言い張る場合は、そのように解釈すべきだろう。実際は、のちほど見るように、心的イメージに基づいて読むことはできない。内的言語がときに被験者のうちで聴覚・視覚的な本当のイメージをともなうということは認められるだろうが、このイメージの役割は、ノートの紙片や本の頁、単語や文章の大まかな相貌を「現前化する」ことである。だが、真の内的言語はそこにない。それは単に推進力〔moteur〕である。[40] このことをよりよく理解させてくれる簡単な例がある。自分の考えていることを語ることで、それがよくわかるということがしばしばある。言語が、思考を延長させ、完了させ、明確にする。漠然とした「領域の意識」、多かれ少なかれ不確定な知であったものが、言葉を経由することで、明瞭で判明な命題の形をとる。こうして、いつでも言語は——言語が外的であろうと「内的」であろうと——われわれが言語に思考を与えたときよりも、より多く、よりよく規定された〔形で〕思考をわれわれに返してくれるのだ。言語は、われわれに何かを教えてくれる。それに対して、心的イメージは何も教えてくれない。それが準‐観察の規則である。イメージが何がしかの仕方で知を正確なものにするとは認めがたい。それもそのはず、知こそがイメージを構成しているからである。したがって、言語が何かを教えてくれるとすれば、それは言語の外在性によってでしかありえない。音や文が配置されるときのメカニズムが部分的には意識から独立しているがゆえに、文の上にわれわれの思考を読むことができるのだ。反対に、イメージとしての文のなかには、思考を正確にし、強固にする抵抗が欠けている。イメージは、われわれの知のままに変容される。抵抗がないため、知はあるがままで、多かれ少なかれ未分化である。このように、イメージとしての文は完全な文では決してない。観察できる現象ではないからである。逆の観点から言えば、いわゆる「内的」言語の文はイメージではありえないだろう。記号は常にある種の外在性を保つからである。

イメージ（心的であろうとなかろうと）は充実した〔十全な〕意識のことであり、この意識はいかなる資格においても、より大きな意識に属することはありえない。反対に、記号の意識は空虚である。確かに、記号は情感的アナロゴンが決してもたない外在性をもっているが、記号的意味作用の志向性が戻ってくるのは記号〔それ自身〕の上にではない。記号を介して、志向性は外的関係によってのみ記号に結びついている他の対象を目指す。したがって、記号的意識は大いに満たされうる、つまり構造という資格で、新しい総合――知覚の意識であれ、イメージの意識であれ――に組み込まれうる。知は、情感性と一緒に構成されるとき、降格を被り、降格によってまさに知は満たされることを先に見た。だが、だからといって、知と結びつくことができた言葉は消えない。言葉はイメージ的意識のなかで、その役割を演じるだろう。それは言葉が知の分節化を行うということである。言葉のおかげで、知は最初の未分化の状態から抜け出すのであり、アナロゴンのなかに複数の分化した性質を求めることができる。したがって、テーヌが行ったように、言葉を、純粋に連合的な絆によって外からイメージに結びつけられた独立した心的内容とみなしてはなるまい。なるほど、言葉はイメージの構造にとって不可欠ではないし、言葉を欠いたイメージもたくさんある。そればかりか、言葉は狭義での意識には属していないし、その外在性によってアナロゴンのほうへと投げ捨てられる。とはいえ、第一に、どんな知も言葉によって表現される傾向があるため、どんなイメージのなかにも一種の言語的傾向性がある。次に、言葉が想像的意識に与えられている場合、言葉は、超越的対象の総合において、アナロゴンへと統合される。月を知覚し、「月」という言葉について考えるとき、言葉はその性質の一つとして、知覚された対象に貼りつくようになる。同様に、私がただ月の想像的意識を生み出すだけのときも、言葉はイメージに貼りつきにやって来る。だとすれば、言葉はアナロゴンとして機能するのだろうか。いや、必ずしもそうではない。しばしば言葉は記号としての機能を保つのである。だが、言葉はあいだに置かれた対象によって伝染し、代理表象物としても与えられることがある。しかしながら、言葉が現実的な言葉（見られたものであれ、聞かれたものであれ）の代理表象として与えられることはない、という点に注意すべきである。というのも、言葉自体、声門の現実的運動によって生み出された現実的言葉だからだ。内言語の言葉は、イメージではない。それは記号として機能する物理的対象である。したがって、言葉は事物の性質の代理表象として現れる。私が月の想像的意識を生み出すとき、「月」という言葉が、対象の現実的性質、すなわち月であるという性質をあらわにするものとして与えられることは確かにあるだろう。この場合、言葉は運動の体系としてイメージに外在性を与えるだろうが、この外在性は、イメージがふつうの場合は眼や頭や腕の運動に依頼するものである。言葉はアナロゴンの中核さえ代表するかもしれない。このことは、小説を読む際に言葉が果たす役割について述べたことから予測できたことである。〔いずれにせよ〕言葉の、旧来の記号としての機能と、新たな代理表象としての機能の関係を定義するには、より包括的な検討が必要だ。だが、ここはその探究の場ではない。イメージを想像的意識とその対象から成る全体的体系と呼ぶなら、言葉が想像的意識に外的に付け加わるとするのは誤りである、と指摘するだけで十分だった。言葉は内部にあるのだ。

原注

（40）「視覚的」とか「聴覚的」と自称する人々は、単に自分を観察することがうまくできない人であり、イメージの背後に運動である現実的な言葉を見て取れなかっただけだと思われる。

訳注

＊21 「言葉」の原語は mot. 英語で言えば word であり、つまり「単語」である。

＊22 本を黙読したり、思考活動をしたりするときなどに心のなかで用いられる具体的発声をともなわない言語のこと。それに対して、他人に向けて話される言語、具体的発声をともない、コミュニケーションの機能をもつものを「外言語」と呼ぶ。

5　心的イメージにおける事物の出現の様相について

イメージは、知覚と同じく、対象が意識に対してとる関係と定義される。本書の第一部[＊23]では、対象が現前を通して不在のものとして与えられる仕方を記述しようと試みた。心的イメージにおいて、対象は複数の知覚を総合したものとして、つまり対象の物体的・感覚的形態において目指される。しかし、それが現れるのは、情感的アナロゴンを通してである。この事実は、対象が現れる仕方に深い変容を引き起こしはしないだろうか。今や、この点を吟味しなければならない。

被験者にイメージについて質問すると、「視覚的」イメージが問題になっているのであれば、たいていはイメージを見ていると、「聴覚的」イメージであれば、イメージを聴いていると表明するだろう(41)。だが、それはどういう意味だろうか。「見ている」とは、ここでは眼で見ていることを意味すると考えるべきではない。事態を理解するには、被験者の思い込みを入眠時イメージと心的イメージで比較すればよいだろう。入眠時イメージの場合、あるイメージを見ていると思っているとき、イメージという言葉はその十全な意味で理解されるべきだ。イメージは外的対象である。また、入眠時の視野は現実的な空間的広がりに属している――あるいは、少なくとも被験者はそう思い込んでいる。だが、まさに心的イメージを「見ている」と頑強に断言する被験者でさえ、心的イメージには入眠時イメージの特徴がまったくないことを難なく認めるだろう。心的イメージは空間的広がりに位置づけられない。この椅子なり、私がその前に座っているテーブルなりとの関係で言えば、心的イメージはどこにもない。「見る」という言葉の十全な意味は、「空間のうちに見る」と同じだから、被験者は、イメージが眼を介して自分に与えられるとは言えないだろう。当然、視神経を介してとも、視覚中枢を介してとも言えないだろう。事実、テーヌが正しく理解したのは、イメージが知覚の場合と同様に大脳中枢の機能によって生み出されるなら、そのイメージは他の知覚のあいだに位置づけられるはずだ、ということである。テーヌの還元説[*24]は、この仮説における唯一の「論理」である。ただ、残念ながら事実とは一致しない。イメージは、本性上、現実空間の位置づけを欠いたものとして与えられる。だが、そうだとしたら、被験者がしばしば発する「私はイメージを見る」という断言を、どのように理解すべきだろうか。たとえば、犬のイメージを見るということは、自分の意識の「中」に視覚的感覚（毛の色、体型、等々）から成る心的内容をもつことでありながら、これらの感覚は外在化されえないもので、視覚器官とは別の手段によって与えられるものということになる。だが、これらの視覚的性格を取り除いたら、感覚には何が残るだろうか。どう見ても、ここには矛盾がある。ただ、矛盾を告発するだけでは十分ではない。というのも、この矛盾はイメージの本性に属するように思われるからである。したがって、この矛盾を記述し、可能なら説明するのがよいだろう。

本書の第一部[*25]で、想像的《イメージ》意識の重要な機能の一つが思い込み（＝信）であるのを見た。信はイメージの対象を目指す。どんな想像的意識も、みずからの対象に対して定立的性質をもつ。[*26]実際、想像的意識は、イメージとしての対象についての意識であって、イメージについての意識ではない。ところが、この想像的意識に対して、第二の意識、反省的意識をなすとき、第二の種類の思い込みが現れる。つまり、イメージが実在していると信じるのだ。そうして、「私は犬のイメージをもつ」とか「私はパンテオンを「見る」」と言ってしまう。つまり、先に述べた矛盾は、反省の領域にある思い込みの現象なのである。「イメージをもつ」と言うときの意味は、自分の意識の前に、ものの代替物として機能している介在的対象をもっている、ということである。この思い込みがそこにとどまっていれば、正当だろう。というのも、対象は実在し、アナロゴンであるからだ。ところが、反省的な思い込みは、さらにイメージを一幅の絵として定立してしまう。これは何を意味するか。

　私の想像的意識がパンテオンを目指すと仮定しよう。想像的意識が知であるかぎり、パンテオンはその感覚的性格において目指される。つまり、一定数の列柱と三角形の切妻壁をもつ灰色のギリシア神殿として目指される。他方で、目指されたパンテオンは、ある仕方で現前している。パンテオンは、その情感的現実性において与えられている。そうした情感的現前において、私の知の志向性は先に挙げた性質を把握する。それは、あたかも私が次のように考えているかのようである。「私の前にあるこの対象物《オブジェ》には、列柱や切妻壁があり、それらが灰色なのを私は知っている。そうしたことは、すべてある形の下で現前している。私がそこに感じるもの、それは列柱や切妻壁をもち、灰色であるパンテオンである」と。だが、パンテオンは別の場所に実在している。それは、まさに別の場所に実在しているものとして与えられている。現前しているのは、いわばその不在性なのだ。

　このように、しばらくのあいだ私はパンテオンの前にいるかのようだったが、にもかかわらずパンテオンは目の前になかった。これこそが、すでに述べた憑依現象というものである。とはいえ、私が印象をむしろ論理的に再構築しようとするのは当然ではないのか。逆に、不在のパンテオンの前にいた、などと言うのは馬鹿げていないだろうか。こういった不在の現前は、理性にとっては忌まわしいものである。パンテオンに酷似した現前する事物があったのであり、その事物はイメージだった、と言うほうがよくないだろうか。そうすれば、不在のものは不在、現前するものは現前という性格をそっくり保つことになるだろう。当然、イメージはアナロゴンということになるだろう。アナロゴンは不在の対象の感覚的性質を所有することなく、それを表象して〔＝代理して〕いたのである、と。すなわち、アナロゴンは、その性質をもってはいたが、不在の事物そのものではなかった、というわけだ。このような錯覚ほど明瞭で、よくできたものはない。その灰色を表象すること、つまり灰色に向けられたこの意識を満足させることなく満たすことは、灰色を質の劣った灰色として示すこと、感覚的なものとしては定義しがたい灰色の本性しか保持していない、幽霊のような、外在性を欠いた灰色を意識に提示することではないだろうか。これこそが内在性の錯覚の起源である。表象している事物の性質をアナロゴンに移し替えることで、想像的意識に対してミニチュアのパンテオンを構成し、それを反省する意識は、想像的意識をこのミニチュアについての意識だとしてしまう。こうした構成の結果は蜃気楼である。意識の対象は現実的ではあるが外部にはない感覚的性質の複合である、と思い込んでしまうのだ。ところが、実は、それらの性質は完璧に外部にありながら、想像上のものである。これら感覚的性質の複合を前にして、通常の感覚的対象であるかのように振る舞えるはずだ、と思い込んでしまうのだ。イメージとして現れる印刷された頁を読んだり、パンテオンの列柱を数え、記述し、観察したりすることができる、などと思い込むのである。そうして、またもや入眠時イメージの場合と同じ錯覚に陥る。ただし、信じる作用は、より弱く、それほど執拗ではない。記述、判読、列挙できるものとして表象しているはずの対象について、私は何一つできない。見える対象が目の前にあるのに、それを見ることができない――触知できる対象があるのに、触ることができない――音を出す対象があるのに、聴くことができないのだ。

アランは書いている。「記憶のなかにパンテオンのイメージをもち、それを容易に取り出せると思っている人は多いようだ。私は、切妻壁を支えている柱を数えてくれ、と求めた。ところが、彼らは数えることができないばかりか、数えようと試みることさえできない。だが、この作業は、現実のパンテオンを目の前にした場合には、きわめて簡単なものだ。パンテオンを想像するとき、いったい彼らは何を見ているのか。そもそも何かを見ているのだろうか[42]」。

アランなら、そこから、イメージは実際には実在しない、という結論を引き出すだろう。だが、アランに従うことはできない。われわれはイメージの逆説的性格を指摘し、現実的には意識の対象でありながら、数えてみようとすることさえできない柱に注意を喚起しただけである。

結局のところ、対象は、イメージにおいて、きわめて特殊な仕方で与えられる。パンテオンは、知覚的意識に対してと同じ仕方で想像的意識に現れることはできない。ベルクソンが望んだのとは異なり、イメージとは「その諸部分が併存する表象」であるわけではまったくない。確かに、知としては、想像的意識は外的対象をその外在性において目指す、つまり対象が併存する諸部分から成るものとして目指す。しかし、情感性としては、想像的意識は対象を未分化な全体としてみずからに与える。私は柱の白さと切妻壁の灰色の色調を、別々の性質として目指すと同時に、切妻壁は切妻壁であり、柱は柱であることを知っている――さらに、同時に、灰色がかった白さ、切妻壁である柱、部分に分割されない神殿として思い描くのだ。したがって、対象は、イメージにおいて、各性質が他の性質全体を通して隅々まで広がると、分割なき本性として与えられると同時に、明瞭に相互に区別される特性の総体として、原初的な未分化状態に基づく断片的な側面の体系として与えられることになる。対象は、内的な矛盾、構成の根本的欠陥を蔵している。先に告発した蜃気楼の本性は、われわれがはっきり自覚することなく、言い換えれば、それをありのままに定立することなく、この矛盾を受け入れることにある。

　だが、ここで啓発的なのは、われわれがしばしば混同を犯しかねないことだ。実際、体系的な観察によって獲得されず、言葉によって明確化されなかった場合、知は控えめな表象によって十分に支えられていないため、情感的対象の混合に感染してしまうのである。

　褐色の外套を着て、青いズボンを穿いた、褐色の髪の少年を描いた絵を三六九人に見せた実験がある(43)。それぞれの対象の色を思い出して答えるように求めた〔不正解の〕結果は、以下のとおりである。

(1)青いズボンに関して

男子、　女子、

緑色……15例
褐色……20例
黄色……5例
灰色……4例

緑色……8例
褐色……19例
黄色……3例
灰色……7例
赤色……3例
黒色……3例

(2)褐色の外套に関して

男子、
青色……28例
緑色……18例
灰色……13例
赤色……20例
黄色……2例

女子、
青色……21例
緑色……12例
灰色……19例
赤色……9例

被験者の記憶のなかに「青色」と「褐色」が並置された表象として残った、と想定することには無理がある。それでは、これほど奇妙な誤りを説明できなくなってしまう。むしろ、ここでは知が態度を決めかね、情感性によって引きずられているのだ。対象がイメージにおいて「青色として与えられる」仕方は、「褐色として与えられる」ある種の仕方を排除せず、後者の仕方は前者の仕方のなかに調和的反響として溶け込んだまま残っている。それに、全体的に言えば、ここでは偶然にも青色が褐色を覆い隠してしまったようなのだ。褐色は現前していたはずなのに、隠されていた。知は、最も強い情感的響きによって決定されてしまったのだ[45]。他のものは、最も強い響きのなかに調和的反響として残った。ゴルフやアブラモフスキーの著作に、同類の多くの例が見出される[44]。

知覚において、あらゆる事物は、あるがままの形で与えられる。つまり、事物は時間と空間において厳密に規定された位置を占め、その性質はどれも厳密に決定されている。これが個体化の原理である。このことはまた、事物は同じ時間において、また同じ関係の下で、それ自身であり、かつ別のものであることはありえない、ということ〔＝同一性の原理〕も意味する。以上の二条件は、イメージとしての対象の場合、不完全にしか満たされない。確かに、知が意図的に事物をその何らかの様相の下に目指すことはあるだろう。だが、次の点を区別しなければならない。実際、知は、常にある一つの対象（あるいは、いくつかの対象の集合）を、他のあらゆる対象を排除する形で目指すのであり、それゆえ常に対象を一つのもの、同一物として目指す。だが、知が対象を時間のそれ以上分割できないある瞬間における唯一の現れとして目指すことは、きわめて稀である。この最後の観点から見たとき、知と情感性は一致することがありうる。だが、同一性の観点から見たとき、情感性が服従するか、そうでなければ対立が生まれることになる。

⑴イメージの対象は個体化の原理に従わない。

第一部の末尾で指摘したように[46]、絵についての意識、物まねの意識、入眠時イメージの意識のいずれにおいても、対象は瞬間的な相の下に現れはしない。まして、その瞬間的な相は、心的イメージによっては意識にもたらされはしないだろう。知は心的イメージの意識の事例においても、それより前の事例においてと同様に、たとえば「紅い頬」をした、「陽気な微笑みをたたえた」などのピエールを目指す。情感性のほうでも、対象を瞬間的に出現させるために、情感的等価物を意識に委ねることはできないだろう。このように、イメージとして私に現れるかぎりでのピエールは、それが現前しているなら、同じ瞬間に私が知覚できるピエールとして目指されることも与えられることもない。心的イメージがもたらすピエールは、そのなかに一定の持続を、しばしば矛盾した諸相さえ縮約している総合〔としての存在〕である。このことによって、生身の対象はずいぶん前から感動させる力を失ってしまっているのに、イメージのほうはその力を保持している事態の説明ができるだろう。

このように、知は対象を目指し、情感性は対象をもたらすが、そこには一定数の係数がともなう。だが、このことによって、想像的意識のうちに生じる対立が必ずしも回避されるわけではない。というのも、対象が知によって目指されるときにともなわれる一般性は、情感的アナロゴンを通して対象が現れるときの一般性では必ずしもないからである。たとえば、私の知の志向はピエールを私が彼を今朝見たままに目指すことができるし、私の情感的志向はアナロゴンを通してピエールを一週間以上前から私に現れているものとして私にもたらすことができる。ところが、二つの志向性の同一化的融合があるために、一週間前から私に現れているピエールは、私が今朝見たピエールであるものとして与えられる。ピエールが週のはじめに抱いた悲しみ、昨日彼をとても不快にした不機嫌、これらはすべて情感的アナロゴンのうちに凝縮されるにもかかわらず、すべては今朝のピエールであるように与えられるのである。

　はるかに大きなずれが生じることさえある。私の知が目指すピエールは、今朝部屋着姿で朝食をとっていたピエールである。アナロゴンが私に委ねるピエールは、一昨日シャトレ広場で私が見た青いコート姿のピエールである。ところが、コート姿のピエールが、部屋着姿のピエールとして与えられる。想像的意識の内部における対立が、本書の第一部[*27]の末尾で疑問に思った逆説を説明してくれる。ピエールのイメージの対象は現実にベルリンにいる生身のピエールである、と先に述べた。だが、他方で、私が今ピエールについてもっているイメージは、パリの彼の自宅の部屋で、私もよく知っている肘掛け椅子に座っているピエールを示している。だとすれば、イメージの対象は、今ベルリンで暮らしているピエールなのか、それとも去年パリで暮らしていたピエールなのか、と問うてみることができるだろう。そして、それはベルリンで生活しているピエールだとあくまでも言い張るなら、次の逆説を説明する必要がある。なぜ、またいかにして想像的意識は、ベルリンのピエールを、去年パリで暮らしていたピエールを通して目指すのか。

以前には説明できなかったことが、今やより明らかになったように思われる。知は、アナロゴンが知に与えるものを通して対象を目指す。そして、知とは信〔＝思い込み〕である。つまり、しかじかの服装をしているピエールの面前にいると信じるのだ。ところが、アナロゴンは現前である。先の矛盾的総合は、こうした事情で成立したのである。

(2)イメージの対象は必ずしも同一性の原理に従うものとしては現れない。

知は、何らかの対象を目指す。情感性は、複数の対象に通用するアナロゴンを与えることがある。実際、事物が互いに予期せぬ情感的等価物をもつことはよくあるからで、そのため一つの同じ情感的内容が数多くのものを未分化の状態で与えることがある。そのため、夢のなかでは、同じ人が同時に複数いるように見えることもある。そうしたイメージの未分化な多様性は、覚醒している状態では、さほど明らかではない。なぜなら、覚醒しているときの〔イメージの〕形成において、知はより明瞭に自分の刻印を情感性に残すからである。しかし、ルロワはすでに指摘している。[47]「覚醒している状態の通常の視覚的表象は、理由はうまく説明できないにせよ、しばしばとても記述しづらく、それ以上に絵に描きにくいとはいえ、〔夢の場合と〕同じ類の矛盾を含んでいるに違いない」。

たとえば、私が顔の伝染と呼ぶ事例を、誰でも自分のうちに観察できるだろう。一つの顔がイメージとして現れるとする。どこで顔を見たのだろう、と自問するが、努力の甲斐もなのだ。一つは昨日行った銀行の行員の顔であり、もう一つは毎日交差点で見る警察官の顔である。二つの顔は、ある類似性のために互いに他を通してそのまま現前していた。その結果、同一性の原理に反する奇妙なイメージ形成がなされた。これが伝染である。多くのイメージは、このようにして伝染している。たとえば、先日、私はサン＝テティエンヌ〔ロワール県の県庁所在地〕にある赤い石造りの建物を思い出そうとした。あるイメージが浮かんだが、そのイメージは二つの建物にあてはまることに、ふと気づいた。一つはサン＝テティエンヌにある石造りの建物、もう一つはパリにあるレンガ造りの建物だ。[*28]

伝染が起こらないとしても、イメージの対象が、そのまま知覚に移せない形で現れることもしばしばある。たとえば、指抜きを表象するとき、それは外部からと同時に内部から見られたものとして、イメージとして現前する。私が椅子の肘掛けを手で握りしめるとき、イメージとしての手がイメージとしての椅子の肘掛けの上に握られた状態で現れるだろう。ところが、この不透明な肘掛けを握ったこの手を、私は内部から「見る」。あたかも肘掛けがガラスでできているかのごとく、手のひらと指の内側を見る。手を膝の上に置くとき、私は手のひらと膝に布地を押しあて、また膝を布地を通して圧迫しているという事実を、視覚的イメージに翻訳する。私は手（内面と外面）、布地（内面と外面）、膝のイメージをもつ。そうした例はいくらでも出せるだろうが、このくらいにしておこう。いずれにせよ、これらの例が示しているのは、イメージとは概念と知覚の中間にあり、その対象は感覚的な相の下でもたらされながらも、原理上、その仕方は知覚ではない、ということだ。というのも、イメージは対象を、たいていの場合、同時に、一挙に目指すからである。人がイメージのうちに見出そうとするのは、ある人物のあれやこれやの様相ではなく、そういった様相の総合としての人物そのものである。そんなわけで、子どもは人物の横顔を描くとき、正面向きであるように眼を二つ描き入れる。同様に、われわれは思い出そうとしている人物を、しかじかの風景のなかで、しかじかの日に、あるいはさらに、ある衣服を身にまとい、ある態度を示す人物として捉えるのだ。ところが、こうした個別の志向には、それと矛盾し、それを変質させる他の多くの志向がともなっている。したがって、人物は、しかじかの態度を保ちつつ、ほとんど分析不可能な多数の姿勢や様相の複合体となる。知覚の場合には継起するものが、イメージにおいては同時的なのだ。そうなってしまうのは、イメージにおける対象は知的および情感的な経験全体によって一挙にもたらされるからである。

ここまで想像的総合の諸要素を明らかにしようとしてきたが、最後に、以上の考察が不正確に解釈されないよう注意を与えておくべきだろう。イメージの主要因を指示したとはいえ、イメージをそれらの単なる合計に還元するつもりは毛頭ない。むしろ、反対に、イメージの意識というものが還元不能な現実であることを大いに主張しているのだ。運動、知、情感性を分離することができるとしても、それは抽象によるときだけである。ここでの分析は、現実における分離とはかけ離れているため、蓋然的なものにとどまる。実際には、イメージを要素に還元することはできない。なぜなら、イメージは、あらゆる心的総合にあてはまることだが、その要素の合計とは別ものであり、それ以上のものだからである。ここで大事なのは、新たな意味が総体に入り込むということだ。私はピエールの前にいたい、彼が目の前にいると信じたい、私の意識はそっくりピエールのほうに向かい、いわば「魅了」される。この自発性、ピエール「への志向」こそが、この新たな比類なき現象、すなわちイメージの意識を湧出させる。イメージの意識というのは、一つの心的形式のことである。意識がこの形式をとると、そこから一瞬、安定したイメージが出現するが、次に、意識の流れによって形式はもぎ取られて崩壊し、消失する。それゆえ、アランやムーティエ、行動主義者やその他の人たちとは違って、われわれはイメージの特殊性を否定するどころか、イメージにより高い位置を与える。というのも、イメージを再生する感覚とみなすのではなく、反対に、意識の本質的構造、それどころか心的機能とみなすからである。それと相関的に、特殊な部類の意識の対象があると主張する。それが想像《イメージ》的対象である。

　本書の立場は、想像力を心的生の総体のなかに溶解させるものからは程遠いし、ましてや感覚的内容の自動的再出現をイメージのなかに見ることからはさらに遠い。われわれの考えでは、イメージとは知覚型の意識からはまったく独立した別種の型の意識である。それと相関的に、イメージの対象に関しても独特の型の実在がある。と同時に、このように捉えられた想像力は――心理学者たちが諸能力を信じるのをやめて以来、それは消えてしまっていたのだが――重要性を取り戻すものと考えられるし、それを四つか五つの主要な心的機能の一つとみなしても、その重要性を過大評価することにはならないだろう。というわけで、次にその機能を記述することにする。

原注

（41） にもかかわらず、被験者はすべて（心理学的素養がなくても）、自発的に知覚された対象と想像された対象を区別することに注意すべきである。

（42） アラン〔Alain〕『諸芸術の体系〔*Système des Beaux-Arts*〕』（N. R. F., 1920, Nouvelle édition〔1927〕）、三四二頁〔邦訳、桑原武夫訳、岩波書店、一九七八年、四六四頁〕。

（43） ダウベール〔Johann Dauber〕「心理的行動と証言の類似性〔Die Gleichförmigkeit des psychischen Geschehens und die Zeugenaussagen〕」（*Fortschritte der Psychologie und ihrer Anwendungen*, I (2), 1913）、八三—一三一頁〔実際は、一〇一—一〇二頁〕〔訳注——サルトルは一部だけを取り出しているので話がわからない。ゴーティエ・ダソンヌヴィル（Gautier Dassonneville）も指摘するように、サルトルはダウベールの原文を参照せず、明示しないまま次注に挙げられるゴルフの要約だけを使っているために、矛盾が生じていると思われる。実際、最初の男子による回答は、ゴルフとサルトルでは青となっていて矛盾するが、ダウベールの原文では緑なので、ここでもそれに従って訂正した。ちなみに、高等教育修了論文では、他に髪の毛の色に関する回答の部分も引用しているが、そのくだりはもう少しわかりやすい〕。

（44） ゴルフ〔François Gorphe〕『証言の批判〔*La critique du témoignage*〕』〔Dalloz, 1924〕〔二八三—二八四頁〕。

（45） アブラモフスキー〔Edward Abramowski〕『正常潜在意識〔*Le Subconscient normal*〕』〔Alcan, 1914〕。

（46） 本書、第一部第二章第7節「肖像から心的イメージへ」を参照。

(47)　ルロワ〔Eugène-Bernard Leroy〕『半眠状態の幻覚〔*Les Visions du demi-sommeil*〕』〔Alcan, 1926〕。

訳注

＊23　サルトルは「第二部」としているが、内容から判断して「第一部」と訂正した。

＊24　イポリット・テーヌ（Hippolyte Taine）は『知性論（*De l'intelligence*）』（Hachette et cie, 1870）で、イメージとは、概して文字どおりの感覚作用に比べてエネルギーも明確さも欠く、突如として蘇った感覚作用だとしている。あらゆる感覚は、そのようなイメージをもっている。対応しているイメージと感覚作用は、等しく類似した効果をもつ。イメージと感覚作用の違いは、内容や出現の固有の様態にではなく、イメージそのもののうちにある。だが、イメージには還元機能がある（第二巻第一章）。この還元効果によって、イメージにともなって幻覚（hallucination）へと発達してしまう幻影（illusion）が迅速に修正される。イメージはいつも多少とも長期の幻覚を含んでいるが、ほとんどの場合、幻覚は対立する感覚作用によって打ち消される（ジルベール・シモンドン『想像力と発明』荒木優太訳（http://www.en-soph.org/archives/cat_1156105.html）などを参照）。

＊25　サルトルは「第二部」と書いているが、おそらく「第一部」の誤り。

＊26　第一部第一章第4節「第三の特徴　想像的意識は対象を一つの無として立てる」。

＊27　サルトルは「第二部」と書いているが、おそらく「第一部」の誤り。

＊28　同じエピソードは、高等教育修了論文でも語られている。

第三部　心的生におけるイメージの役割

1　象徴[1]

イメージは、思考の挿絵《イラストレーション》の役割も、支持体の役割も果たさない。というのも、イメージは思考と異質なものではまったくないからだ。想像的意識《イメージ》は、知や志向を含んでいるだけでなく、語や判断を含むことさえある。人はイメージに基づいて判断することができる、と言いたいのではない。イメージの構造そのものに、特別な形式で、つまり想像的形式で判断が入り込むことがあるのだ。たとえば、しばらく行っていない家の階段を思い浮かべて〔＝表象して〕みよう。まずは白い石の階段が「見えるはずだ」。何段かのステップが霧のなかに現れる。だが、私は満足しない。何かが欠けている。私は少しためらい、記憶のなかを探るが、それでも想像的態度を続け、そのあと、突然意を決して、その責任は自分でとるつもりになって、石のステップの上に銅製の横棒がついた絨毯を出現させる。つまり、これは私の思考作用、自由で自発的な決心なのだ。だが、この決心は、純粋な認識の段階や、言語のみによる表現の段階などを経ることはなかった。私が決断したときに用いた作用、つまり言明の作用こそが、想像的作用だった。私の断言は、イメージの対象に「絨毯に覆われた」という性質を与えることにあった。こうして、その性質を、私は対象の上に現れさせたのである。だが、この作用は、もちろん一つの判断でもある。なぜなら、ヴュルツブルク学派の研究が示すように、判断の本質的特徴は決定だからである。したがって、想像的意識に、ある特殊なタイプの判断である想像的肯定〔＝想像的断言〕が加わる。要するに（あとで見るように、イメージとしての推論、つまりは想像的意識相互の必然的結合さえある）、想像的意識の観念形成的要素は、ふつう思考の名があてがわれる意識の要素と同じものである。両者の差異は、主として全般的態度のなかにある。一般に思考と呼ばれる意識は、対象に関して何らかの性質を述べるが、その性質を対象上に実現することはない。それに対して、イメージは対象を生み出すことを目指す意識である。その意味で、イメージは判断したり、感覚したりする仕方によって構成されているが、人はふつうそのようには意識しておらず、志向的対象の上にある性質として、それらを把握する。この事態を一言で言えば、イメージの機能は象徴的である、ということになる。

　数年前から、おそらく精神分析の影響の下で、象徴的思考に関して多くのことが書かれてきた。だが、イメージを物質的痕跡とか自分からは動かない要素として捉えたまま、それが事後的に象徴の役割を演じると考えるせいで、停滞したままである。たいていの心理学者は、思考というものを選択と組織化の活動だと考え、それが無意識のなかでイメージを拾い集め、状況に応じて配置、結合するとしている。だが、そうだとすると、思考は自分が集めてくるイメージの外部に絶対的にとどまってしまうわけで、盤上での組み合わせを実現するために駒を動かすチェスの指し手のようなものになってしまう。そして、こういった組み合わせのそれぞれが象徴とされる。

　だが、象徴的機能が外部からイメージに付け足されるという発想は受け入れられない。われわれの考えでは、そしてここまでそれを示してきたつもりだが、イメージは本質的に、かつ、その構造自体において象徴的なのであり、イメージそのものを消さずにイメージから象徴的機能を除去することはできない。

　ところで、結局のところ、象徴とは何か。象徴を記号や挿絵《イラストレーション》と、どのように区別したらよいのか。フラッハの「観念形成の過程における象徴的図式」[2]という、あまり知られていないが注目すべき研究があり、その批判的分析が、この疑問に答えるのを助けてくれる。

　フラッハは書いている、「ある問題の要点を明らかにしたり、思考に対して一定の有用性を示す命題を理解しようとしたりするとき、多少とも生き生きした表象が生まれ、問題を解決したり、文を理解させたりしてくれることに気づいた」。

　こういった表象は、いわゆる理解の作用とともに現れる。それは、命題や問題の単なる記憶にともなうものではないし、意志によって生み出されることもできない。あえて生み出そうとすれば、フラッハが「思考の挿絵[3]〔＝説明図〕」と呼ぶもの、つまりビネーの「貧しい版画」のようなものを手にするだけだろう。[*1] 図式を現れさせるには、直接それを目指さないことが肝要だ。被験者の全努力は、単語や命題の理解に向かっていなければならない。むろん、あらゆる理解の作用に図式がともなうかどうかについては検証の必要があるだろう。フラッハは、必ずしもともなうことはない、と考えた。知的理解の努力が弱いときは図式をともなわない、とフラッハは指摘する。「作業が簡単すぎたり、被験者が記憶力の助けで切り抜けられるときは、図式は起こらなかった。その場合、言語運動的反応なり、単なる挿絵なりが見られた」。

〔象徴〕図式は「固有の意味《シニフィカシオン》をもたず、象徴的意味のみをもつ」という本質的な特質がある。被験者が自分に現れた図式を素描したとしても、事情に通じていない者には意味があるようには見えない。というのも、そのイメージは、思考をその具体的構造において正確に表象するのに必要とする基本的な線のすべてをそなえているが、ただ、その線しかそなえていないからだ。

まさにこの点で、象徴イメージは、先に見た、フラッハが「思考の挿絵」と呼ぶ他の種類のイメージから区別される。彼女は思考の挿絵を次のように定義する。

「私の見解では、それが感覚可能にするものは対象の挿絵のようなもので、対象と思考の関係は偶然的で、外的で、純粋に連合的秩序に属している」[*2]。

ここから、挿絵のなかには、思考にあるもの以上のものと以下のものが同時にあることが予想できるだろう。

「実験53〔作家の〕ゾラについて簡潔にして主要な特徴を述べよ、と求められた被験者は、競馬の表象をもった。この表象が質問の特徴といかなる関係にあるかと尋ねられた被験者は、かつて〔ゾラの小説〕『ナナ』のなかで競馬についての詳細な描写を読んだことがあり、それ以来、ゾラの名前を聞くと、そのイメージが必ず浮かぶ、と答えた」[*3]。

今度はフラッハの実験報告から、象徴的図式の例をいくつか見てみよう。フラッハは被験者に、概して抽象的である日常用語を提示し、見解を述べるよう指示した。

「実験7「交換」〔という言葉の本質は何ですか〕。私が思考に与えたのは、一本のリボンの形象です。このリボンは交換の循環過程を表しています。曲線の運動は螺旋状です。交換において、一方は他方が失ったものを獲得するからです。曲線の不均等は、どんな交換にも見られる利益と損失を表しているはずです。リボンは、ただちに現れました」[*4]。

フラッハによれば、この図式は論理的には、外延（ないし内包）において共有部分がある二つの概念を表象する図式である、という点で興味深い。だが、論理的には、この図式では特殊な規定が問題になっている。

「実験14「妥協」〔という語を提示されたときの回答〕。二人の人間の結びつきです。私は、互いのほうに滑っていく二つの物体の表象をもちました。形ははっきりしていないのですが、二つの物体は――一方は右側に、他方は左側にあり――互いに押し合っています。それは固く、前方に突き出たいくつかの突起物があり、その突起が互いのなかに消えていきました。そうして、もう一つの体しかありませんでした。でも、驚くべきことに、嵩《かさ》は増えず、元の一つより少し大きいけれど、二つを合わせたものよりは小さかったのです。それは緑青色《ろくしょう》でしたが、汚い緑青色でした。私はそれらの動きに自分でも手で参加していました」[*5]。

「実験21[*6]「ボードレール」〔という語を提示されたときの回答〕。すぐに見えたのは、自由な空間のなかで、完全に暗い背景の上に、筆を大きく一振りしてできたかのような、濃硫酸の色に近い青緑色をした染みです。横よりも縦長です――たぶん縦が二倍あったでしょう。あちこちに、その色がボードレールを特徴づける病的なもの、特有のデカダンスを表しているに違いない、という知が浮かびました。ワイルドやユイスマンスにもあてはまるか、試してみました。無理でした。論理に反するものを提示されたときと同じくらい、強い抵抗感を覚えました。そのイメージは、ボードレールにしかあてはまらないものであり、その瞬間から、私にとって、この詩人を表象するものになりました」[*7]。

「実験27「プロレタリアート」〔という語を提示されたときの回答〕。奇妙なイメージをもちました。平らで黒い広がりで、その下に、静かに波打つ海、凪《な》いだ海面、重たい波を揺らす何か黒っぽくて厚い塊《マッス》のようなものがありました。〔実験者〕この塊は何を意味していたのでしょう。〔被験者〕全世界への拡張、何か潜在的な活力のようなものだと思います」[*8]。

一般に、図式はただ一つの意味しかもたず、それは図式が象徴する思考の意味だとされる。

「この直観的イメージは、ある概念的関係の体系だけを表している。それは、被験者がいくつかの感覚与件のあいだにある一定の関係として経験するかぎりにおいて捉えられたものである。この関係は、感覚与件として、ア・プリオリな空間規定として提示される。

象徴的図式において、思考は空間的所与として捉えられる。それは、思考を構成する概念的関係が直観的に体験されるためである。私が確認したかぎりでは、常にそうだった。思考の挿絵の場合、空間は受容体なり、背景なり、基体なりの役割を担い、挿絵が置かれている場として機能する。それに対して、象徴的表象の場合、空間は明示するものの役割をもつ。つまり、空間的な規定や表象は存在しない。象徴的表象は、単に抽象的関係の支持体であり、それを本質的に具体化するものなのだ。これらの関係を空間化することで、思考の抽象的内容は捉えられる。単純な制限や濃密化によって、方向の指示によって、あるいは空間のある領域の特殊なリズムによって、抽象的思考はその内容を明示することができる。一つの例を挙げよう。利他主義という言葉で何を理解しているか、と尋ねられた被験者が抱いたのは、ある方向の表象であり、それは与えられていない他のものに向かっていた……」。

フラッハは、先の事例を以下のものと区別すべきだと付言している。「抽象的な観念的内容が空間の特定の領域に局在化されながら、思考がこの局在化によって性格づけられていないかのように扱われている事例がある。この場合、局在化は思考にとっての固着点にほかならず、思考はこの固着点によって空間的規定と結びつけられ、そうして現実的対象の場合と同じように空間的規定に落ち着くことができる」。

とはいえ、この象徴的図式がどこに由来するのかを説明しなければなるまい。明らかに、この点ではフラッハが不十分であることを認めなければならない。フラッハは、象徴的図式を「領域の意識(4)〔Sphaerenbewusstsein〕」が作り出すとするだけで、ほぼ満足しているからだ。

「結局、象徴的図式とは、言葉を欠いた方向の意識の次元において、言葉によって客観的内容の本質を明らかにし、外在化しようと努めている段階のことである。この客観的内容の本質は、われわれがまさに内面化されたものとして体験してきたものであり、にもかかわらず、いわば多かれ少なかれ直観的状態で所有しているものだ。そのとき、思考の概略は、しばしば思考の被膜全体から図式として出てくる」。

だが、なぜ象徴的図式は現れるのか。そして、どんな場合に現れるのか。また、いかにして構成されるのか。図式は、純粋知や、理解の純粋な作用と、どのような関係を保っているのか。理解にとって、象徴の媒介によって実現されることは、いかなる意味をもつのか。図式の象徴的機能とは正確には何なのか。これらの問いのいずれにもフラッハは答えを示していない。したがって、フラッハを出発点として象徴的図式の研究を再開し、それ以上のことを、また別のことを引き出せはしないか見てみる必要がある。

平易な理解の作用や純然たる意味の意識には図式がともなわないことは、すでに見た。図式は、狭義での知的作用の努力にともなって、その努力の結果を空間的対象という形式の下に提示する。しかしながら、あらゆる知的作用が、ある程度の困難を出発点として図式に翻訳されるのか、それともイメージなしの知性作用がありうるのかを知ることは、興味深いだろう。その点で、メッサーの実験の結果は、フラッハの研究を補ってくれる。イメージなしで、単純な言葉によって、言葉のなかで、理解がなされることはよくある。また、イメージも言葉もなく、直接的で純粋な理解の例もある。だが、後者の場合、むしろ理解は途中で停止し、完全な発展を省略しているように見える。実は、終わりに至らないのは、イメージ化された段階ではない。われわれが検討できたあらゆる場合において、被験者は言葉を省略したという意識をもっている。したがって、二つの理解の部類がある、と主張してよいだろう。一つは純粋な理解（記号に依拠しようが、しまいが）、もう一つはイメージ化された理解（この場合も、言葉を用いようが、用いまいが）である。さて、この区別は偶然の結果とは認めがたいので、理解の二つのタイプには機能的な違いがあると想定せざるをえない。実際、数多くの観察から、どちらのタイプの理解を使うかは対象に規定されていない、という結論を下すことができた。たとえば、同じ文を、ときには図式によって、ときには何の補助もなしに理解できることを、私はしばしば確認した。以上の考察により、第一の問題をより明瞭に定式化できる。すなわち、人には理解の仕方が二つあり、両者は、意識の対象が何であれ、区別せずに適用されうるのだから、どちらの種類の理解を実行するのかを規定しうる動機とは何なのかを知る必要がある。動機は、対象のうちにではなく、先立つ意識の構造そのもののうちに求められなければならない。要するに、イメージ化された理解は常に記述されるべき時間形式に属しており、そうした時間形式のなかで、意識は対象に対して何らかの立場をとる。決定しなければならないのは、この立場である。意識のいかなる志向的態度に対して理解はイメージ化された形式の下に実行されるのか、また、この態度に対する象徴的図式の機能的関係はいかなるものなのかについて問うことができるだろう。だが、この態度の本性をすぐに決定するのは容易ではないので、まずは象徴的図式という概念を深く究める必要がある。

　象徴的図式が本書の第二部で記述した諸要素によって構成されていることは、すぐわかるだろう。知に関してはのちに考察するが、一つの知というものは、運動的アナロゴンに入り込み、総合作用においてそれを統合するものであり、また、運動的アナロゴンには情感的アナロゴンが結びつくこともある。それもそのはずで、心理学的空間の諸規定は、想像的形式の下で把握された運動的印象にほかならないからである。第二部で運動について述べたことのすべては、先に引いた実験7と実験13にあてはまる。[*9] 同じく引用した実験14と実験21は、情感的アナロゴンが新たな総合において運動的アナロゴンに付け加わりに来る仕方を、かなり明瞭に示している。運動的アナロゴンの仕事は、理解されるべき概念の合理的構造をできるだけ明瞭に表現することである。それに対して、アナロゴンの非運動的要素の特徴を示すのは、かなり難しい。というのも、この要素はむしろ概念に対する被験者の個人的反応の表れだからだ。とはいえ、要素はそれ自体、図式の性質として与えられるのだから、要素が概念の性質として反応を表現するのは確かである。その点で、実験14は教えるところが多い。

「妥協〔という語を提示されたときの回答〕……。

……それは緑青色、汚い緑青色でした」。

フラッハ本人の説明によれば、被験者が図式に「汚い」色を与えたのは、本人には不道徳で屈辱的に見える妥協を繰り返すよう、まわりから絶えず強いられていたためらしい。

精神分析にも通じるこの解釈についてどのように考えるかは措くとして、いずれにせよ、ボードレールの芸術が濃硫酸色をした染みによって象徴されているのは、その典型である。すでに指摘したように、情感的アナロゴンは得も言われぬ感情を表すものとして与えられる。引用された二つの事例において、情感的アナロゴンは色の代用品に該当する。反対に、概念の合理的要素は形状によって、つまり運動によって表現される。

図式がこのように構成されるのだとすれば、理解されるべき概念や命題の意味が図式に基づいて読み取られるのが正しいかどうかを問う必要があるだろう。フラッハは、この点について何度も断言している。「それらの図式の本質的な性格は、イメージに基づいて、イメージから出発して思考するということであり……まずイメージが現れ、その後ようやく思考が現れた……ということは、私がイメージを機に思考したことの証拠である」。

実を言えば、フラッハの被験者たちのいくつかの明言（「すぐに次のような思考が現れましたが、それを私はイメージのうちに読み取ったのです……」）は、彼女の考えを証拠立てているように見える。だが、この考えは妥当だろうか。この主張を明瞭に表すなら、次のように定式化できるだろう。被験者が理解しようと試みると、まず象徴的イメージが現れる――そして、被験者はそのイメージを読解し、まさにそこに自分が求めている意味〔記号作用〕を見出す。だとすれば、理解という作業の核心は図式を構築する点に存するということになる。

ところで、以上の仮定に従えば、被験者が図式を構築するのは理解する前のことである点に注目する必要がある。このような条件下で、フラッハ本人の言葉を用いれば「理解すべき思考の基本的特徴のすべて」をもつ象徴的表象を、どうやって被験者は生み出すことができるのか、という疑念が生じる。ここでは無意識的理解が意識的理解に先立つと想定すべきなのだろうか。だが、そうだとしたら、イメージがまず与えられ、次に読解されることになるが、どうやって被験者はイメージを正確に解釈できるのか。というのも、すでに見たように、事情に通じていない者に説明なしに略図を与えても、象徴的図式を理解はできないからである。そうなると、無意識的理解が図式の背後で意識的理解に変化する、と仮定する必要が生じる。だが、それでは図式の役割は余計なものとなる。ここでもフラッハが言うように、図式において思考は理解される前に「直観的に生きられる」と言うべきなのか。だが、繰り返しになるが、図式の構築には思考の理解が含まれるのだ。まず〔思考の〕理解があり、次に〔図式の〕構築がある、と言いたいわけでは、もちろんない。ただ、〔思考の〕理解が、〔図式の〕構築において、また構築によって実現されることはまったく明らかなのである。理解されるべき概念の構造は、図式の練り上げのための規則の役割を果たす。そして、この規則は、それを適用するという事実そのものによって意識される。その結果、いったん図式が構築されるや、もはや理解されるべきものは何も残っていないことになる。被験者の何人かやフラッハ自身は、次の点で判断を誤ったのだ。つまり、自分一人で理解するにとどまらず、言説によって自分の知性的作用の活動結果を人に伝えようとするなら、別の次元に移って、空間関係として把握したものを言語的記号によって説明する必要がある、ということだ。この言語への転写はもちろん理解を前提とするが、それでも適用のための軽度の努力を必要とするし、この努力がある場合には理解そのものとみなされてしまうのである。

以上述べたことはすべて、より簡単な仕方で表すことができる。本書第一部の現象学的記述によって言明できたことがある。イメージのなかには、人がそこに置いた以上のものは何も見出すことができない、ということだ。換言すれば、イメージは何も教えてくれはしない。したがって、いったん構築されたイメージの上で理解がなされることはありえない。こうした考えは、内在性の錯覚に由来する。実際、イメージの機能は理解を助けることにある、とするのは無理がある。むしろ、理解の意識は、ときとして想像的構造をとることがある、と考えるべきだ。そのとき、対象－イメージは、理解作用そのものの単なる志向的相関者として現れる。

ところで、どんなときに理解は象徴的形式をとるのか。それを知るためには、象徴的図式を構成している類型を思い出すだけで十分だ。図式は運動的形式をとることもあれば、静的形式をとることもある。いずれの場合も、運動的感覚の視覚的な想像的把握が問題となる。第二部で、そうした把握がいかにして行われるのかを見た。狭義での感覚的な要素が未来予持と過去把持によって縁取られているのも見た。未来予持を通して、人は結局一つの知に差し向けられるが、その知は未来予持として与えられながら、運動が展開されるにつれて過去把持に変わる。だとすれば、象徴的図式の構成を理解するには、その根源にある知に向かう必要があるだろう。いかなる知が問題なのだろうか。

理解することとは、記号的意味作用を単に再生することではない。それは作用である。この作用は、ある対象を現前させることを目指し、対象とは一般に判断の真理あるいは概念的構造である。だが、その作用は無から出発するわけではない。たとえば、私は「人間〔Homme〕」という言葉を理解しようと試みることはできる。だが、それに該当するドイツ語「人間〔Mensch〕」を理解しようと試みることは、ドイツ語を知らなければできない。したがって、私が理解するための努力をすることができるどんな言葉も、過去の理解の記憶にほかならない知に浸透されている。周知のように、デカルトは観念と観念の記憶とを区別した。知は、いわば観念の記憶である。知は空虚であり、過去および未来の理解を含んでいるが、それ自体は理解ではない。フラッハが被験者たちに言葉を理解するように指示したとき、理解がそうした知に基づいて行われたことは明らかだ。理解は、知から作用への移行として完遂される。知を横断する志向に従って、そうした理解は想像的になったりならなかったりする。したがって、理解の本性が決定されるのは、知の水準においてのことである。つまり、知は象徴的運動に続く未来予持に変わったり変わらなかったりするのである。要するに、記述すべき本質的な因子は、知のなかに現れ、最終的に象徴的図式を構成する志向性なのだ。なぜこの志向性は知を降格させるのか。

理解を容易にするためだろうか。この問いには、すでに答えた。繰り返しになるが、イメージは何も教えてくれない。理解はイメージとして実現されるのであって、イメージによって実現されるのではない。それに、次章で見るように、図式は知的理解を助けるどころか、抑制したり逸らしたりすることがしばしばある。だが、フラッハの実験の分析に立ち戻れば、イメージの機能を理解することができるかもしれない。

たとえば、実験27をもう一度見てみよう。「プロレタリアート」という語を理解するよう指示された被験者は、「平らで黒い広がりで、その下に静かに波打つ海」を思い描いた。ここで、われわれを誤りに陥らせかねないのは、そして実際にフラッハを誤らせたと思われるのは、象徴という観念の間違った解釈である。実際、フラッハは、この図式がプロレタリアートの象徴だと思っている、つまり、被験者は象徴を生み出すとき、線や色を通して思考を表象しようとしている、と信じているように思われるからである。したがって、イメージは「プロレタリアート」という観念の内容の図式的表象として、内容の目録を作る手段として与えられるとされる。換言すれば、イメージは相変わらず記号だとされるのである。だが、まず、この考えに対する反論は、被験者がこの構築を行ったとしても何の利益もない、ということである。次に、そしてとりわけ、自分でそうした図式の一つを生み出し、観察してみれば、図式が記号や表象する役割を少しも果たしていないことが確認できる。図式のなかには、何か表象するものがあるかもしれない。それは、それを通して形状や色彩を把握する情感的‐運動的アナロゴンである。だが、図式それ自体は、もはやアナロゴンではなく、意味をもつ対象そのものである。「静かに波打つ海」をともなった「平らで黒い広がり」は、プロレタリアートにとって、記号でも象徴でもない。それはプロレタリアートそのものである。これこそが、象徴的図式の真の意味だ。図式とは、意識にみずからを与える思考の対象なのである。このように、図式の機能そのものは、少しも理解を助けることがない。それは表現の機能でも、支えの機能でも、例示の機能でもない。本書では、ここで不可欠な新語を意図的に用い、図式の役割は現前化すること[*10]〔*présentificateur*〕だ、と言いたい。

本書第二部の冒頭で、純粋な知とは規則についての意識だ、と定義した。だが、さらに、それは「両義的意識であり、対象の関係的構造についての空虚な意識としてと同時に、主体〔＝被験者〕の状態についての充実した意識として与えられる」とも付言しておいた。一言で言えば、この意識を前対象〔＝前客観〕的意識と呼んだのと同じように、前反省的意識と名づけることもできるだろう。確かに、この意識は、主体〔＝被験者〕に彼自身の能力に関する情報をもたらす。「はい、私は知っています……、私は知ることができるでしょう、云々」。しかし、こうした知は観念形成の自発的活動としては十分に現れず、また、知の対象をなす関係も、客観的関係として現れることもあれば、思考を得るための規則として現れることもある。この均衡を欠いた状態は、想像的知に降格することもある。そうなると、一切の反省が消滅する。同様に、この状態は純粋な反省的意識になることもある。つまり、規則の意識としての自己をみずからに対して〔＝対自的に〕定立することもありうる。その場合には、言葉の意味は反省的次元において概念の内容として捉えられ、文の意味は判断として捉えられるだろう。この次元において、相変わらず推論は、思考の内面性の最も深いところから生じてくる一連の思考として現れる。前提条件は結論を形成するための作業規則として現れ、心的動機づけは次のような形式を帯びる。「もし私が、AはBを含み、BはCを含むと定立するなら、私が自己と整合的であるためには、AはCを含むと定立しなければならない」。このような古典的推論の反省的性格を考慮することで、形式論理学はみずからを「精神がみずからと一致する」ための条件の研究として定義することができた。こういった観念形成の活動の一切は反省の次元で行われ、思考は形成されると同時に、自分に対して思考として現れる。推論しているかぎり、意識は対象から切り離されている。意識が結論の水準で対象と合体することもあるが、それは意識が結論を反省抜きの断定に変換するときである。この反省的観念形成は、イメージをともなわない。第一に、イメージは不要だからである。第二に、仮にイメージが対象の意識としてではなく、イメージの意識として現れなければならないとしたら、イメージは意味を失ってしまうことになるからである。

だが、観念形成が全面的に非反省的次元で行われることもある。そのためには、純粋な知が想像的知に降格し、つまり前反省的性格を失い、まったく非反省的な知になるだけで十分である。その場合、思考全体が事物についての意識になって、思考自体についての意識にはならない。言葉を理解することは、概念を把握することではなくなって、本質を実現することになり、判断の理解はドイツ人が事態[*11]〔*Sachverhalt*〕と呼ぶ客観的内容に関わることになる。この非反省的次元を、意識がとる態度のゆえに、現前の次元と呼ぶことができるだろう。実際、意識は、あたかもみずからが判断している対象を前にしているかのように振る舞う。つまり、意識は、この事物を把握しようと努め、それに関わる思考を、外的対象に関わるかのように形成しようと努める。この場合、言葉を理解することとは、該当する言葉を意識の前で構成することである。「プロレタリアート」という語を理解することは、プロレタリアートを構成し、意識に現れさせることである。この本性が現れるのは、もちろん空間形式においてである。意識が現前を現実化できるのは、空間形式の下以外ではないからだ。だが、この空間化は、それ自体のために欲せられたのではない。実は、このとき意識において超越性と外在性の自然な混同が行われている。「プロレタリアート」という語、あるいは「自然は芸術を模倣する」という文を理解するよう促されると、人は事物を熟視するために事物そのものに関わろうと努める。換言すれば、意識が第一に行うことは、直観に頼ることなのだ。したがって、したがって、言葉の理解は、あたかも対象が突然出現したかのように与えられる。規定したがって、空間的規定は事物を構成している構造的関係の記号やイメージではない。規定は構造的関係そのものとして把握される。それは一連の運動に組み込まれた知によって構成された構造的関係なのだ。だが、もちろん対象は現実には構成されていない。対象は、そこにただ「イメージとして」あるだけだ。その結果、対象はそれ自体、不在として与えられる。これと相関的に、意識の態度は観察ではなく、準‐観察である。つまり、対象のイメージとしての現前は、意識に何も教えない。というのも、対象をイメージとして構成するということは、すでに理解しているということだからである。しかしながら、そのあと現れる思考は、相変わらず超越的対象に対する意識の反応として、要するに熟視の結果として与えられる。その一方で、あとから現れる思考は、通常の道筋を通ってもともとの理解から生じる。これから、このイメージとしての思考の仕組みを検討することにしよう。そして、たとえ図式の構築が理解の現象を少しも変えないとしても、続いて現れる思考は、イメージとしてのもともとの志向によって動機づけられているという事実によって、その本質において変更されることも見てみよう。

原注

（1）本節およびそれに続く節で、非現実的対象に対して用いられている言い回しや表現は、単に利便性からとはいえ、非現実的対象が意識の上に因果性の力を及ぼしていると見えさせかねないだろう。もちろん、これは単なる比喩である。真の過程を復元するのは容易だ。たとえば、イメージは説得力をもっていないが、われわれがイメージを構成するときの局面そのものを通して、結果的にわれわれは説得させられる。

（2）フラッハ〔Auguste Flach〕の論文「生産的思考過程における象徴的図式について〔Über symbolische Schemata in produktiven Denkprozess〕」（*Archiv für die gesamte Psychologie*, Bd. LII〔1925〕）、三六九頁以下。

（3）〔フラッハの原語は〕*Denkillustrierungen*.

（4）〔フランス語では〕Conscience des sphères. この表現は、とりわけヴュルツブルク学派の心理学者によって使われ、イメージに先立つ純粋な知の、ある状態を指す――広くは、心理学者に現れるかぎりでの思考を指す。

訳注

＊1　アルフレッド・ビネー（Alfred Binet）は、「私は明日、田舎に行くつもりだ」という文が喚起することができる適切なイメージはない、と断定し、それは「明日」、「田舎」、「行くつもり」が無数の可能性を含んでいるからだ、と説明した上で、次のように述べる。「人は一〇万フランを思考しながら、四スー〔「端金」の意味もある〕をイメージする。つまり、ここでは、イメージは挿絵入り小説の光景を描くためにときどき添えられる貧しい版画のようなものにすぎない。いや、この比喩さえ正しくない。版画は重要な場面を選んで添えられるが、観念形成の際のイメージは、しばしばどうでもよい装飾的な細部に対して

最も気まぐれな仕方であてはめられるからだ」（ビネー「情動とは何か、知性的作用とは何か（Qu'est-ce qu'une émotion? Qu'est-ce qu'un acte intellectuel?)」(*L'année psychologique*, tome 17, 1910)、一〇頁）。

*2 以下、フラッハからの引用はわかりにくい部分もあるので、フラッハのテクストを随時補足的に引用しながら訳す。フラッハ、前掲論文、三七八頁。

*3 同論文、四一四頁。

*4 同論文、三八三頁。リボンの図は以下のとおり。

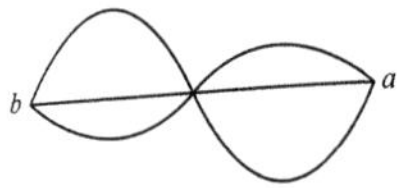

*5 同論文、三八六頁。

*6 サルトルは「22」としているが、フラッハの原文どおり「21」とする。この前に次のような指示がある。「これから歴史上または文学史上の人物の名前を挙げますから、その性格を簡潔に述べたあと、自分の経験について語ってください」。

*7 前掲論文、三八七頁。

＊8　同論文、三九〇頁。

＊9　サルトルは実験13をこの箇所以前には引用していないが、これも実験14と同じ「妥協」がテーマ。参考までに、この部分を訳出しておく。「私は二つの円が近づいて、交わるのを見ました。私にとって妥協とは、この二つの円が交わったところで示されました。円周は、一方が左に、他方が右にあり、部分的に交差する概念図〔Begriffsschema〕のように描かれました」。二つの円の図は以下のとおり。

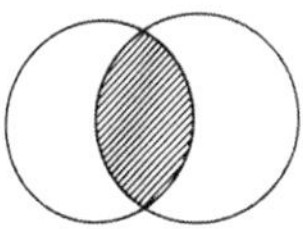

＊10　フッサールは、想像力が有する作用性、すなわち現前化（présentification; Vergegenwärtigung＝直観的に心に提示すること）できるが、感覚的知覚のもつ対象把握能力の広さや豊かさを保持できない作用性を暴き出した。現前化とは、対象をそこに現前するものとして直観的に提示する働きであり、一方において直観、原本的経験として明証性とほぼ同じ意味で用いられるとともに、他方では他の経験様式がそれへと志向的に関連づけられて真理性を確認されるべき、経験の原様態をさす。内的時間意識としては、現前化は原印象、過去把持、未来予持から成る経験である。

＊11　「事態」とは「SはPである」や「SはPではない」といった判断の客観的相関者、つまり判断の志向的対象である。しかし、事態は、感性的に知覚されたものに関する場合でも、知覚されたものとして感性的に現出するような対象ではない。判断において志向的に意識されているのは、存在する感性的対象で

はなく、「対象がある」、「対象がしかじかの状態である」といった事実である。

2 象徴的図式と思考の挿絵

象徴的図式を定義したあと、フラッハはそれを順次、以下のものと区別する。[*12]
(1)単なる思考の挿絵。フラッハによれば、これは象徴的図式と同時に現れることがありうるが、一つの例を示す以上のことはできない。
(2)メッサーの図式的表象（「それはライオンでもトラでもなかった。私は毛深い皮を意識していた」）。象徴的図式は、明確で具体的だが、何かが欠けているような対象物のイメージではない。それに対して、図式的表象は、いくつかの不明確な点を含む、よりぼやけた思考の挿絵である。
(3)図表〔ダイアグラム〕。たとえば、曜日や月名を図式的に表象するもの。「図表と象徴的図式の共通点は、図表が抽象的で非延長的な対象を空間的に表象することである。だが、図表の場合、空間内に位置を定める以外のことは何もしない。この位置指定は、記憶にとって、いわば係留ロープ、綱、方向づけの役に立つが、思考においては、いかなる役割も果たさない」。
(4)共感覚〔*synesthésies*〕や共視症[*13]〔*synopsies*〕。つまり、固有名詞や母音、等々を聞く際に、規則的に引き起こされるイメージ。

(5)自動‐象徴現象。これはジルベラーによる名称で、入眠時幻覚がその直前の思考を象徴する現象である[(5)]。フラッハは、入眠時象徴作用の二つの類型を区別している。第一は象徴的図式にかなり近い象徴を集めたものであり、第二のもののなかには単なる思考の挿絵も含まれるだろう。

フラッハは、このように挿絵、図式的表象、図表、共感覚、自動‐象徴現象から象徴的図式を区別したが、その本質的な違いは、ほぼ次の点にある。前者は、思考を表現しておらず、外的で、そのうえ、かなり緩い結合（ほぼ連合の結合と呼ばれるもの）によって観念形成と結びつけられている。後者〔象徴的図式〕は、思考の直接的産物であり、イメージの次元における思考の正確な表現である。ということは、象徴的機能をそなえたイメージもあれば、いかなる種類の機能ももたないその他のイメージ、すなわち残存物、偶然的つながり、常同症[*14]〔stéréotypies〕といったものもあるのを認めることになる。象徴的図式の次元の下に、フラッハは改めてビネーの言う「版画」を置いている。

だが、われわれは彼女の意見に与《くみ》しない。イメージとは、意識なのだ。この原則を認めるとき、観念連合にいかなる意味を与えるべきだろうか。連合は、二つの内容のあいだの因果的つながりとして現れる。だが、まさに、二つの意識のあいだに因果的つながりはありえない。意識は外部から他の意識によって引き起こされることはありえず、意識はそれ自体、その固有の志向性によって構成されるのであって、意識を先立つ意識に結びつけることができる唯一の結合は、動機づけの結合である。したがって、自動症《オートマティズム》や常同症については、もう語るべきではない。ビネーやヴュルツブルク学派の心理学者たちは、思考に対立させる形で、イメージを意味を欠いた現象として構成する傾向にあった。だが、イメージが意識であるかぎり、イメージもまた、他のあらゆる種類の意識と同様、固有の意味によって特徴づけられているはずだ。思考に続いて出現するイメージは、決して偶然の結合の結果ではない。イメージは、一つの役割を演じる。確かに、この役割については、版画の場合よりも象徴的図式の場合において、より規定しやすいだろうが、われわれの前提が正しいなら、図式として与えられないあらゆるイメージにも機能があるに違いない。

図表を象徴的図式に近づけるのは、かなり容易である。フラッハは、このことにほとんど同意している。というのも、大部分の図表を象徴的図式から区別し、また図表に対して「記憶にとっての方向づけ」という機能以外の一切の機能を拒否したあと、その構造によって被験者の主たる関心が暴露されるような図表を例外扱いしているからだ。たとえば、一年を構成する一二ヵ月を表す図表を描かせる〔すると、そこには一月から三月が書かれていない〕。なぜそれらの月が欠けているのか、と尋ねられた被験者は「子どもの頃、その三つの月は退屈だったからです」と答える。このような場合である。[*15]

もちろん、その図表は明らかに象徴的である。だが、どんな図表も、たとえもっと目立たない形によってであれ、象徴的ではないだろうか。多くの被験者において、一二ヵ月全部が揃っているが、それらは上昇線、下降線、破線、曲線、直線、等々に応じて配置されている。そうした配置はどれも意味をもっており、その意味は、たいていの場合、被験者の職業的活動によって一年が区分される仕方に対応している。要するに、被験者にとって月や曜日を表象する図表は、月や曜日の連続が彼らに現れる仕方を規則正しく表現しているのである。共感覚、つまり、たとえば被験者が、ある母音によって何らかの色を思い起こす場合についても、同じことが言える。共感覚は、単なる連合によって生み出されたものとして与えられることは決してない。色は母音の意味として与えられるのだ。

「ある四〇歳の男性は、a、o、uに対しては明瞭な色を感じるが、iには色を感じない。それでも、ぎりぎりiに対して白や黄色の音を見ることなら理解できる、と言う。だが、「それを赤と見るには、歪んだ精神、邪《よこしま》な想像力をもたなければならない」と彼は言う[6]」。

フルールノワは、彼が言うところの「情動的基盤の同一性」によって共感覚を説明しようとするが、この例のように母音が引き起こす色を変えようとする際に感じられる論理的抵抗は説明できない。というのも、「静かな海」がプロレタリアートそのものとして与えられるように、色は音「そのものとして」与えられているからだ。もちろん、これは知性作用というよりは情感的な意識であり、イメージは母音に対する被験者の個人的反応を表していると言えるだろう。もっとも、フラッハが、実験14の議論（「妥協……被験者は汚い緑青色を表象した」）や実験21の議論（「ボードレール……濃硫酸の色に類した一種の青緑色の染み」）では色の象徴的意味を認めているのに、なぜ共感覚の話になると認めなくなるのかは理解に苦しむ。そもそも、複雑さの程度を除いて、実験21「ボードレール」と単なる共感覚とのあいだに、どんな差異があるのだろうか。確かに、象徴的図式は、一般に空間的規定として構成される。だが、それはただ、純粋に知性的な次元での理解が得てして運動によって翻訳されるからにすぎない。知が直接的に運動的感覚に浸透しているのは、すでに見たとおりだ。だが、「心による」理解もあり、そうした理解は共視症《シノプシー》〔ある色が一定の音を想起する共感覚〕によって表現されるものである。

最後に、〔ビネーの〕「版画」の全特性を示すイメージは象徴的図式の役割を演じうることを確認すべきだろう。フラッハ自身、そのことを認めている。フィヒテの哲学の概要を簡潔に述べるようにフラッハに求められたある被験者は、「非我を乗り越えるために非我を生み出す自我」を、壁にハンマーを打ちつける労働者によって表象した。フラッハは、この思考の挿絵は機能からすれば図式と同じだ、と告白せざるをえなかった。

したがって、きわめて疑わしく、かつ研究が困難な自動‐象徴の現象の場合を除けば、ここまでの最初の検討から次の確証が導き出される。まず、象徴的図式の領域はフラッハが主張するよりも広く、彼女が切り離して考えようとした隣接する現象をその領域に戻し入れる必要がある。第二に、図式と版画の区別は明瞭ではない。両者はむしろ極端なケースであり、そのあいだには両者を結ぶ多くの中間的な形態がある。したがって、両者を根本的に異なる機能を果たすものとして理解すべきではない。

しかし、図式と挿絵という二つの型のイメージを比較すれば、かなりの差異が見出されることは確かだ。ルネサンスと呼ばれる歴史上の時代を数語で定義するよう求められた、と仮定してみよう。私は、運動するはっきりしないイメージ、噴き出しては消える噴水のようなもののイメージを思い描くかもしれない。あるいは、花の開花が浮かぶかもしれない。いずれの場合も、私のイメージは象徴的図式と呼べるだろう。なるほど、前者よりも後者のほうに、より多くのものがある。後者では、イメージは象徴的意味に加えて、別の意味をもっており、たとえば被験者がイメージのデッサンを描けば、その意味は外部から捉えられるだろう。だが、この補足的意味は、それ自体としては思考されない。すなわち、意味が意識的であるかぎり、私が対象に与えるのは相変わらず性質である。

だが、また別の種類のイメージを生み出すこともあるだろう。たとえば、ルネサンスという語が発せられると、ミケランジェロのダビデ像が「見える」という場合だ。ただ、本質的な差異があって、ダビデ像はルネサンスではない。とはいえ、この差異は外部からは確認できないということも指摘しておく必要があるだろう。イメージがルネサンスの象徴なのか、それとも、いわば側面的なイメージなのかを言うことができるのは被験者だけだ。ミケランジェロのダビデ像が、それ自体として思考されたのか、それとも象徴として思考されたのか、それを教えられるのは被験者だけなのだ。ミケランジェロのダビデ像がそれ自体として把握された、と仮定してみよう。この把握そのものにおいて、特別の志向がなければならない。というのも、まさに把握は象徴的なものでもありうるからである。象徴化的な把握は、ダビデ像に「ルネサンス」という意味を与える。非象徴化的な把握は、ダビデ像を「フィレンツェの、とある美術館にあるミケランジェロ作の彫像、云々」として構成する。仮に私の最初の目標が、「ルネサンス」という言葉によって私が理解するものについて簡潔な定義を与えることだったなら、私は自分の思考が逸れたことを認めざるをえない。だが、このずれは構成されたイメージの水準で生じるわけではない。というのも、方向の変化が起こるのは、知の水準、観念形成の活動の水準そのものにおいてだからである。また、この変化は、イメージの出現によって生み出されるどころか、イメージの出現の欠くべからざる条件なのだ。つまり、思考がみずからに与えた自発的ずれであり、偶然や外的強制の結果ではありえない。ずれは機能的意味をもっているに違いない。「ルネサンス」概念の内容を現前させようとした思考が、なぜこんな方向転換をして、この彫像〔ダビデ像〕のイメージ形成などにかかずりあうことになったのか。

このイメージがどんなふうに現れたのかを記述すべきだろう。まず指摘したいのは、イメージが、同一の探求という統一性によって、それに先立つ意識の産物に結びついたものとして与えられていることだ。つまり、ダビデ像は、単にダビデ像としてのみ現れるのではなく、「ルネサンス」という言葉の理解への一段階として現れる。この一段階という言葉それ自体は、彫像の矛盾した意味全体にとっての、いわば見出しである。実際、ある意味で、その彫像は、探求されている「ルネサンス」という語の外延全体を構成するいくつかの単位の一つとして現れるからである。その彫像は、私が知っているかぎりのルネサンスの時期に生み出された全芸術作品を体系的に通覧するための出発点である。だが、他方では、イメージはわれわれを自分のほうに引きとめようとする。このダビデ像そのものにおいて、私は当該ルネサンスだとは言わないが、漠然と自身のなかにこの時期の意味を隠しもっていると主張する。それは、たとえば「ベルリン王宮を訪ねてみれば、ビスマルク時代のプロイセン王国の意味がわかるよ」という言い方に似ている。この主張を突きつめ、また一種の融即[16]がなされることで、思念された〔visée〕影像はルネサンスであるものとして現れうる。

ただし、このルネサンスであるという仕方は、象徴的図式の純粋性をもつことができないだろう。実際、図式においては、空間的規定は、それが表象する概念の意味以外の意味をもたないし、あるいはたまさか固有の意味作用（花、ハンマーを打ちつける労働者）をもつ場合であっても、その意味は象徴化された概念の限界において、概念を現前的なものにするための、より精妙な手段という価値しかもたないからである。反対に、ダビデ像にとって、それがダビデ像として現れる仕方は、ルネサンスからまったく独立している。ダビデ像として、そのダビデ像の意味そのものはたくさんの知識を参照するが、知識はここでは役に立たない。ミケランジェロ作のこの彫像は、私がイタリア旅行中に見たダビデ像として、私が他にも作品を知っている彫刻家の作品として、私が他の作品のなかに分類することができる芸術作品などとして、要するに、そこから出発して、消え去った時代や雰囲気をすっかり再現することができる私の人生における特異な出来事として与えられる。おそらく、こういったことはみな、明示的ではなく、むしろ情感的な意味であり、それがときには発展することもある。ただし、それだけで十分なのであり、ある仕方で「ルネサンス」である、あるいは「ルネサンス」であろうとするダビデ像は、何ものかとして現れ、私の思考をずらし、今すべきことからはるか彼方へと私を連れ去ることもある。要するに、意識の相関者として現れ、そのことで意識はバランスを失い、夢想のなかに滑り込んでいったりするのだ。つまり、彫像がルネサンスであるように見えるのは、むしろ融即という神秘主義的結合によってなのである。

以上の簡潔な記述からわかるのは、挿絵のイメージは低次元の思考が行う最初の試行錯誤として生み出されること、イメージの意味が曖昧なのは、概念という明晰な見方にまで高められていない思考の不確実さに由来していることである。実際、抽象的な問いに対する最初の反応は、即座に修正されることがあるとしても、常に――少なくとも権利上は――低次元で、前論理的で、経験的反応であるように思われる。それはまた、統一性を欠いてもいる。この思考が未規定で、概念を生み出すいくつかの手段――そのどれもが不十分だ――のあいだで迷っているからだ。ソクラテスに「美とは何か」と尋ねられたヒッピアスは、「それは美しい女性、美しい馬です」などと答えた。こうした回答は、人間の思考の発展における歴史的一段階だけでなく、個人の具体的思考の生産における必然的一段階（ただし、反省の習慣は段階を短縮できる）を示しているように思われる。この思考の第一の回答は、当然のこととして、イメージの形式をとる。美の本性について問われた人の多くは、ミロのヴィーナスのイメージを思い浮かべる。それはあたかも、彼らが「美とはミロのヴィーナスである」と答えているかのようだ。

だが、それは挿絵のイメージの一様相にすぎない。それはまた、非知性的な思考によっても生み出される。この思考は、立てられた問いに関して、急いでできるだけ多くの知識を集めようと試みる。「美だって。よろしい。ミロのヴィーナスがある、その他には……」と言う場合がそれだ。イメージを構成する矛盾した諸傾向のため、それ以上は進めない。いずれにせよ、この新たな様相の下で、概念を表象するときに思考がとる第二の方法がわかる。この場合、概念とは、単にそれが指し示す類に属する要素の総計ということになるだろう。

　ところで、こうした知識（ミロのヴィーナス、ダビデ像など）がイメージ的形式で現れ、言語形式では現れない、という事実は、きわめて示唆的で、さらに多くのことを教えてくれる。誰かをルネサンスの傑作が集められた美術館の展示室に連れていき、この時期の芸術的特徴を簡潔に述べるように求めるとしよう。彼は、まず疑いなく、答える前に、目の前にある彫像なり絵画なりに一瞥をくれるだろう。なぜそうするのか。彼自身、それに答えられないだろう。それは観察し、ものそのものを参照し、それを検討するための努力であり、経験に与えられた優位性であり、これもやはり思考の低い段階の一つである素朴な経験主義を肯定する仕方である。傑作が不在であっても、反応は同じだ。ダビデ像を現前させようとするのである。つまり、思考は想像《イメージ》的意識の形式をとることになる。ただし、思考が急いで現前させた対象について、思考自身は、それが美であるか、それとも美しいものの範例であるのかを知らないし、それを検討することで「美」という概念の理解を引き出すことができるかどうかもわかっていない。この不確実性の結果、イメージはそれ自体として定立されると同時に、理解の一段階として定立される。そのうえ、思考は真の理解によって、突然この道から外れ、創造的努力によってルネサンスそれ自身が現前しているとみなすようになる。図式が現れるのは、このときだ。結局、変わったのはイメージの役割ではない。イメージは常に意識の相関者である。変わったのは、思考の本性なのだ。したがって、挿絵のイメージから出発すると、常に二つの可能な道がある。一方の道をたどれば、思考は最初の指示を放棄して、夢想に紛れ込む。他方の道をたどれば、思考はいわゆる理解に導かれる。イメージの水準でいつでも起こりうる思考の消滅が、ビネーのような心理学者たちを驚かせ、イメージは思考にとっては困り者だと結論づけさせた。だが、この思考の不安定さの責任は、思考そのものにある——イメージにはないのだ。

原注

（5）ヘルベルト・ジルベラー〔Herbert Silberer〕『夢〔*Der Traum*〕』（Stuttgart〔Ferdinand Enke〕, 1919）。

（6）フルールノワ〔Théodore Flournoy〕『共視症の現象〔*Des phénomènes de synopsie*〕』〔Alcan / Ch. Eggimann, 1893〕、六五頁の引用による。

訳注

＊12　この部分は、フラッハの前掲論文、四一二頁から末尾までの要約である。

＊13　「共感覚」とは、ある刺激に対して通常の感覚だけでなく、異なる種類の感覚をも生じさせる、一部の人に見られる特殊な知覚現象。たとえば、文字に色を感じたり、形に味を感じたりする。「共視症」と

は、ある色が一定の音を想起する共感覚のことを言う（第二部訳注＊19（二〇五頁）を参照）。

＊14　分裂病（統合失調症）などに見られる。目的のない行動、姿勢、発声などを反復的・儀式的に繰り返す病症。

＊15　サルトルの高等教育修了論文にも同じくだりがあり、次のような図が添えられている。

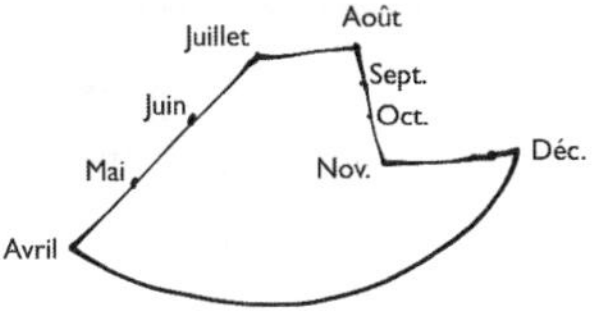

＊16　「融即」と訳した participation は、通常の意味では「参加」、哲学用語としてはプラトンの「分有（メテクシス）」の訳語であるが、ここではむしろ民族学用語として用いられている。離れたものを区別せず、同一化して結合する心性の原理を言い、リュシアン・レヴィ＝ブリュル（Lucien Levy-Bruhl）が『未開社会の思惟（*Les fonctions mentales dans les sociétés inférieures*）』（Alcan, 1910）において、未開社会の心性が文明人と本質的に異なることを示すために導入した概念。

3　イメージと思考

すべての非反省的思考がイメージ形式をとるかどうかをここで確かめるつもりはない。イメージが非反省的思考のいわば受肉であることを確認できただけで十分である。想像的意識は、思考のある類型である。それは対象において、また対象によって構成される思考である。その対象に関わる新たな思考はすべて、想像的意識においては、対象に関して把握された新たな決定として現れるだろう。だが、それは準‐観察でしかない。実は、思考は対象に関して自己確認するのではなく、対象として現れるのである。仮に観念の展開が、総合的に結びついた一連の想像的意識の形式で行われるなら、イメージとしての対象の生涯のようなものになるだろう。その対象は、ときによってさまざまな様相やさまざまな規定の下に現れるだろう。一人の御者を漠然と思い描き、その顔に口髭があると判断することは、口髭をたくわえた男の顔が現れるのを見ることである。対象に新たな性質を付け加える判断という想像的形式もあり、その場合は、危険を冒す、決断する、あるいは責任をとる、といった印象をともなう。以上の考察から、イメージと概念の関係がどのようなものなのかを素描できるだろう。人が想像的様式の下で個別の対象について考えるとき、意識に現れるのは、その対象そのものである。対象は、あるがままの姿で現れる。つまり、形、色などの諸規定をともなった空間的現実として現れる。もっとも、対象は、知覚の対象の特徴である個体性や単一性を決してもたない。伝染作用や一種の波のような、根本的な未規定のものがあるだろう。イメージのこの本質的構造については本書第二部[*17]において説明しようと試みた。同時に、対象はそこでは「それそのもの」はないものとして、不在の対象として与えられる。いずれにせよ、これが意識に現れるために思考がとる形式である。たとえば、「馬」、「人間」といった類について考える際、現れるのは類そのものである。実を言えば、一つの類だけを考えるのは稀であり、たいていの場合、思考はいくつかの類のあいだの関係の把握である。孤立した概念を考えるのは人為的訓練の結果だと言える。それでも、そう考えるのは常に可能であり、それには三つのケースがある。第一は、求めている概念の意味がよく分かっていなかったり、間接的に接近したりするケースである。この場合、最初の接近は、概念の外延に属する個別的対象という形式で現れる。たとえば、「人間」という概念について考える場合なら、ある特定の人間のイメージや、ある地理書で描かれている白人のイメージを生み出すことで、方向づけを試みるかもしれない。前章で、この思考タイプを説明しようと試みた。しかし、次に、思考が概念自体を直接に捉えることもあるだろう。この概念は——これが第二のケース——空間における対象という形式で現れるだろう。しかし、対象は個別化されておらず、あの人やこの人といった人間ではなく、人間というもの、つまり人間という類《クラス》だろう。当然、想像的意識の対象は、未規定の人間となる。これはゴールトンの言う合成イメージとは何ら共通点をもたないが、未規定である点がその本質をなす。それは、目の前にいる一人の人間についての逃げゆく意識のようなもので、その人の容姿、肌の色、背丈などを知ることはできず、また知ろうともしない。このような外延によって概念に近づく仕方は、おそらく思考のかなり低い水準に属すものだ。だが、第三のケースがある。内包として、つまり諸関係の体系としてすぐ概念に近づく場合で、概念は、概念を現前化する機能のみをもつ純然たる空間的規定の総体として現れるだろう。つまり、概念は象徴的図式の形式をとる。だが、「人間」や「馬」といった概念は、感覚的すぎるだけでなく論理的内容が乏しすぎるため、しばしばこの第三段階に達することができない。象徴的図式は、理解の努力によって、つまり抽象的思考に際して現れるにすぎない。それゆえ、概念が非反省的思考に現れるときの以上の三つの仕方は、意識の明瞭に規定された三つの態度に対応している。第一の態度では、私は意識を方向づけ、自分の周囲を探し回る。第二の態度では、私は対象のあいだにとどまっているが、類そのもの、つまり諸々の対象の集合そのものを意識に現れさせる。第三の態度では、私は、もの（単体としてであれ、集合としてであれ）からきっぱりと離れ、諸々の関係性に向かう。したがって、概念とイメージの関係という問題などないのだ。というのも、一方に概念があり、他方にイメージがあるわけではないからだ。そうではなく、概念の二つの現れ方がある。つまり、概念は反省的領域では純然たる思考として現れ、非反省的領域ではイメージとして現れるのである。

だが、より重要な問題がある。それは、イメージにおいては思考それ自体が「もの」として構成される、ということだ。その結果、思考に深い変容が起こりはしないだろうか。反省された純粋思考と空間化された思考は厳密に同じ意味をもつ、と認めることができるだろうか。イメージとしての思考は、思考の低次元の形態ではないのか。実は、二つのケースを区別する必要がある。思考が空間的表象のうちに囚われる仕方は、意識のその後の流れに異なる結果を引き起こすだろう。一方に、意識がこの隷属を苦しみつつ受け入れ、隷属から解放されるように努めることがあり、他方に、水が砂に吸い込まれるように意識がイメージに吸い込まれることがあるだろう。第一の場合、被験者はイメージを形成するにあたって、それが思考するには不十分な手段だと意識し、すぐさま逃れようとする。たとえば、哲学教授資格者R・A氏の興味深い観察事例を見てみよう。

「私が、ブランシュヴィックの思想の本質に関して十分な理解に達した、という印象をもったのは「合理主義の方向」[*18]を読んだときのことである。この本は「対象はそれを見ている者にとってしか存在しない」というショーペンハウアーのテーマを引き継いだものだ。ブランシュヴィック氏が認識の秩序を乗り越えることで、存在の秩序そのもののうちで、精神的活動、つまり根源的流れから二つの相関的な実在（主体と客体）を抽出したとき、私は彼の思想の要諦を捉えたと思った。今でも覚えているが、そのとき私の知性の努力をまるで挿絵のように示すイメージがあった。中心には運動に関する図式的で幾何学的な一種の表象があり、その彼方、この運動している線の両側に、対称的な二つの点、というより標的の内側の円にかなり似た二つの小さな円があった。おそらく、このイメージは明晰な意識の前景にはなかった。それでもはっきり見えていて、これでは不十分だとも感じていた。というのも、イメージはわずかに残存する物質性によって損なわれていたからだ。しかし、理解したという私の印象は、本質的に、イメージを捉え、イメージを乗り越えるための思考の運動から来ていたように思える。私は、感覚的表象の助けはまったくなしに、このイメージの精神的等価物を考えることができれば、本当の意味でブランシュヴィック氏を理解できるだろう、と感じていた。というのも、「魂の眼によって」自然（＝本性）や精神（二次的意味での）を見て、この精神的で創造的な原初的飛躍から脱出しなければならないと感じたからだ[7]」。

　R・Aの記述が象徴的図式の例であることに疑問の余地はない。ここまでの章を参照していただければ、図式の全特性が明らかにここに見出されるのを、読者は見て取ることだろう。ただし、R・Aの意識は、これまでのフラッハの記述では出会わなかった別の規定を含んでいる。図式は、暫定的で不十分なものとして、乗り越えられるべき段階として与えられているのだ。しかし、象徴的図式とは、それが表象する本質のことである、と以前われわれは言ったのではなかったか。だとすれば、象徴的図式が本質である（精神的運動における主体と客体という対概念の発生）と同時に、本質ではないものとして与えられることが、どうしてあるだろうか。にもかかわらず、このような意識の構造は、哲学者たちにおいて、つまりゲーテの言葉を借りれば「思考について考える」ことにきわめて慣れている人たちにおいて、かなり頻繁に見られるように思われる。彼らは思考の非物質的性格に深く浸透されており、思考というものが、それを表象し、定義し、つかまえようとするあらゆる努力から逃れることを古くから知っており、それゆえ、思考について語るとき、比喩や隠喩を使うにしても、控えめに、若干の嫌悪感を込めずには用いない。したがって、象徴的図式は、彼らの場合、思考としてではなく、最も表面的で、最も人を欺く側面であるものとして現れる。思考はそっくりそこにあるかもしれないが、人を騙しかねない形式においてである。つまり、図式は思考の儚《はかな》い外側として与えられるが、思考のほうは、それが〔形として〕とるいかなる「外側」によっても汲み尽くされないものとして、要はその出現の姿とは根本的に異質なものとして現れるのだ。

したがって、研究者は、みずからの思考に対して二つの態度をとりうる。第一は、図式を単に可能な方向性として、また、その後の一連の研究への扉として、すなわち物質的側面を越えて捉えられるべき本性の指示として捉える態度である。その場合、図式は自己超出を含んでいるので、固有の力動性をもつ。しかし、同時に、理解は現実態〔en acte〕として与えられるのではなく、可能なものとして、あらゆるイメージから解放されたのちに得られるものとして垣間見られているにすぎない。たいていの場合、理解はそれでしかない。つまり、理解は図式と考えの和、さらに先に進めるし、進まなければならないという考えの和なのだ。

第二は、被験者〔＝主体〕が思考を物質的束縛から解放する操作を現実に行うことである。被験者は、思考を保存しつつ、図式を脱する。だが、非反省的態度にとどまるなら、つまり、思考を形成する際に基とする対象（特殊または普遍的な本質、本質同士の関係、等々）についての意識をもつだけなら、たとえ一つの象徴的図式から離れたとしても、すぐに別の象徴的図式を構築することになり、それは無限に続いてしまう。彼は遅かれ早かれ操作をやめるだろう。しかし、もし彼が、先ほどその重要性を見た、あらゆるイメージに対する不満を持ち続けるなら、すなわち、まさに操作をやめるときに、ジッドが『贋金つくり』の末尾に書こうとした「続行可能」という言葉をつぶやくことができるなら、その中止は重要性をもたない。この場合、捉えようとする本質は、その本質が〈現実に〉とったいかなる形態のうちにも、また、とりえたであろう無数の形態のうちにもないものとして現れる。本質は、別のもの、根本的に別のものとなる。そして、被験者がこの異質性を肯定し続けるという、まさにこのことからも、それらのイメージ化された外的装いのすべて、それらの図式のすべては、思考にとって危険なものではなくなる。しかしながら、思考があらわになるイメージは考慮せずに思考について述べることができるとしても、思考を形成するときに想像的態度をとってしまうなら、決して直接的に思考に近づくことはできない。イメージからイメージへと永遠にさまようことになる。理解は永遠に終わらない運動となり、精神はあるイメージに対して別のイメージによって反応し、その別のイメージに対してさらに別のイメージが反応し、と権利上は無限に続く。この無限遡行から逃れて、生《なま》の思考がもつ素朴な直観に至るためには、態度の根本的な変化、真の革命が必要だ。すなわち、非反省的次元から反省的次元に移行しなければならない。反省的次元において、思考は現れると同時に思考として与えられるのであり、そのため思考は自身にとって全面的に透明である。だが、非反省作用から反省的思考に、つまりイメージとしての観念から観念としての観念に徐々に高まることを可能にする抜け道は、決して見つからないだろう。反省的次元における素朴な知的作用の相関者は、非反省の次元における象徴による近似値という無限の観念である。この等価性ゆえに、二つの次元におけるこの二つの過程は、認識の進歩にとって等価だと言える。

図式が思考を吸収してしまい、図式それ自身が本質であるものとして、あるいは規定されるべき関係であるものとして現れる場合、事態はまったく異なる。非反省的意識は憑依現象である。本質や関係について考えることは、この次元においてそれらを「血肉をそなえたものとして」生み出すことであり、それらを生き生きした現実性のうちで（もちろん、本書第一部第一章で定義した「不在のカテゴリー」の下で）構成することであり、また同時に、それらを見て、所有する〔posséder（＝憑依する）〕ことである。だが、同時に、それは本質や関係をある形象〔*forme*〕の下で構成することでもあり、その形象を、本質や関係の本性を正確に表すものとみなすこと、つまり本性である形象とみなすことである。この場合、思考はイメージのなかに閉じ込められ、イメージは思考に適合したものとして与えられる。そこから、意識のその後の流れの歪み――いつでも起こりうる――が出てくる。実際、考察の対象（本質、関係、関係の複合体など）は、観念的構造として現れるだけでなく、物質的構造でもある。というより、観念的構造と物質的構造は一体なのだ。だが、物質的構造は、ある種の空間的規定、対称性、位置関係、ときには事物や人物の実在さえ含んでいる（以前出てきたハンマーを打ちつける労働者の例を見よ）。そうした諸規定の進化がイメージの観念的意味によって支配されたままであるかぎり、すなわち図式の変化が相変わらず思考の変化によって命じられたままであるかぎり、観念の展開は変化しない。しかし、物質的構造が観念的構造にそのように従うことが可能になるのは、物質的構造が観念的構造を汲み尽くせないものとして捉えられるとき、つまり物質的構造と観念的構造のあいだに相対的独立性があるときだけである。そのことは、すでに記述した態度、すなわち被験者が、非反省的態度にあるとはいえ、純粋な観念一般の本性に関する漠然とした記憶や空虚な知を保つ態度の場合だけ起こる。だが、大多数の場合において、物質的構造は観念的構造であるものとして与えられ、空間的本性における図形や図式の展開は、観念の展開と厳密に同一のものとして与えられる。危険は明らかである。ほんのわずかに好き嫌いが顔を出したり、一瞬、図式の空間的関係をそれ自体として考えたり、空間性の固有の法則に従って関係の明確化や変容が起こるがままにするだけで十分なのだ。それだけで思考は決定的に歪められ、われわれは、もはや観念を直接的に追うことなく、類推によって考えるようになる。思考のこの気づかれない降格は、とりわけ哲学や心理学でよく見られる誤りの原因の一つであるように思われる。

　実際、想像的意識において、人は知覚において現れうる対象と類似したものとして与えられる対象を前にしている。この対象は、もの（幾何学的空間の純然たる規定、日常的事物、植物、動物、人）として構成されるかぎり、何らかの知（経験的な知——物理法則や生物学法則——、あるいはア・プリオリな知——幾何学法則）の相関者である。この知は、対象を構成するのに役立つが、構成に尽きるものではない。知はイメージのその後の展開を支配するのであり、この知こそが、イメージの展開を一定の方向に向けさせたり、われわれがイメージを恣意的に変容させようとするときに抵抗したりする。要するに、私がある対象のイメージを構成するや否や、その対象は、同じ類の他の対象が実際に行うように、イメージとして振る舞う傾向にある。フラッハは、巧みな例を挙げているものの、その重要性を理解しているようには見えない。「被験者が空中に放り投げられたいくつかのボールを思い描いたとする。そのとき、彼は自分の四肢に、ボールが高く上がるのを妨げるために空気がボールに与える抵抗を感じる。われわれが共感覚について、より深い研究をしなかったのは、この現象がもっぱら直観に属しており、象徴的図式それ自体の重要な特徴を構成していないことが明らかだったからである。この現象は、単なる連合作用による思考の挿絵の場合からも生じる」。

実際には、フラッハの引く卓越した例は、連合作用などではなく、イメージ形式でのみ自分について意識する知に関する説明である。被験者は、万事承知のうえで、空中に投げ出されたボールの弾道だけを目指している。それでも、同時に空気の抵抗について考えずには、弾道について考えることはできない。空気の抵抗をことさら表象するつもりだったわけでなくても、身体は空気抵抗を、対象にとって不可欠な補完物として演じる。このように、放任されてしまうと、イメージは固有の展開法則をもつが、その法則のほうはイメージを構成するのに用いられた知に依存している。このことをよりよく感じさせてくれる観察記録がある。

「私は坂道を上る車の話をしようとしました。私が抱いた抽象的な考え――それはうまくまとまっていませんでしたが――そして自分でも滑稽に思われた「車があたかも重力によって引っ張られるかのように、下ではなく上に向かって落ちるかのように、「坂道を上る」という考えを表す表現を探していたのです。結局、私は一つのイメージをもちました。車が坂道を上るのが見えたのです。車がひとりでに、エンジンなしで上った気がしました。しかし、重力の逆転は想像できませんでした。イメージは抵抗し、等価物を提供しただけでした。坂の上に、はっきりとはしないもの、磁石のようなものがあって、車を引きつけている、という気が漠然としたのです。このイメージは私が生み出そうとしたイメージではなかったので、ためらいが生じ、私は適切な表現を見出せませんでした。そこで、私は遠回しの手段を見つけなければならず、「上り坂でブレーキをかけなければならない」と言いました。この新たな要素を導入することで、イメージは変容させられ、ニュアンスがまったく別のものになりましたが、要素は同じままでした。磁石によって引きつけられる代わりに、同じ車がひとりでに坂道を上りました。車はもはや機械ではなく、自発的に移動する生命を吹き込まれた存在となり、私はその勢いを抑えなければなりませんでした」。

この例で、被験者は「重力の逆転」という抽象的思考と、それを言語化した表現とを媒介させるため、まずは具体的なイメージを作り上げ、そのイメージの重要な部分をストーリーに流し込もうとした。だが、イメージは作り上げられるのを拒んだ。求められたものが、イメージ形成に必要な具体的知〔重力は下方に向けて生じる〕と内容的に矛盾していたからだ。求められたイメージは形成されず、話者は右往左往し、結局は、生きている動物－自動車、磁力に吸い寄せられる自動車を思い描いたが、そもそもの逆方向の重力という考えは、イメージとしては捉えられなかった。現れたイメージのそれぞれの展開を導く具体的法則のうち、「上り坂でブレーキをかけなければならない」という台詞のあとで自動車が生物に変わること以上に典型的なものはない。上り坂でブレーキをかけなければならない自動車は、まさにこのことで機械として現れるのをやめた。ブレーキと状況を想像するだけで、ブレーキがかけられた機械にはおのずと一種の生命力が付加され、補完されたのである。このように、精神がどんなイメージの要素であっても常に自由に変えられるとしても、すべての要素を自分の好みで変えることができると思ってはならない。すべては、あたかもイメージの変化が共可能性[*19]〔*compossibilité*〕の法則によってかなり厳密に規制されているかのように生じる。その法則は、ア・プリオリに規定されることはなく、イメージと組み合わせられる知によっている。

ここで、元の問題に立ち戻ることにしよう。反省の途中で、フラッハが「象徴的」と名づけるタイプのイメージの一つ（図式であれ、他の表象であれ）を生み出すとき、イメージのなかには対立があるように見える。それは、イメージがあること〔イメージの存在〕と、イメージが表しているもの〔イメージの表象〕のあいだの対立、イメージが受肉する観念に由来する展開の可能性と、イメージ固有の力動性《ダイナミズム》とのあいだの対立である。石やハンマーや花は無数の抽象的な本質の象徴でありうるが、その一方で、固有の本性ももち、それに従って独自のイメージとして展開する傾向にある。私がイメージのただなかにあって、先に述べたイメージに対する不満を抱くなら、思考がこの両義性を被ることはない。私はイメージが固有の法則に従って展開する時間を与えず、形成するや否や、イメージを捨て去り、決してイメージに満足しないからである。思考は常にイメージの物質性に陥りかねないが、他のイメージのなかに流れ込むことで、それから逃れ、次々と別のイメージに向かう。だが、たいていの場合、イメージに対するこの懐疑は、反省の記憶のようなものであって、現れることがない。この場合、イメージに固有の展開法則は、しばしば考察対象である本質の法則と混同される。この本質が仮に坂を転がる石の形象で現れるなら、石の落下は、その必然性のすべてを私の物理学に関する知から引き出しているがゆえに、象徴を展開させ、それを強化し、その厳密性を与える。次の例は、こうした置き換えの危険性を明らかに示している。「私は、あらゆる被抑圧者や被抑圧集団は、まさに被っている抑圧そのものから抑圧をはねのける力を得ることができる、という考え方で自分を納得させたいと思いました。しかし、この理論は恣意的だと感じ、一種の気づまりを感じたのです。私は改めて反省の努力をしました。すると、圧縮されたバネのイメージが現れました。同時に、私は自分の筋肉のうちに、バネの潜在的な力を感じました。バネは強く圧縮されればされるほど、激しく伸びるでしょう。一瞬のあいだ、私は先ほどは納得できなかった考えが必然的であることを、まざまざと感じたのです」[8]。

事態は明白だろう。被抑圧者はバネである。しかし、他方で、圧縮されたバネの上に、バネを伸ばす力がはっきりとすでに読み取れる。つまり、圧縮されたバネは、明らかに潜在的エネルギーを表している。この潜在的エネルギーは、もちろん被抑圧者のエネルギーである。というのも、被抑圧者とはバネであるからだ。ここでは明らかにイメージの法則と表象された本質の法則とのあいだの伝染作用が見られる。対象の上で行使される力に応じて増える潜在的エネルギーという観念は、そのエネルギーを差し出すバネであり、そうした観念が把握されるのは、バネの上においてである。比喩の言葉を変え、バネの代わりに、たとえば有機体を用いるなら、まったく逆の直観をもつことになるだろう。次の文が表現するようなものだ。「抑圧は、抑圧を被る人々を堕落させ、退化させる」。しかし、バネのイメージは、それ自体として見られ、ただ単にバネのイメージとして考察された場合もまた、十分に説得的ではない。確かにバネは力を蓄積しているだろうが、のしかかる重さから解放されるには十分ではない。というのも、バネが蓄積する力は、圧縮する力よりも常に劣るからだ。その際、イメージの上に読み取られる結論は、次のようなものだろう。「被抑圧者は、抑圧の事実そのものから力と価値を得るが、束縛から解放されることは決してないだろう」。

　確かに、自分のうちにバネの図式を再現することで問題を理解できたわけだが、ここにはさらなる問題が見て取れる。イメージは意味によって歪められているのだ。圧縮されたバネのなかに蓄積されたエネルギーは、単なる受動的な備蓄としてではなく、時間とともに増す生命の力として感じられている。ここではバネのイメージは、単なるバネのイメージではなくなり、定義しがたい何か、生きているバネのイメージになっている。確かに、これは矛盾と言えるが、内的矛盾のないイメージなどないことは第三部〔第2節〕で明らかにしたとおりだ。イメージが明証的だという印象は、この矛盾において、またこの矛盾によって作り出される。このように、イメージは根拠薄弱な説得力をもっているのであり、それはイメージの本性がもつ曖昧さに由来するのだ。

原注

（7）私は、その後も、イメージを形成したまさにその瞬間にイメージを乗り越えるための努力をする多くの研究者や教授に出会った。とりわけ、哲学科の学生であるL・ド・R氏の興味深い観察がある。

（8）学生R・Sの観察記録。

訳注

＊17 サルトルは「第三部」と書いているが、勘違いだと思われる。

＊18 レオン・ブランシュヴィック（Léon Brunschvicg）（一八六九―一九四四年）の論文「合理主義の方向——表象、概念、判断（L'orientation du rationalisme, représentation, concept, jugement）」は、一九二〇年に『形而上学と道徳』誌に発表された論考（*Revue métaphysique et morale*, tome XXVII, n°3, 1920, pp. 261-343）。アレクサンドル・パロディ（Alexandre Parodi）による現代フランス哲学の動向に関する発表への応答として執筆され、短い導入および「表象と概念」、「実証主義、直観主義、神秘主義」、「批判的観念論」の三部から成る。内容的には、オクターヴ・アムラン（Octave Hamelin）、ライプニッツ、カント、シャルル・ルヌヴィエ（Charles Renouvier）、ベルクソン、ジュール・ラシュリエ（Jules Lachelier）、エミール・ブートルー（Emile Boutroux）などの学説に関するコメントであり、ショーペンハウアーへの明示的な言及は見られない。

＊19 ジル・ドゥルーズ（Gilles Deleuze）は『意味の論理学（*Logique du sens*）』（Minuit, 1969）で、ラ

イプニッツのモナドとの関係で共可能性について言及している（第一六のセリー）。すなわち、ライプニッツによれば、「各個別的モナドは世界を表現する。〔…〕表現される世界がまさしく一つの世界を形成するのは、各特異性に従属するセリーが、別の特異性に従属するセリーとともに収束する限りにおいてである。この収束性こそが、「共可能性」を世界の総合の規則として定めるのである」（『意味の論理学』上、小泉義之訳、河出書房新社（河出文庫）、二〇〇七年、二〇〇―二〇一頁）。

4　イメージと知覚

本書の冒頭で、知覚は感覚とイメージの混合から成ると説明するあらゆる試みが引き起こす問題点を示した。今や、なぜそうした学説が受け入れがたいのかが理解できる。イメージと知覚は、性質は類似しながら組み合わせが異なるような、心の二つの基本的な機能ではない。そうではなく、意識の還元不可能な二つの大きな態度なのだ。したがって、イメージと知覚は排除し合う。すでに指摘したように、絵画を通してイメージとしてのピエールを目指すときには、まさにそのことによって絵画を知覚することをやめるのだ。ところで、いわゆる「心的」イメージの構造は、アナロゴンが外的であるイメージの構造と同一である。すなわち、想像的意識の形成は、この場合も、前の場合と同様、知覚的意識の消滅をともなう。逆もまたしかり〔知覚意識があれば、想像的意識は消える〕。私がこのテーブルを見つめているかぎり、ピエールのイメージを形成することはできない。しかし、突如として非現実のピエールが私の前に出現するなら、眼下のテーブルは消失し、舞台を退く。このように、現実のテーブルと非現実のピエールという二つの対象が交互に現れるとしても、それは根本的に異なる意識の相関者としてにすぎない。だとすれば、どうしてイメージが知覚の形成に協力できるだろうか。

もちろん、私は常に、見えている以上のことを、そして見えているのとは別様に知覚している、という事実がある。この異論の余地のない事実――われわれには知覚の構造そのものだと思われるもの――を、昔の心理学者たちはイメージを知覚に導入することで説明しようと試みた。つまり、厳密な意味で感覚的な寄与を補うにあたって、人は対象に非現実的性質を投影する、と彼らは想定したのである。もちろん、このように説明するには、イメージと感覚の厳密な同化が――少なくとも理論的には――常に可能でなければならない。だが、本書が解明を試みたように、それこそが大いなる誤解だとすれば、新たな仮説を探求しなければなるまい。ここでは、探求の可能な方向性を示すだけにしておく。

第一に、ケーラー、ヴェルトハイマー、コフカ[*20]の研究のおかげで、今では、知覚のいくつかの変則的な定数を、われわれの位置が変化しても形態構造が持続する、という事実によって説明することができる。こうした形態の研究をさらに深めれば、なぜ見えているのとは別様に知覚するのかも理解できるようになるだろう。

なぜ知覚はより多くのものを含んでいるのかも説明しなければならない。純粋感覚という理性上の存在を決定的に放棄すれば、問題は単純化するはずだ。というのも、その場合、フッサールに依拠して、知覚とは意識を時間‐空間的な対象の前に置く作用である、と言えるからである。ところで、この対象の構成には、新しい対象を定立せず、現前している対象を今知覚されていない側面との関係で規定するような、さまざまな空虚な志向が加わる。たとえば、私の脇にあるこの灰皿には「裏側」があり、裏側を介してテーブルの上にあり、その裏側は白い磁器でできている云々といったことは言うまでもないことだ。それらの雑多な知識は、記憶としての知なり、前述定的推理なりに由来するものだった。[*21] だが、注意すべきことがある。この知は、起源がいかなるものであれ、言葉には表されておらず、前述定的なままである、ということだ。それは、この知が無意識的だからではなく、対象に密着し、知覚の作用と融合しているためである。目指されているものは、必ずしも明示的には事物の眼に見えない側面ではなく、眼に見えない事物の側面がそれに対応しているかぎりでの眼に見える側面であり、表面の構造が「裏側」の存在を含んでいるかぎりでの灰皿の表面である。もちろん、それらの志向こそが知覚にその充実性や豊かさを与えている。志向がなければ、心的内容は「匿名」のままである、とフッサールは正当にも言った。しかし、こうした志向は、それでも想像的意識とは根本的に異質である。というのも、志向は、言葉に表されず、特別に何ものも定立せず、対象のなかに、構成的構造の資格で、ほとんど規定されてすらいない諸性質、ほぼ発展の単なる可能性にすぎないものを投影するにとどまるからだ（たとえば、椅子には見えている以外にも二本の脚があるし、壁紙のアラベスク模様は洋服簞笥の後ろにも延びているし、背中が見えている男なら正面も見えるかもしれない、といった事実)。これが無意識に陥ったイメージでも、縮小されたイメージでもないことは明らかだろう。

こういった志向もイメージを生み出すことがあるし、それこそがすでに指摘した誤りの起源なのかもしれない。それらの志向は、一切の知がそれに対応するイメージの条件であるというのと同じ意味で、知覚の対象に関係する一切のイメージの条件でさえある。ただし、もし私が箪笥の後ろに隠れている壁紙を思い描こうとすれば、眼に見えているアラベスク模様の知覚に含まれている空虚な志向は分離され、それ自体として定立され、明示化され、退化することになるのでなければならない。同時に、空虚な志向は、知覚的作用との融合をやめ、意識の独自の作用として構成される。同様に、隠れている模様は、もはや眼に見える模様の性質——すなわち、継続し、中断されずに連続しているといった性質——を構成しなくなる。模様は、単独で、自律的対象として、意識に現れることになるだろう。

したがって、知覚のなかに無数のイメージの発端があるとしても、イメージそのものは、知覚的意識が消滅することによってのみ構成されうる。

要するに、想像的態度は心的生の独特の機能を表している、と言ってよいだろう。たとえ、単なる言葉や、言語的思考や、純粋な思考ではなく、イメージが現れるとしても、それは偶然的な連合作用の結果では決してない。それは常に包括的で独自の態度であり、意味と有用性をもっている。イメージが思考を損ね、思考にブレーキをかけることがありうる、と言うのは馬鹿げている。あるいは、そう言うとしても、それは、思考が自分で自分を損ない、蛇行や迂回のなかで進んで迷い込む、と解すべきである。というのも、イメージと思考のあいだにあるのは、対立ではなく、種と、種を包摂する類との関係だけだからである。思考は直観的であろうとするときや、ある対象の視像〔*vue*〕に基づいて何かを主張しようとするとき、イメージ化された形式をとる。その場合、思考は、対象を見るために、あるいはそればかりか対象に取り憑くために、対象を自分の前に出廷させようとする。しかし、どんな思考も陥りがちなこの試みは常に失敗する。というのも、対象は非現実性の性格を帯びているからだ。このことから、イメージを前にしたわれわれの態度は、〔知覚によって〕ものを前にしたときの態度とは根本的に異なることになる。非現実的対象の観察が準‐観察であるように、愛、憎しみ、欲望、意志も、準‐愛、準‐憎しみ、等々になる。次の第四部では、非現実的なものを前にしたこのような振る舞いを、「想像的な生」の名の下に考察の対象とする。

訳注

＊20　クルト・コフカ（Kurt Koffka）（一八八六―一九四一年）は、ユダヤ系ドイツ人の心理学者。ゲシュタルト心理学の創始者の一人。知覚のみならず、学習、記憶、発達、社会心理など、あらゆる領域にわたってゲシュタルト心理学の立場から考察を試みた。

＊21　「前述定的」はフッサールの用語。言語化された判断に先立ち、命題化される以前の明証性があり、それが述定的明証性を基礎づける、とフッサールは考える。

第四部　想像的生

1　非現実的対象

想像力の作用とは、今しがた見たように、魔術的作用である。思考の対象や欲しいものを手に入れるために現れさせる呪《まじな》いなのだ。この作用には、常に何か尊大で子どもじみたものがあり、距離や困難を考慮に入れることを拒否する。こうして、幼い子どもは、ベッドのなかから命令と祈りによって世界に働きかける。意識の命令に従い、対象は現れる。しかし、この対象の実在の仕方は、きわめて独特である。

第一に、呪いは対象をそっくり獲得し、その実在をすっかり再生しようとする。第二に、対象は、知覚の場合とは違って、特定の角度の下に現れはしない。対象は一つの観点から与えられるのではない。私は対象を、それ自体として生まれさせようとする。「先週の金曜日の夕方の七時に横顔を見た」ピエールとか、「昨日、私の部屋の窓から見かけた」ピエールなどに関心はないのだ[1]。私が欲し、獲得するのは、ただのピエールである。だからといって、ピエールが、位置もなく、ひょっとしたら場所すらなく、私に現れるわけではない。そうではなく、想像的意識の対象は、子どもが描いた絵に似ているのだ。顔は横向きなのに、眼が二つある。要するに、想像《イメージ》された対象は、複数の側面から同時に見られている。というより——そのように観点や側面を増やすことは、想像的志向を正確に説明することにはつながらないから——想像《イメージ》された対象は全体的側面の下で「現前化」される、と言うべきだろう。対象についての観点のようなものが下書きされるが、それはすぐ消え、薄まる。想像された対象は、感覚的というよりは、準‐感覚的なのだ。

さらに、イメージとしての対象は非現実的である。確かに現前しているが、同時に手の届かないものだ。私はそれに触れることも、位置を変えることもできない。できるとしても、非現実的にであり、自分の手を使うのをあきらめ、幽霊の手を使って、その顔に非現実のパンチを浴びせる、というやり方でだ。つまり、非現実的対象に働きかけるには、私自身が二つに分裂し、自分を非現実化しなければならない。そもそも、そういった対象は、私に働きかけや振る舞いを要求しない。対象は、重さも圧力もなく、強制もしない。純然たる受動性であり、待っている。われわれが対象に吹き込むかすかな生は、われわれに、つまりわれわれの自発性に由来する。対象から目を離すと、それらは消滅する。対象は全面的に非活動的なのだ。この点は次章で見ることにする。こうした対象は、最終項であって、最初の項では決してない。対象同士のあいだでさえ、原因でも結果でもない。

こうしたイメージの展開は「連合作用によって」起こるのであり、精神のある種の受動性を前提とする、と反論する人もいるだろう。たとえば、殺人現場を思い描けば、突き刺さるナイフが「見える」し、血が流れ、被害者の身体が崩れ落ちるのが「見える」というわけだ。なるほど、そうかもしれない。だが、思わず見えるのではない。それらを夢想するがゆえに、自発的にそれらを生み出すのだ。こういった細部《ディテール》が現れるのは、知覚は全体的に回復される〔*Reditur integra perceptio*〕とヴォルフが言った意味で、対象が自動的に完成される傾向をもつからではなく、イメージ化された対象の上に形成される新しい意識によってなのである。このことは、精神衰弱患者に関するジャネの研究が明らかにしている。それによれば、強迫観念の悲劇的性格は、精神が自分自身で無理やり自分が恐怖を抱く対象を再生することに由来する。強迫的イメージが機械的に再出現するわけではないし、古典的な意味での単一観念偏執症〔monoïdéisme〕もない。強迫観念は欲せられ、一種の眩暈《めまい》によって、自発性の痙攣によって再生されるのだ。

　この受動的対象は、人工的に生を維持されているとはいえ、今にも消滅しそうであり、欲望を満たすことはできないだろう。だが、まったく無用なわけではない。非現実的対象を構成することで、欲望は一瞬まぎれるが、すぐによりいっそうかき立てられる。海水を飲むと余計に喉が渇くのに似ている。私がある友人に会いたいとする。私は友人を非現実的に出頭させるだろう。それは充足を演じる仕方である。だが、充足は演じられているにすぎない。現実には、友人はそこにいないからだ。私は欲望に何も与えない。それどころか、対象の大部分を構成しているのは欲望である。欲望が非現実的対象をおのれの前に投影するにつれて、欲望は欲望として明確になる。第一に、私が会いたいのはピエールその人である。だが、私の欲望は、あの微笑みや表情への欲望となる。このように、私の欲望は限定されると同時に高まる。非現実的対象は、まさに——少なくとも、それの実際の側面に関して——欲望の制限と高まりである。それゆえ、それは幻想でしかなく、欲望は、想像的作用において、自分で自分に糧《かて》を与えるのだ。より正確に言えば、イメージとしての対象は、明確化された〔*défini*〕欠如である。それは「ない」という逆説的な形で形をとる。イメージとしての白壁は、知覚において欠けている白壁なのである。

ピエール自身が非現実的だ、と言っているのではない。ピエールは、この時間、パリの彼の部屋にいる血肉をそなえた存在だ。ピエールを目指す想像的志向もまた現実的であり、それが活性化する情感的‐運動的アナロゴンも現実的である。ユルム通り[*1]にいる現実のピエールと、私の現在の意識の相関者である非現実のピエールという二人のピエールがいる、と考えてもいけない。私が知っており、私が目指している唯一のピエールは、現実にパリのその現実の部屋に住んでいる現実の人である。したがって、その人を私は召喚するのであり、その人が私に現れるのだ。だが、彼はここで私に現れるのではない。彼は、私がものを書いているこの部屋にはいない。彼は、自分の現実の部屋で、彼が現実にいる部屋で、私に現れる。しかし、だとすれば、もはや非現実はない、と反論する人がいるかもしれない。だが、ここで言いたいのは、こういうことだ。ピエールと彼の部屋は、私が現実にいるこの場所から現実には三〇〇キロメートルの距離にあるパリに位置するかぎりでは現実的だが、今私に対して現れるかぎりでは現実的ではない。たとえ私がイメージとしてのピエールを思い起こして「彼は残念ながら、そこにいない」と思ったとしても、イメージとしてのピエールと血肉をそなえたピエールを私が区別している、と理解すべきではない。ピエールは一人しかいないし、それはまさにそこにいないピエールだ。そこにいないということが、彼の本質的性質である。一瞬のあいだ、ピエールはD通りにいるものとして……つまり不在として、私に与えられる。このピエールが不在であることこそが、私が直接的に知覚していることであり、私のイメージの本質的構造を構成しているが、それこそがまさにピエールを全面的に特徴づけるニュアンスであり、われわれが彼の非現実性と呼ぶものである。

一般に、非現実的なのは対象の素材そのものだけでなく、対象が従属する時空間の諸規定も、すべてこの非現実性を帯びている。

空間に関しては自明だろう。誰でもイメージの空間が知覚の空間でないことはわかる。しかし、いくつかの特殊なケースについては困難な問題が残っているので、問題の一般的論点の概略を示しておくべきだろう。仮に、不意に友人ピエールを思い出したとすれば、灰色のスーツを着て、一定の態度をとっている彼を、私は「見る」だろう。だが、たいていの場合、彼は私に対して、ある限定された場所に現れるわけではない。一切の空間的規定が欠けているわけではないのだ。ピエールは何らかの位置的性質をもつからである。しかし、地形図的な位置規定は、不完全であったり、完全に欠けていたりする。むろん、こんな反論があるかもしれない。ピエールは私の左側、私から数メートルのところ、私の眼や手の高さのところに現れる、と。心理学に通じた被験者によってなされた多くの記述は（ヴュルツブルク学派の心理学者たちやスペエール氏の調査によれば）、こういった位置規定だとされる記載事項を含んでいる。だが、被験者たちの誤りを見抜くのは容易だ。実際、ピエールが私の左側に現れるということを認めたとしても、だからといって彼が現実に私の前に現前している肘掛け椅子の右側に現れるわけではない。したがって、こうした位置規定は錯覚であるに違いない。なぜそうなるかといえば、イメージとしてのピエールを出現させるには、われわれは自分の手や眼球などの運動について教えてくれる運動的印象を形成しなければならないからだ。本書の第三部で、この「活性化《アニマシオン》」の過程を記述しようと試みた。ところで、この「形成された」印象の傍らに、やはり別の運動的印象があって、それらは同じ器官に属しており、その運動的意味のすべてを保っており、同じように自分の手や眼について教えてくれるものとして、意識にやって来る。また、後者の運動的印象は、前者のすぐそばにあるため、知らぬ間に前者と融合する。たとえば、確かに私は自分の眼球の運動をM字型の静的形態として解釈することがあるだろうし、そのことによって、私は新たな志向を通して、眼輪筋の収縮と眼窩に沿った眼球の回転から私に与えられる印象を活性化すると理解すべきだろう。だが、眼窩の別の部位、眉の筋肉などは、変わらない運動的印象を与える。その結果、運動的アナロゴンは、みずからの運動的周辺部から完全に離れることができない。そこで、アナロゴンには、伝染作用によって、イメージとしての対象の側面的で自発的な一種の位置規定が生じる。こうして、私はアナロゴンを「左側」、「右側」、「上」、「下」に位置づけることになる。だが、この空間的規定は、ときとしてイメージ化された空間の非現実的性格を覆い隠すことができたとしても、非現実的対象の性質では決してありえない。

このような間違った位置規定を退けるなら、対象の重要な性格、つまり対象の奥行きの係数と呼べるものを、より容易に理解できるだろう。イメージとしてのピエールは、ある距離をとって私に現れる。この場合、運動的アナロゴンが隣接するものによって伝染させられる、という説明は有効ではないだろう。だが、そもそもピエールは私から一定の距離のところにいるのか。それはありえない。彼は私といかなる関係ももたない。彼は非現実的だからである。彼は私から一〇〇メートルのところにも、五メートルのところにもいない。ピエールは「五メートルのところで私によって見られる」ものとして私に現れる、と言いたくなるかもしれない。だが、ちょうど私がイメージとしてのピエールを生み出すとき、私は彼を見るつもりはまったくなく、一つの絶対との直接的コミュニケーションをとろうとしているのだ。ピエールは他の誰にとっても五メートルのところにはいない。彼は、私から五メートルのところにいたなら私の知覚に映るはずの背の高さや容姿で現れるだけだ。それは一種の絶対的性質である。先に、対象はイメージのうちで絶対的性質の複合として現れることを明らかにしようとした。その一方で、絶対的性質のそれぞれの起源は、対象の感覚的見かけ、つまり相対的性質にある。イメージは対象にとっての実在の絶対的条件を生み出すことはない。イメージは感覚的性質を絶対へともたらすが、とはいえ感覚的性質から本質的相対性を奪い取ることはない。もちろん、そこから矛盾が生じるが、非現実的対象がもつ曖昧な性格のゆえに、必ずしも明白ではない。すでに知覚においても、私はピエールに絶対的大きさと私に対する自然的距離を与えている。その結果、私がピエールをイメージとして再生するとき、私は彼にその絶対的大きさとその自然的距離を与えるのだ。しかし、それらの性質は、もはやピエールと他の対象との関係としては現れないだろう。性質は内面化されている。絶対的距離、絶対的大きさは、対象の内在的特徴になっているのだ。こうした事態はまったくの真実であって、私は背の低い友人Rを、その小ささの指標となるいかなる対象も現すことなく、彼の背の低さと絶対的距離とともに、イメージとして再生することができる。知覚の場合、対象を他の対象や私自身と比較する手段がないかぎり、対象が大きいか小さいかを知ることは決してできないだろう。反対に、イメージとしての対象は、内面化された小ささをもっている。なるほど、イメージにおいても、対象の背や距離を変えることはできる。しかし、たとえば遠くから見えていた男が近づいてくるのを想像するときに変化するのは、この非現実的な男の内的性質、つまり肌の色、見えやすさ、絶対的距離である。それは私に対する彼の距離ではありえない。そんな距離は存在しないのだ。

　以上の分析から、イメージとしての空間は、知覚における拡がり[2]より、ずっと質的な性格をもつことがわかった。イメージとしての対象の一切の空間的規定は、絶対的特性として現れるのだ。これは、以前の章〔第二部第5節〕での指摘、「パンテオンの列柱をイメージにおいて数えることはできない」と符合する。非現実的対象の空間は、部分をもたないのである。だが、以下のような反論があるかもしれない。だとすれば、一切の非現実的対象に関して「存在するとは知覚されること〔esse est percipi〕」というバークリーの言葉は留保なしに真であると言ってよいということか、そしてそうなると、意識は非現実的対象に部分のない空間を意図的に与えるのではない、と指摘しなければならないのではないか、と。実を言えば、非現実的空間について、意識は意図的には何も肯定し〔＝断言し〕ない。意識が目指すのは対象であり、対象はとりわけ延長という性質を内包している具体的全体性として現れる。したがって、対象の空間は、対象の色や形と同様、非現実的である。

今度は、D通りの自室にいるピエールをイメージとして生み出す場合を想定してみよう。問題はより複雑だ。地形図的な空間規定が非現実的対象の絶対的延長に付け加わるからである。この場合、位置規定は中心的な想像的志向に付け加わる特殊な志向によって生み出されることを指摘したい。これは追加の特殊化である。この特殊化がなくても、対象は私に漠然とした空間的雰囲気をともなって現れうるだろう。たとえば、ピエールは漠然と「自分の部屋に取り囲まれて」いるといったように、である。だが、その部屋は、漠然と情感的アナロゴンのなかに含まれているのであって、はっきりと断言されてはいない。部屋が実際にピエールを入れる容器として与えられるには、部屋は、イメージとしてのピエールを構成する意識の作用に総合的に結びつけられた、特殊な断言の作用の相関者である必要がある。だが、断言がなされたとしても、現れ出る部屋は、私が生きている現実の空間との関係においては与えられない。漠然とした方向性の感情を指摘できる程度だが、それとて必ずしも対象にともなうわけではない。他の点について言えば、もちろん部屋は「正常な」比率、というより「自然な大きさ」で現れるが、私の現実的空間との関係では決して位置づけられない。そうでなければ、私の身体との距離が少なくとも遠近法の形式で素描されなければならないだろう。部屋が私に現れるのは、私がいるここではなく、部屋があるあそこだからである。実際には、部屋はピエールから出発して、彼のまわり、彼の環境として定立される。確かに、部屋をピエールの内在的性質とすることはできないが、それでも部屋とピエールの関係は純然たる隣接性や外在性ではない。中心的な志向との関係によってのみ意味をもつ二次的志向によって生み出された部屋は、主要な対象の付属物と呼んでよいだろう。

もちろん、私が目指すのは本物の部屋であり、それは私が本物のピエールを目指しているのと同じである。だが、部屋は不在のものとして与えられる。そして、同時に部屋の性格は大きな変容を被る。部屋をピエールに結びつける隣接性という外的関係が、付属物という内的関係に変わるからである。

イメージとしての対象の時間が非現実であることを認めるのは、おそらく〔空間の場合〕より難しいだろう。実際、対象は対象を形成する意識と同時的ではないだろうか、そして意識の時間は現実的ではないだろうか。だが、この問題についてよく考察するには、ここまでの主導原理に再び頼る必要がある。意識の対象は、本性上、対象がその相関者であるところの意識とは異なっている、これが原理だった。したがって、イメージの意識の流れる時間がイメージ化された対象の時間と同じものであることは、まったく証明されていない。反対に、のちほど見るように、いくつかの例から、二つの時間的持続は根本的に切り離されたものである。

いかなる時間的規定もなしに意識に現れる非現実的対象がある。たとえば、ケンタウロスを思い描くとき、この非現実的対象は、現在にも、過去にも、未来にも属していない。さらに、対象は流れる意識の前で持続することはなく、変化しないままである。ケンタウロスを思い浮かべる私は変化するし、外的要請の影響を受けるし、多少の努力をしつつ自分の前に非現実的対象を維持する。だが、私の時間が刻一刻と流れても、ケンタウロスは変化しないし、歳もとらないし、一秒たりとも余計に時間が「かかる」こともない。それは非時間的なものである。先ほど私の空間をイメージとしてのピエールに与えようとしたように、ケンタウロスに私の現在を与えようとする人がいるかもしれない。だが、それは同じ過ちを犯すことになるのがすぐわかる。確かに、ケンタウロスが現れる意識は現在だが、ケンタウロスは現在ではない。ケンタウロスは、いかなる時間的規定も含んでいないのである。

ケンタウロス以上に位置規定がされていなくても、収縮され、圧縮された一種の持続、特殊な持続の非時間的総合を含む対象もある。たとえば、私が今思い描いているピエールの微笑みそのものは、昨夜の微笑みでも、今朝の微笑みでもない。それは概念でもない。持続しては消えたさまざまな微笑みを不変化の総合のうちに集約した非現実的対象である。その結果、微笑みは、その不変性そのもののうちに、ピエールを先ほどのケンタウロスから区別する持続の「厚み」を保っている。

いずれにせよ、これらの対象は、意識の流れを前にして不動のままである。その対極には、意識より速く流れる対象がある。夢は、たいていの場合、きわめて短いことが知られている。ところが、夢のドラマは何時間にも、何日にも及ぶことがある。まる一日がかりで展開するこのドラマを、夢見る意識の速い流れに一致させることは不可能だ。夢の物語ではイメージが高速で通過していると考え、夢の持続を夢見る意識の持続に合わせて縮小しようと試みる人もいるかもしれない。だが、この説明はきわめて曖昧だ。イメージという言葉で何を言わんとしているのか。想像的意識のことか、それともイメージ化された対象のことか。想像的意識だとすれば、イメージは想像的意識より速くも遅くも流れないことは明らかだ。ここで言えるのは、せいぜい、イメージは意識の持続を完全に満たしており、また、その持続を測るのはこの充実性である、ということだ。一方、イメージ化された対象だとすれば、より速く継起するなどと本当に言えるだろうか。映画ではないのだ。確かに、映画では速く回転させられたフィルムの映像は「スローモーション」の印象をもたらす。ところが、対象は反対で、現実的意識よりゆっくり流れる。現実的意識は、非現実的世界が数時間持続するあいだに、実際には数秒間生きるだけだからである。イメージが高速で通過するとしても、その通過が意識の時間に関係づけられるなら、きわめて長い持続の印象を与えることは決してないだろう。ここでの誤りは、イメージと意識を同一視することに由来する。そのとき、イメージの高速の継起は同時に意識の高速の継起だと想定され、そして仮定によって（眠っている人は世界から切り離されているので）比較のあらゆる要素は欠けているため、異なる内容のあいだで関係は保たれている、と思ってしまうのだ。この主張は、内在性の原理とそれに由来する矛盾したさまざまな結論へとわれわれを差し向けるものなので、放棄すべきである。それでも反論する人がいるだろう。非現実的対象は欠損のあるいくつかの場面から構成されているが、〔夢を見ている者は〕勝手に場面がまとまりのある全体を形成していると思っている〔*s'imaginer*〕のだ、と。だが、これも無駄である。実際、われわれも、まさにそう言いたいのだ。確かに、その場面はとても長いあいだ持続していると思い込んでいる。つまり、これは思い込み〔＝信〕の現象、定立作用なのだ。非現実的対象の持続は、この思い込み作用の厳密な相関者である。すなわち、この欠損のあるいくつかの場面が接合されて、まとまりのある全体になっている、と私は信じている、つまり、定立作用をともなった空虚な志向を介して、私は現在の場面を過去の場面に結びつける[3]、と私は信じている。さらには、こうした場面が全体として数時間持続していることを、私は信じている。このように、イメージとしての対象の持続は、特殊な定立作用の超越的相関者であり、その結果、対象の非現実性の特徴を帯びている[4]。

　以上の結論は、同じく中間的なケースの検討、つまり対象の非現実的持続と意識の現実的持続が並行して同じリズムで流れるというケースを検討することからも出てくるだろう。一〇分間持続した場面を想像するのに、私は一〇分間かけることができる。だが、だからといって、場面がより正確に細かく描写されると考えるのは幼稚だろう。場面を再構成するために私がかける時間は重要ではない。大事なのは、私が場面に与える非現実的持続の規定である。

　空間と同様に時間が不在であることもある。極端な場合、非現実の場面の時間が現在展開されている現実の場面に並走するかもしれないが、それでもその時間は非現実のままだろう。たとえば、ピエールが私の背後で自分の飲み物を注いでいるあいだ、私がピエールは今飲み物を注いでいると想像する場合であっても、非現実的現在と現実的現在という二つの現在は一致しない。意識の現実的要素と、それと同時であるピエールの現実の動作が一方にあり、非現実の動作の現在がもう一方にある。二つの現在のあいだに同時性はない(5)。一方の現在を把握することは、他方の現在を消滅させることになる。

非現実的持続がもつ以上のような特徴を十全に理解するには、非現実的空間の場合と同様、この持続が部分をもたないと考える必要がある。非現実的持続は対象の一性質であって、パンテオンの列柱をイメージとして並べることができないように、非現実的な行動の諸瞬間は解きほぐすことも数えることもできない。それは、むしろ流れとしての漠然とした意識であり、絶対的特性として対象の上に投影された持続の係数なのだ。そうだとしても、部分をもたないこの持続をベルクソン的持続と似たものだと思ってはならない。この持続は、むしろベルクソンが『意識に直接与えられたものについての試論』で記述した空間化された時間と共通性をもつだろう。実際、イメージ化された対象の持続は、準‐観察の原理の結果として、その構造において根本的な変化、より正確に言えば、転倒を被る。すなわち、イメージとして実現されようとする出来事や仕草は、先立つ諸瞬間をコントロールするものとして現れるのだ。私は、自分がどこに向かうのか、自分が何を生み出したいのかを知っている。それゆえ、たとえ私がフィクショナルな場面を生み出すのであれ、過去の場面を現出させるのであれ、イメージのいかなる発展も私を驚かすことはできない。いずれの場合においても、内容をともなった先立つ瞬間は、目的とみなされる、あとから来る瞬間を再生するための手段の代わりを務めるのだ。

それに、対象の時間が時間軸のどこかに特定されることのない純粋な継起である場合も多い。ケンタウロスの疾走や海戦を思い描く場合、対象は持続のいかなる瞬間にも属していない。それらは過去のものでも未来のものでもなく、とりわけ現在のものではない。私がそれらを思い描くかぎりでの現実的私以外に、現在のものはない。対象は、いかなる他の対象とも、私の固有の持続とも、結びつきや時間的関係をもたず、ただ内的持続によって、また行動のさまざまな状態の関係を指し示すことに限られる純然たる前‐後の関係によって特徴づけられるにすぎない。

このように、非現実的対象の時間は、それ自体が非現実的である。それは知覚の時間のいかなる特徴ももたない。それは（溶けてゆく角砂糖の持続の仕方では）流れない、それは同一のものでありながら、好きなだけ拡がることも縮まることもできる。ただし、不可逆的ではない。つまり、それは時間の影であり、空間の影をもつ対象の影に見合っている。非現実的対象をこれ以上確実に私から切り離すものは何もない。想像的世界は全面的に孤立しており、その世界に入るには、私は自分を非現実化するしかない。

非現実的対象《オブジェ》の世界と人は言うことがあるが、これは利便性のための不正確な表現である。世界とは一つの連関した全体のことであり、そこでは各々の対象が一定の地位を占め、他の対象と関係を結んでいる。世界という観念そのものは、対象に関して二つの条件を含んでいる。第一に、対象が厳密に個別化されていなければならないこと、第二に、対象は環境とバランスがとれたものでなければならないこと、である。だからこそ、非現実的世界などというものはない。いかなる非現実的対象も右の二条件を満たさないからである。

　まず、非現実的対象は個別化されていない。個別化されすぎていると同時に、されなさすぎなのだ。まず個別化されすぎていることから見よう。これらの幽霊的対象は、曖昧で、捉えどころがなく、それ自身であると同時に、それ自身とは別のものであり、矛盾する諸性質を身にまとう。反省的分析を徹底的に推し進めると、たいていの場合、一つだったものが多だったことがわかる。非現実的対象のこの本質的曖昧性が、想像力に対してわれわれが抱く恐怖心の主たる要因だと思われる。明晰かつ判明な知覚は、ある観点からすれば、人を大いに安心させるものなのだ。なるほど、トラが突然現れたら恐怖だろう。しかし、それは別の恐怖である。夜、孤独なときに恐ろしいのは、まとわりつく想像的対象が、その本性上、怪しげだからである。そして、この怪しげという性格は、イメージとしての対象が端的なあり方でそれ自身でないことに由来する。こうした仕方でわれわれが恐怖を覚えるものは、すべて不可能なものである。というのも、対象が個別化の原理から逃れているからだ。もっと言えば、この曖昧性こそがイメージとしての対象の唯一の深さを構成している。この曖昧さによって、イメージとしての対象は不透明性の外観を呈するのだ。

　というのも、それ以外には、厳密な個別性を構成するのに十分なものが、非現実的対象にはないからだ。諸性質のうちのいずれも、最後までは達していない。これこそが、本書の第二部で本質的貧しさと呼んだものである。ピエールを知覚するとき、彼の皮膚の肌理《きめ》が見えるくらいまで接近すること、ルーペで毛穴を観察することは、常に可能である。そして、そこまで達したあと、さらに彼の細胞を顕微鏡で調べることも理論的には可能であり、こうしてそれは際限なく続けられるだろう。この際限のなさは私の現在の知覚のなかに暗黙裏に含まれており、それは私が瞬間ごとに明瞭化しうるすべてによって、無限に私の知覚をはみ出る。それが現実的対象の「量感」を構成している。反対に、イメージとしてのピエールの特徴は、すかすかであることだ。私はこの対象を全体性として、かつ絶対的なものとして生み出すと主張しているが、実のところ、対象はいくつかの乏しい関係、いくつかの空間的・時間的規定に縮約されている。この規定は感覚的外観を呈しているかもしれないが、停止させられ、私が明示的に定立した以上のものは含んでいない――ただし、先に言及した漠然とした曖昧性は別である。確かに、そうしたければ、さらにその非現実的対象に接近し、それをルーペや顕微鏡で（非現実的に）見ることができる、と断言できるかもしれない。だが、現れる新しい性質がもともと対象のなかに暗黙のうちに含まれていたわけではないことを、私は知っている。新しい性質は総合的に対象に付け加わり、そして私に現れる新しい対象が新しい外観の下で見られた古い対象である、と断言するためには、私の意識の独特な志向が必要となるだろう。したがって、私はいつでも非現実的対象の存在をやめさせることができるし、他方では、対象の性質を思わず明らかにするようになることはない。非現実的対象が存在するのは、私がそれを知っていて、それを欲するかぎりにおいてのことにすぎない。

だからこそ、私が対象にもたらしうる意図的な修正は、二種類の結果しか生み出さない。

修正は、修正そのもの以外の変化を対象にもたらさないか、対象の同一性を危うくするような根本的な変化を対象にもたらすかのどちらかだ。たとえば、私がイメージとしてのピエールに低くつぶれた鼻や反り返った鼻を付与しても、その結果、ピエールの顔に新しい外観が現れるわけではない。あるいは、反対に、鼻の折れた友人を思い描こうとしても、うまくいかず、生み出された形象を補おうとした結果、ピエールとは似ても似つかないボクサーの顔を出現させることもありうる。ちょうど、夢のなかで、顔の特徴のわずかな変化が人物の変化を引き起こすように。いずれの場合も、目指したこと、つまりピエールの顔の真の変化に失敗したのだ。この変化においては、何かが残っている一方で、何かが消え、残っているものが新しい価値や外観を帯びると同時に、同一性は保たれている。非現実的な変化は、無効であるか、徹底的であるかのどちらかだ。これをオール・オア・ナッシングの法則と呼んでもよいだろう。識閾があって、それ以下では、変化は形象全体にとって無効であり、それ以上では、変化は新しい形象を構成し、前の形象とは無関係になる。だが、閾値そのものや、均衡のとれた位置には達することはできない⑹。

しかし、こんなこともよく言われる。「ええ、彼がシルクハットをかぶったときの顔が、私にははっきり想像できます、云々」。同じく、ゲーテは花のつぼみを生み出し、それを育て、開花させ、満開にし、しぼませ、散らせることができる、と主張した*2。しかし、われわれの主張と矛盾するそうした表明は、必ずしも誠実とは言えないもののように思われる。なるほど、シルクハットと一緒にピエールの顔つきを出現させるかもしれない。それらを同時に見て、シルクハットの上にピエールの顔を見ることさえできるだろう。しかし、イメージのピエールの顔に対してシルクハットがもたらす効果は、イメージとして見ることが決してできない。なぜなら、そのように眺めるには、何らかの受動性や無知が必要だし、ある瞬間にこの総合的形象を生み出すのをやめ、結果を確かめることができなければならないからである。確かに、画家はこのようにして、絵に一筆描き入れたあと、後ろに下がって、画家としての自分を忘れ、鑑賞者としてその結果を受け入れる。だが、想像的意識にはそれはできない。ただし、後述するように、精神はこの不可能性を乗り越える。精神は、自分が想像したものとの接点を見出すために、一種の痙攣的な努力を行う。もっとも、努力は目標を達成できない。しかし、同時にその努力は、なされるべき総合の指標のようなものとなる。指標は、限界や理想のようなものとして現れる。同じ一つの作用において顔と帽子を一緒に維持しなければならないだろう。もう少しでできそうだ、あとちょっとで目標に達する、つかむべき効果が見えてくる。だが、突然すべてが崩れ去る。被験者は苛立つが、打ちのめされはしない。別の場合は、すべてが変わり、シルクハットの下に顔が現れる。ただし、それはピエールの顔ではない。それでも「そのときの彼の顔がはっきり想像できます」と断言する。というのも、あとわずかで目標に達したはずで、少し手前か、少し向こうにいたような気がするから――また、目標に達するには少しやり方を修正すれば十分だったはずだ、という気がするからである。

さらに別の反論もあろう。「それでも非現実的対象を動かすことはできる」と。しかし、意志と自発性は区別しなければならない。想像的意識は、意志または前‐意志的自発性によって一挙に形成される作用である。だが、当初の対象の崩壊を引き起こさずに、想像的意識のその後の発展を導けるのは、前‐意志的自発性だけだ。確かに、私は運動する非現実的対象を意志的「フィアット」[*3]によって生み出すことができる。だが、そのためには、運動が対象と同時に現れる、という厳格な条件が必要である。その場合、運動（運動的所与の想像的把握によって一挙に生み出される）は、対象の素材そのものを構成しているのだ。別の反論もあるだろう。現れるのは運動している拳《こぶし》ではなく、拳という運動である、と。しかし、まず不動のものとして与えられた非現実的対象を、あとから意志によって活性化することは不可能である。それに対して、意志にはできないことが、意識の自由な自発性にはできる。実際、周知のように、想像的意識の現実的でノエシス的な要素とは、知、運動、情感性である。想像的意識は突然現れることがある。それは、みずからの本質的構造を一瞬保存しながら、自発的に自由に変化することがある。たとえば、情感的要因の自由な発展、知の進化などがありうる。その結果、想像的意識の相関者である非現実的対象には変化が生じるが、この変化は意識の本質的構造が保持されるかぎり、対象としての同一性を守りつつ持続するだろう。しかし、付言しなければならないが、通常の注意の状態では、この構造はすぐに崩壊し、イメージとしての対象はさほど長い命をもたない。イメージとしての対象のこの自由な変化は、カントが『判断力批判』で構想力〔想像力〕の自由な戯れと呼んだものと同一視できるように思われる。しかし、意志はすぐに自分の権利を取り戻す。イメージを発展させようとすると、すべてが壊れるのだ（ときとして意識が虜《とりこ》となる入眠時幻覚の場合は別である。これは私自身の経験だが、光の輪が時計回りに回転するのが見えて苛立った私は、反対方向に回そうとしたが、できなかった。もちろん、この奇妙な現象は、意識に対する対象の抵抗としてではなく、意識の自分自身への抵抗として解さなければならない——ちょうど、しつこくつきまとう表象を思い描くのをやめようとすればするほど、表象を生み出してしまう場合のように）。

このように、私は意のままに——あるいは、ほとんど意のままに——自分が欲する非現実的対象を生み出せるが、思いどおりにそうできるわけではない。それを変えようとするなら、実際には別の対象を生み出さなければならないし、両者のあいだには、むろん間隙が生じる。そのため、イメージとしての対象は、不連続で途切れ途切れの様相を呈する。対象は現れては消え、再び現れるが、もはや同じものではない。それは動かない。運動を与えようとしても、与えられない。運動を生み出せたとしても、そこには付与したかった運動体がない。次の瞬間、突然それは運動のなかに再び現れる。だが、こういった変化は、いずれも対象そのものから来るのではない。電球を見つめたあと眼に残る紫色の美しい染みの運動が、電球からではなく、眼球の自発的運動と意志的運動から来るのと同じだ。このように、非現実的対象には唯一の潜在力があるが、それは否定的なものである。それは受動的抵抗の力である。対象は個別化されていない。これが、非現実的なものが世界として構成されないことの第一の理由である。第二に、どんな非現実的対象も、みずからの時間と空間をもち、他の対象とのいかなる連帯性もなしに現れる。つまり、この対象と同時にだったり、この対象によってだったりして受け入れなければならないようなものは何一つないのだ。非現実的対象は、環境をもたず、独立しており、孤立している——それは、個別化が十分なされていないためであり、個別化されすぎているためではない。非現実的対象は、何ものにも働きかけず、何ものもそれに働きかけない。それは〔「取るに足らない」という転義ではなく〕本来の意味で結果なきものである。たとえば、ある少し長めの場面をイメージとして表象しようとするなら、私は途切れ途切れに孤立した対象を全体性のうちに生み出し、対象同士に、空虚な志向と指令を使って「世界内的」関係を確立する必要があるだろう。

このように、意識は幽霊的な対象の一団に絶えず取り囲まれている。対象は、どれも一見したところでは感覚的外観をもっているが、知覚の対象と同じではない。それらは植物や動物であるかもしれないが、美徳、種類、関係でもありうるだろう。それらの対象を注視するや否や、世界の諸法則から逃れた奇妙な存在の前にいることがわかる。それらは常に不可分な全体性として、絶対として現れる。同時に、曖昧で、貧困で、無味乾燥であり、途切れ途切れに現れては消えるこれらの対象は、絶えざる「余所」として、絶えざる逃避として現れる。だが、これらの対象が促す逃避は、われわれの現在の状態、心配事、悩みから逃れさせてくれる逃避であるだけではない[7]。それらの対象は、世界のあらゆる束縛から逃れる術をわれわれに提供し、世界内存在という条件の否定として、反世界として現れるように思われる。

原注

（1）それでも、私がまさにピエールのある一定の側面を表象しようとすることもある。だが、そのときは独特の特殊化が必要となるだろう。

（2）知覚の拡がりそのものは、純粋な量からは程遠い。

（3）これらの志向は、運動的印象に基づいて静的形態を構成する志向と似ている。

（4）夢におけるこの持続は、夢を占めている対象と同様、現実的なものとして与えられる、という反論がなされるかもしれない。この反論は、夢の深い本性を理解していないことに基づいている。のちほど、この点について、どのように考えるべきなのかを見るつもりである。

（5）もちろん、知覚において、知覚された対象の上に、実際には知覚されていないのに、それが実在するとわれわれが主張する諸性質を目指す志向に関しては、事情が異なる。この性質は、最初から知覚された対象の時空間のうちに実在するものとして与えられる。一つの単純な例が、違いを示してくれるだろう。たとえば、私はピエールの後ろ姿を見る。ピエールの後ろ姿の知覚そのものが、彼に正面、「前面」があることを含んでいる。そして、ピエールの顔、等々は、すでに彼の後ろ姿を知覚する際に、すでに目指されている。それらは潜在的に同じ空間のなかに与えられている。しかし、もし私がピエールの顔を明らかな仕方で表象しようとするなら、私は即座に知覚の領域を離れ、ピエールの顔は、いわば私が後ろ姿から見ている身体から「剝がされ」、私に非現実的に非現実的空間のなかで与えられる。もちろん、時間的規定についても事情は同じである。

（6）だからこそ、ある言葉の正しい綴り方は、書いてみないと決定できない。非現実的対象を前にして、一文字または数文字を加えることで、言葉の顔つきがどんなふうに変化するのかを感じることはできない。

（7）ハイデガーのin-der-Welt-sein〔世界内存在〕を、このように〔être dans le monde〕翻訳する。本書の「結論」において、そのことは「見かけ」にすぎず、反対に、どんなイメージも「世界の背景の上に」構成されなければならないことを見るつもりである〔訳注——ここでの「世界内存在」という術語の使用法がハイデガーの意味とずれているように見えるのは、そのためだろう〕。

訳注

＊1　パリ五区にある通り。サルトルも通った高等師範学校がある。

＊2　ゲーテ「植物のメタモルフォーゼ試論」（『ゲーテ形態学論集・植物篇』木村直司編訳、筑摩書房（ちくま学芸文庫）、二〇〇九年所収）への暗示か。

＊3　「フィアット（fiat）」は、ラテン語で「あれ、なりますように」の意。「なる、生まれる」を意味する不規則動詞fīō, fierīの接続法・能動態・現在の三人称単数で、「光あれ（fiat lux）」のように三人称への命令として用いられる。ウィリアム・ジェイムズ（William James）が『心理学原理（*The Principles of Psychology*）』（Henry Holt, 1890）で、意志の働きを説明するための用語として使い、熟考したあとの意志決定を示した。ベルクソンは『物質と記憶』で、「フィアット」をそれまでの文脈を断ち切る瞬間的な作用としている。

2　非現実的なものを前にしての諸行為

次のような指摘が、しばしばなされてきた。「感覚的興奮の連合中枢によって作動させられたイメージの喚起は、直接的な刺激と同じ結果を引き起こす。すでに指摘されてきたとおり、闇の観念は瞳孔の拡大を引き起こし、目に近い対象のイメージは瞳孔の収束や収縮をともなう調節作用的反射を引き起こし、不快な対象について考えることは嘔吐感を引き起こし、食欲があるときに美味しい食事を期待することは即座に唾液の分泌を引き起こす(8)」。

このテクスト——また他の多くの似たようなテクスト——によれば、イメージ、つまり非現実的対象は、知覚と同じように、実際に行為を引き起こす。この見方からすれば、望もうと望むまいと、イメージは現実世界から切り取られた断片や破片だということになる。知覚よりは確かに弱いが、同じ本性をもつ再生した感覚だけが、瞳孔の拡大という現実的で知覚的な運動を引き起こすことができるだろう。〔だが〕当初から現実的な想像的意識と非現実的対象を区別してきた本書の立場からすれば、対象から意識に向かう因果関係を認めることはできない。非現実的なものが見られ、触れられ、嗅がれるとしても、それは非現実的にでしかない。逆から言えば、非現実的なものは、非現実的存在にしか働きかけることができない。とはいえ、イメージが構成されるのをきっかけにして、上記のさまざまな反応が起こることは否定できない。だが、どんなイメージのなかにも、現実的実在の層がある。これこそが、われわれが想像的意識と呼んだものである。〔だとすれば〕むしろ、この現実的運動の現実的起源を、こちら〔＝想像的意識〕の側に探求すべきではないだろうか。

想像的態度を全体として見た場合、二つの層を区別する必要がある。第一の層はイメージを構成する層であり、第二の層は一般にイメージに対する反応と呼ばれる層である。知覚の領域も、同じように、狭義での知覚作用と、情感的または観念‐運動的反応に区別されるだろう。後者は前者に付随し、同一の総合の統一体を構成する。ここまでの考察では、第一の層、すなわち構成する層についてのみ、つまり意識のうちで非現実的対象に正確に対応する現実的要素についてのみ扱ってきた。しかし、われわれが第二段階で反応することもあり、自分が構成した非現実的対象を愛したり、憎んだり、賞賛したりするということも思い起こす必要がある。当然、それらの感情は、狭義でのアナロゴンとともに同じ意識の統一性において与えられるとはいえ、それでも〔第一のものとは〕別の分節を表しており、構成する要素のほうが論理的にも実在的にも先行しているはずである。したがって、イメージを形成するために構成的に働く志向、運動、知、感情と、非現実的なものに対して多少とも自発的な反応を表す志向、運動、感情、知がある。前者は自由ではない。それらは主導的な形象なり最初の志向なりに従属し、非現実的対象を構成することに吸収されている。それ自体としては目指されず、それ自体としてはまったく実在しないが、意識がイメージとしての対象を目指すのは、それらを通してである。心的総合のもう一方の諸因子〔後者の志向、運動、知、感情〕のほうは、より独立的で、それ自身として定立され、自由に発展する。容易に承認され、分類され、名づけられる。それらは対象に新しい性質を与えることはない。したがって、「非現実的対象に対する反応」だと主張される感情や運動について論じる際、意識の以上の二層を区別することは不可欠である。

　嘔吐、吐き気、瞳孔の拡大、両眼の輻輳反射、勃起は、それらにともなう感情とともに、厳密に構成する層に属するように思われる。イメージが、さまざまな意識内容の一つではなく、むしろ一つの心的形態であることをわれわれとともに認めるなら、このことは容易に理解されるだろう。つまり、身体全体がイメージの構成のために協力するのだ。確かに、「対象を形象化する」ことにより特化している運動もあるだろうが、対象の直接的構成には何らかの身体表現《パントマイム》が自然発生的にともなう。両眼が輻輳調節するのは非現実的対象が間近にあるように見えるからではなく、むしろ両眼の輻輳のほうが対象の接近を身振りで表現するのだ。同様に、感情は単なる生理学的動揺とは違うが、全面的な身体現象なしに感情はない。嫌悪の感情は、「気持ち悪い」性質を対象のうちに構成することに没頭し、全面的に自己を対象化し、非現実的特性という形式の下でのみ自己を意識するが、この嫌悪の感情でさえ、生理的現象を志向的に活性化することによって生み出される。多くの人にとって、アナロゴンを構成している情感的要素は、単なる情動的抽象に還元されるだろう。その場合、情感的因子は構成作用ですっかり使い果たされる。意識されるのは、「気持ち悪い」という性質、対象の特別のニュアンスだけだ。そして、われわれがそのあと付加できるすべては、対象にいかなる新しい性質も与えることはできず、第二の層に属することになる。たとえば、事故の話を聞いたり、悲惨な絵を見たりして、「恐ろしい」とか「なんてひどい」と叫び、図式化したお決まりのジェスチャーで恐怖を身体で表現する人々がいる。だが、ほとんど何も感じていないこと、情景の「恐ろしい」とか「ひどい」という性格は、単に情感的図式によって彼らが形成したイメージに与えられたにすぎないことは明らかである。だが、想像的感情が激しく、力いっぱい展開されることもありうる。その場合、想像的感情は、対象を構成するだけで力尽きることはなく、対象を包み込み、支配し、引きずっていく。たとえば、吐き気や嘔吐は、非現実的対象がもつ「気持ち悪い」性格が引き起こす結果ではなく、想像的感情の自由な展開の帰結である。想像的感情がいわば役割以上のことをしてしまい、言ってみれば「はりきりすぎる」のだ。これはとりわけ、構成的意識が養われる情感的領域がすでに準備されているときに生じる。ピエロン[*4]が、先に引用したテクストで、美味しそうな料理のイメージは「食欲があるときに」唾液を分泌させる、と言ったとき、彼はそのことを暗黙裏に認めている。同様に、官能的な場面の描写が勃起を引き起こすには、すでに興奮しているか、興奮寸前である必要がある。一般に、このような身体反応を引き起こすのは非現実的対象ではなく、構成力がその機能を越えて延長され、開花するためなのだ。

身体反応の行き着くところはさまざまである。その出所である感情や身体表現《パントマイム》と同じように、対象の構成そのものに組み込まれることもある。たとえば、軽い吐き気の場合がそうだ。しかし、身体反応が通常の強度を越えると、反応は注意を引き起こし、それ自体として定立されるだろう。たとえば、嘔吐は一般的な想像的態度に溶け込んだままでいることも、気づかれずに済むこともできない。ここで注意すべきは、嘔吐が意識の現実的対象になったときには、以前の意識の非現実的対象のほうは思い出の状態に移行するということだ。つまり、意識は次のような順番で継起する。まずは何か気持ち悪い非現実的対象についての意識、次いで現実の嘔吐についての意識、そしてこれは気持ち悪い対象の記憶的意識との関係で与えられる。つまり、ごく自然に、嘔吐の意識における非現実的対象は、現実の嘔吐の現実的な発端として与えられてしまう。まさにこの事実から、非現実的対象はその非現実性を失い、われわれは内在性の錯覚に陥る。こうして記憶が、現在の意識が与えることのなかった性質、生理学的現象の現実的原因という性質を非現実的対象に与える。なぜかと言えば、すでに見たように、直接的意識は元来、イメージとしての対象と現前している現実的対象を区別できるが、記憶のほうはそれら二つの実在のタイプを混同してしまうためである。というのも、非現実的対象と現実的対象は、どちらも「思い出」という資格で、つまり「過ぎ去ったもの」として現れるからだ。われわれの考えでは、構成する感情におけるこうした力の違いによって、想像力におけるいわゆる鮮度の違いを説明できる。非現実的対象がもつ力や鮮度の多寡は人によって異なる、というのは本当ではない。非現実的対象は、働きかけないのだから、力をもつことはないだろう。そうではなく、鮮度の強度が異なるイメージを生み出すことは、生み出す作用に異なる強度で反応することであり、同時に、対象に反応を生み出す能力を割り当てることなのだ。

　とはいえ、非現実的対象が最終項であり、結果であって原因になることは決してないからといって、単なる付随的現象だと思ってはならない。また、非現実的対象があろうがなかろうが、意識の発展は同じだと思ってもならないだろう。確かに、非現実的対象は受け取るばかりで与えることは決してない。確かに、どうやっても、非現実的対象に現実的対象がもつ切迫感や要求や扱いにくさを与えることはできない。にもかかわらず、無視できない事実もある。イメージとしてローストチキンを生み出す前には、私は飢えていたとしても、唾液を分泌してはいなかった。イメージとしての官能的な場面を生み出す前には、私は興奮していたかもしれないし、身体は長い禁欲のために性行為に対する一種のとりとめのない欲望をもっていたかもしれないが、勃起してはいなかった。だとすれば、私の飢え、性的欲望、嫌悪感が想像的状態を経由することで重要な変化を被ったということは否定できないだろう。それらは集中し、明確化し、強度が増した。これについて現象学的記述を行わなければならない。いかにして想像的段階を経由することで、欲望はこのように変化するのだろうか。

　欲望や嫌悪感は、まず拡散した状態で、明確な志向性なしに存在している。知とともに想像的形象として組織されるとき、欲望は明確になり、凝縮する。知によって照らされた欲望は、自己の外部に対象を投影する。このことは、欲望が自身を意識する、と解さなければならない。感情が自分の本性を正確に意識し、自己限定し、自己規定する作用は、感情が超越的対象をみずからに与える作用と同一のものである。このことは苦もなく理解されるだろう。実際、欲望は結果によって規定されるし、激しい反発や軽蔑なども同様だからである。イメージが外部から欲望に結びつけられると考えることは、矛盾である。そのように考えては、欲望がもともと何らかの匿名性をそなえているとか、自分が執着することになる対象について選り好みをすることはない、と仮定することになる。

　むしろ、情感的状態は意識であるのだから、超越的相関者なしには存在しえないのだ。ただし、感情が現在知覚している現実的事物に向かうとき、その事物は、感情が事物に注ぐ光を遮蔽板《スクリーン》のように感情に向かって反射する。この往還運動によって、感情は絶えず豊かになっていくと同時に、対象には感情の性質が染み込んでいく。(9) こうして、感情には独特の深さと豊かさが生まれる。情感的状態は、注意の強化に従い、知覚が新しい発見をするごとに発展し、対象のあらゆる面を学ぶ。そのため、感情の発展は予見できない。というのも、自発的でありながら、その現実的相関者の発展に従属しているからである。瞬間ごとに知覚は情感的状態をはみ出し、それを支える。情感的状態の量感や深みは、それが知覚された対象と混じり合うことで生まれる。どの情感的性質も対象と深く合体しているので、感じられているものと知覚されているものを区別することができないのである。

非現実的対象を構成する際に知覚の役割を果たすのは知であり、感情は知と合体する。そうして、非現実的対象が生まれる。ここでも、本書のこれまでの主張を繰り返さなければなるまい。非現実的対象は実在する、非現実的で、働きかけないものとしてではあるが、その実在は否定できない、と。つまり、感情は非現実的なものを前にして、現実的なものを前にしているかのように振る舞うのだ。感情は非現実的なものに溶け込もうと努め、その輪郭を共有し、そのなかで自己を養おうと努める。ところが、この非現実的なものは、かくも明確で、きちんと規定されているとはいえ、空虚である。あるいは、こう言ったほうがよければ、感情の反映にすぎないのだ。したがって、この感情は自身の反映で自分を養う。たとえば、感情が自分をある料理に対する嫌悪感として認識した場合、それが吐き気にまで発展することになる。これを一種の感情の弁証法と言ってもよいだろう。しかし、当たり前だが、対象の役割は知覚の世界の場合とまったく違う。知覚の場合、激しい反発が嫌悪感を主導し、現実の料理のなかに無数の嫌悪感を催させる細部を暴き出し、ついには嘔吐感を引き起こす。それに対して、想像的嫌悪感の場合、対象は不可欠であるが、証人のようなものでしかない。それは感情の発展の彼方に、発展の統一性として定立されるのであり、対象がなければ、自己嫌悪の反応も起こりえない。嫌悪感が強化され、とてつもなく大きくなって、嘔吐に至るのは、嫌悪感が非現実的対象を前にしているためだ。つまり、嫌悪感は、みずからに対して、あたかも対象への嫌悪感であるかのように反応する。この発展の現実的バネの役割をするのが、一種の眩暈《めまい》である。嫌悪感は、自分がこの嫌悪感だと知っているので、〔知覚の場合と〕同じ豊かさを受け取ることなく、空虚のまま大きくなる。したがって、非現実的なものを前にした嫌悪感のなかには、何か独特のものがある。それは知覚を前にした嫌悪感には還元できない。そこには、まず一種の自由、あるいはこう言ってよければ、一種の自律がある。それは自己決定する。だが、それだけではない。自分が目指す対象の空虚さも分有している。嫌悪感は吐き気にまで膨らむことがあるが、それが自力で膨らむのを妨げるものは何もない。〔想像的な〕嫌悪感には、現実を構成する感情を豊かにする受動性が欠けているのだ。この嫌悪感は、それ自体、一種の絶えざる自己創造、一種の絶えまない緊張によって支えられている。なりゆきまかせにすれば対象とともに消えてしまうため、精根尽きるまで自己主張し、膨らみ、自分に対して反応する。こうして、神経を極度にすり減らすことになる。実際、誰もが自分の経験に照らして認めることができるように、非現実的対象の薄気味の悪さや優美さといった性格を自己の前で維持するのは、疲れる作業だ。だが、少なくともは被るものだ、という反論があるかもしれない。確かにそうかもしれないが、それは苛立ちや、つきまとう観念や、思わず口ずさむ「流行り歌」を被るのと同じことである。自発的であり、私のコントロールを逃れるのだ。しかし、感情の発展の最初から最後まで、過程全体を性格づける無〔*néant*〕の性質を補うために対象の側からやって来る積極的なものは何もない。われわれは、無が原因で〔＝何のせいでもなく〕動揺し、激怒し、嘔吐したわけだ。

〔今度は〕現実的な対象、この本を例に考えてみよう。この本は、全面的にわれわれの情感性によって浸透されており、そのかぎりで何らかの情感的性質をもって現れる。性質は知覚された対象の構成に入り込んでおり、そのかぎりで、反省の際にも、対象から切り離されることも、別個に現れることもできない。先ほど、これに相当する層を想像的意識において検討したわけだが、この本を前にして、私は何もせずにいることはなく、なにがしかの仕方で行動する。手に取ったり、元に戻したりする。装丁が気に入らなかったり、事実判断や価値判断を行ったりする。そうした反応は、本の構成を目指しているのではなく、むしろ本に対するわれわれの方向性を示すことを目指している。確かに、反応は非反省的意識には対象の性質として現れるかもしれない。だが、性質はわれわれに対する関係として直接的に与えられている。それは、私が好む本であり、私がテーブルの上に置いた本であり、今晩読まなければならない本である。さらに、その性質は対象の上に定立されているだけであり、反省の際には、判断、感情、意志として容易に切り離され、それ自体として、それ自体のために与えられる。言葉の厳密な意味において行為について語ることができるのは、ここに至ってのことだ。というのも、この行為は対象から切り離せるからであり、そのようなものとして反省的意識に現れることができるからである。

もちろん、類似した行為は、非現実的なものを前にしても起こる。〔ただし〕この行為と、想像的感情の単なる発展とは、慎重に区別しなければなるまい。次の二つの場合を考察すれば、違いは容易に理解できるだろう。第一の例は、たとえばこうだ。何気ない物思いによってアニー[*5]に対する私の愛が涌き起こったり、ピエールに対する憤《いきどお》りが涌き起こったりする。この愛や憤りは、総合的な仕方で知に結びつき、想像的段階を経て、アニーの非現実的な顔やピエールが昨日見せた仕草を生じさせる。この場合、イメージは、自発的な情感の発展の統一化の意味、主題、極として与えられる。なるほど、情感の発展は本質的な「空虚さ」に染まり、また情感の発展は現実的対象から糧《かて》を得ることができないため、すぐに尽きてしまったり、本性を変えたりすることになる。しかし、その過程全体は自由であり、非反省的であり、以前に自動的と言った意味で自動的なのだ。要するに、私がアニーに抱く愛によって彼女の非現実的な顔が現れるのであって、アニーの非現実的な顔によってアニーに対する愛が高まるわけではない。同様に、たとえば昨日ピエールが無礼な仕草で私を不快にしたとしても、まず蘇るのは憤りや恥辱の感情である。これらの感情は、まずは自分が何であるかを理解しようとしてやみくもに手探りしたのち、ある知と出会うことで照明を受け、自分で無礼な仕草を浮かび上がらせる。

だが、第二の場合がある。ひとたびイメージが構成されると、私は新たな感情、新たな判断によって、それに対して意図的に反応できるようになるが、この新たな感情や判断は、同じ構成的な運動の統一性のなかに非現実的対象とともに消え去るのではなく、反応として、つまり始まりとして、新しい総合的意識の出現として明確に定立される。たとえば、それ自身としては強い感情を帯びていないイメージを生み出し、その非現実的対象を前にして憤ったり喜んだりすることもできる。たとえば、昨日アニーの優美な仕草が私のなかに愛情の高まりを引き起こしたとする。確かに、私の愛情が蘇るとき、感情を帯びた仕草も非現実的に蘇らせるかもしれない。あるいはまた、仕草と愛情を両方とも、それらの日付と「不在性」〔それが昨日の出来事であり、今はないということ〕の両方を保ったまま、非現実的に蘇らせるかもしれない[10]。だが、愛情を蘇らせるために仕草を再現する、ということもまたありうる。その場合、私が目指すのは昨日の愛情ではなく、アニーの仕草それ自体でもない。私は、現実的で、現前的であるが、昨日の愛情に類似したそれを感じたいのだ。私は、俗に言うように、昨日の私の感情を「見出す」ことができるようになりたいのである。今度は、この新たな状況を考察しよう。

昨日感動した魅力的な仕草を再現するとき、蘇る状況は厳密に前日と同じであるように、われわれには思われる。現実的だったときはあれほど強い印象を与えた仕草は、イメージとなった今、なぜかつての印象を与えないのだろうか。しかし、両者のプロセスはまったく違うのだ。最初の場合、つまり昨日は、私の愛情を引き起こしたのは現実の仕草だった。愛情は自然だが、まったく予期せぬ現象として私に現れた。同時に、愛情の高まりは、対象の性質という形で与えられたようでもあれば、主観的側面で与えられたようでもあった。だが、まずはたぶん客観的側面としてだっただろう。それに対して、今日の場合、その愛情は、明瞭かどうかは別として、まず目的として現れる。つまり、反省的知が感情そのものに先立ち、感情は反省的形式の下で目指される。さらに、対象は感情を生み出すために再現される。要するに、われわれは、すでに対象と情感的状態の結びつきを知っているし、対象が性質の一つとして愛情の高まりを生まれさせる能力を含んでいるからこそ、対象を現れさせるわけである。それは、もちろんいまだ抽象的な規定だが、対象における潜在性ではある。しかし、そのために、再現された対象は、すでにもはや再現しようと欲していた対象とまったく同じではなくなってしまう。実際、昨日の仕草が私の愛情を引き起こすものだったのは、まさにそれが遂行中だったからであり、つまりは、ある持続のあと、まさに愛情が現れたときのことだった。それに対して、非現実的対象の愛情の力は、対象とともに、対象の絶対的性質の一つとして現れる。要するに、私の情感的状態のその後の発達は予測されており、そのあとの発展はすべて私の予測に依存している。もちろん、状態の発展が常に予測に従うわけではないが、予測に従わないときには、発展は自分が予測に逆らうことを意識している。

だが、他方で、非現実的対象が因果作用を引き起こせないことを、われわれは知っている。換言すれば、私が再び見出したいこの愛情を、非現実的対象は生み出すことができない。非現実的対象が再構成されたあと、その対象を前にして愛情をもつことを、私はみずから決意する必要があるのだ。要するに、非現実的対象が私に働きかけると断言しようとするのだが、同時に現実的作用がないこと、ありえないことを意識しており、自分が振りをしようとしていることも意識している。ひょっとすると、私が愛情と呼び、私が昨日の気持ちの高まりをそのなかに見出そうとする感情が現れるかもしれない。しかし、それはもはや「情感〔affection〕」ではない。対象は、もはや私を触発し〔*affecte*〕ないからである。私の感情は、ここでも相変わらず、全面的に作用性であり、全面的に緊張である。だが、それは感じられるというより、演じられるのだ。私は、自分が愛情をもっていると言おうとし、自分がそうでなければならないことを知っており、自分のなかで愛情を現実化する。だが、この愛情は非現実的対象の上に湧出するのではない。現実的なものの汲み尽くせない深さから糧《かて》を得ることはない。それは対象から切り離され、宙づりにされたままだ。それは、常に手が届かず、到達できない、この非現実的な仕草と合流するための努力として反省に与えられる。われわれがここで空しく演じようとしているのは、受容性、つまり一七世紀的な意味における情念〔*passion*〕である。非現実的なものの前での踊りと言ってもいいだろう。一つの彫像のまわりで踊るバレリーナたちのようなものだ。踊り子たちは、腕を広げ、手を差し出し、微笑み、彫像のほうにみんなで身を捧げ、近寄っては離れる。だが、彫像はいっこうに動じない。彫像とバレリーナたちのあいだに現実的関係はない。同様に、対象を前にしたわれわれの振る舞いは、対象に到達せず、対象に真に性質を与えることもなく、逆に対象もわれわれに関わることができない。なぜなら、対象は非現実的なものの天空に、まったく手の届かないところにあるからである。

だとすれば、この愛情に欠けているのは、誠実さよりも、なりゆきにまかせること、従順さ、豊かさなのだ。対象は、愛情を支えることはなく、糧を与えるのでもなく、情熱感情[*6]がもつ深みを形作るあの力や、しなやかさや、予見不能性を愛情に伝えることもない。情熱感情と作用感情の違いは、癌患者が感じる現実の苦痛と、癌を患っていると思い込んでいる精神衰弱の患者の疼痛の違いである。確かに、疼痛であっても、本人は興奮して、あらゆる自制心を失い、恐怖や苛立ちや絶望で取り乱していることもあるだろう。いかなるものも――病気だと思い込んでいる手足に触られて、思わず飛び上がったり、叫んだりすることも――言葉の絶対的な意味で演じられているわけではない。つまり、「遊戯」や「虚言症」ではない。その不幸な男が悲鳴をあげずにいられないのは事実であり、おそらく本当に苦しんでいる場合以上に悲鳴をあげずにはいられないのだろう。しかし、何一つとして――彼の身震いも、喘《あえ》ぎも――彼を実際に苦しめるわけにはいかない。おそらく、苦痛は確かにそこにある。だが、彼の前で、イメージとして、不活発に、受動的に、非現実的にあるのだ。彼は苦痛を前にして、自分自身に反して格闘しているが、彼の叫びの一つも、身振りの一つも、苦痛によって引き起こされたわけではない。同時に、彼はそのことを知っている。自分が病気になっているわけではない、ということを知っている。彼のエネルギーのすべては――苦しみの結果を減らそうとする現実の患者の場合とは反対に――、さらに苦しむことに使われる。彼は苦痛を到来させるために叫ぶ。彼は苦痛が身体に住みつくようにと盛んに身振りをする。だが、それも空しい。発作の原因そのものと、その深い本性を構成している、この苛立たしい空虚な印象を埋めにやって来るものは何もないのだ。

　以上のことから下せる結論は、現実的なものを前にした感情と想像的なものを前にした感情とのあいだには本性上の差異がある、ということである。たとえば、愛は、愛の対象が現前しているか、不在であるかによって、まったく異なるのだ。

　アニーがいなくなると、彼女に対する私の感情の性質は変わる。確かに、その感情に愛という名前を与え続けるだろうし、変化を否定するだろうし、アニーが目の前にいるときと同じくらい、同じ仕方で彼女を愛していると主張するだろう。しかし、まったくそんなことはない。もちろん、知と行為一般は手つかずのままである。私は、アニーのあれこれの性質を知っているし、彼女に信頼の気持ちを示し続けるだろうし、たとえば自分に起こったことをすべて彼女への手紙に書くだろう。必要とあれば、あたかも彼女がそこにいるかのように、彼女の重要性を主張するだろう。さらには、嘘偽りない情熱感情、彼女の不在が引き起こす悲しみ、憂鬱、さらには絶望などもあることは間違いない。だが、実は、それらを引き起こすのは、非現実的で不在であるアニーより、むしろ私自身の生の現前的で現実的な空虚のほうである。たとえば、思い描いた彼女の仕草や態度が、目的を果たせずに舞い戻り、耐えがたい無用さの印象を残したりすることだ。しかし、これらは、いわば愛の否定的側面である。一方、肯定的要素（アニーへの気持ちの高ぶり）は大きく変わってしまった。私の情熱恋愛は、対象に従属していた。つまり、私は絶えず対象を学び、絶えず驚き、毎度、対象を作り直し、適応しなければならなかった。つまり、この情熱恋愛の源泉は、アニーの生そのものだった。アニーのイメージは蘇ったアニーにほかならない、と信じていたかぎり、そのイメージのアニーも本物のアニーとほぼ同じ反応を引き起こすことは明らかだと思われた。だが、今やわれわれは、イメージとしてのアニーは知覚が与えるアニーとは比べようがないのを知っている。彼女は非現実性という変化を被ったのであり、こちらの感情もそれに応じた変化を被った。第一に、感情は停止した。それは、もはや「自己を作る」ことをせず、以前とった形象のなかを揺曳するばかりである。それは、いわば形骸化したのだ。名前を与えることはできるし、彼女の様子を分類することもできる。だが、彼女の様子は、もはや定義の外にあふれ出ることはなく、私の知によって正確に制限される。同時に、感情は降格してしまった。というのも、感情の豊かさや汲み尽くせない深さは対象に由来していたからである。対象のなかには私が実際に愛する以上の愛すべきものがあったことを、私は知っていた。つまり、現実的なものを前にして現れた愛は、カント的意味における理念の主題的統一性のもとにあった。個別的現実としてのアニーは汲み尽くすことができず、それに相関して、彼女に対する私の愛も汲み尽くすことができない、という理念である。このように、瞬間ごとにそれ自身を乗り越える感情は、可能性の大きな光輪に取り囲まれていた。だが、可能性は、現実的対象と同様、消えてしまった。本質的な転倒によって、今では対象を生むのは感情のほうであり、非現実的アニーは、もはや私の彼女に対する感情の正確な相関者でしかない。そのために、感情はそれ自身以上のものではなくなってしまった。今では、きわめて貧しくなってしまった。つまり、受動的なものから能動的なものに移行したのだ。みずからを演じ、みずからをまねる。人は感情を欲し、それを信じる。感情は、生身のアニーを蘇らせる大いなる努力として、絶えずみずからを与える。というのも、感情は、そうなれば、自分もまた再び肉体を取り戻し、再び受肉することをよくわかっているからだ。感情は少しずつ図式化し、硬直した形象のなかで固まり、それと相関的に、アニーのイメージは陳腐化する。[11] 知と感情の通常の進化の結果、ある時間を経て、その愛は必然的に固有のニュアンスを失う。その愛は、愛一般となって、いわば合理化される。今や、心理学者や小説家が描写する、どこでも使える感情になってしまう。典型的なものに移行したのだ。アニーは、もはやそこにおらず、感情を還元不能な意識にしていた個別性を感情に与えることがないからである。それでも、私はあたかも自分がアニーを愛しているかのように振る舞い続け、浮気心も起こさず、毎日アニーに手紙を書き、彼女のことばかり考え、一人でいることに苦しむかもしれない。だが、何かが消えて、私の愛は根本的な貧困化を被ることになる。私の愛は、乾き、形骸化し、抽象的になり、こちらも同じく個性を失った非現実的な対象に向かっていって、ゆっくりと絶対的空虚性へと進化する。そんなとき、人は書くのだ。「私はもはやおそばにいる気がしません。あなたの面影〔＝イメージ〕を失ってしまいました。あなたからかつてないほど切り離されてしまったのです」と。だからこそ、手紙はとても待ち遠しいと思われている。だが、それは手紙が与える便りのためではなく（もちろん、これは心配すべき、あるいは期待すべき特別なことがない場合のことである）、手紙の現実的で具体的な性格のためなのだ。便箋、黒い文字、匂い、等々のすべてが、衰弱した感情のアナロゴンの代わりをしている。それらすべてを通して、私はより現実的なアニーを目指す。われわれは、すでに記号が演じうる想像的役割を見た。愛は貧しく、図式化すると同時に、はるかにより容易になる。〔現実の〕恋人には、汲み尽くせない豊かさがあるために、われわれを乗り越える何かがあり、常に新たに近づくことを要求する独立性、不可侵性がある。非現実的対象には、この不可侵性がまるで残っていない。それに対して、非現実的対象はこちらが知っているもの以上のものでは決してない。最初のうちこそ、気を遣って恋人の不可侵性や未知の性格について言ったりするかもしれないが、そんなものは何も感じていない。それは純然たる知であり、しがみつくべき情感的素材がないため、やがて弱まり、宙に浮いたままになる。そうして、陳腐化された非現実的対象は、かつてのアニーよりもはるかに私自身の欲望に一致するものになるのである。そして、〔生身の〕アニーが戻ってくれば、この形式的構築のすべてが崩壊する。多少とも時間のかかるリハビリのあと、弱まった感情は現実の感情に場を譲る。イメージとしてのアニーが示した媚びや素朴さが一瞬、懐かしくなったりするかもしれない。だが、それはイメージとしてのアニーに確実にともなっていた情感の貧しさのことを忘れてしまったからだ。

　このように、イメージとしての対象と現実的なものとを分かつ大きな違いがあるので、感情を、真の感情と想像上の感情という相互に還元できない二つの種類に区別できる。後者を「想像上」と形容したとしても、感情そのものが非現実的だと言いたいのではなく、それは非現実的対象を前にしてしか現れないという意味であり、また、太陽が夜の闇を消し去るように、この感情を追い払うには現実的なものが出現するだけで十分だという意味である。〔想像上の〕感情は、本質的に、降格し、貧しく、途切れ途切れで、痙攣的で、図式的であり、実在するためには非‐存在を必要とする。たとえば、心のなかでは執拗に敵を攻撃し、精神的にも肉体的にも苦しめるのに、実際に相手を前にすると抵抗もできないような人がいる。何が起こったのか。今や、敵が現実に目の前にいるだけだ。先ほどまでは、感情だけがイメージの意味を与えていた。非現実的なものは、憎しみが対象化される〔＝客体化される〕ためだけに、そこにあった。今や、現前するものが至る所で感情をはみ出し、憎しみは宙に浮いたままで、どこに行ってよいかわからない。目の前にあるものは、憎しみが憎んでいたものではない。血肉をそなえた、生き生きした、予見できないその新しい人間に、これまでの憎しみは対応しない。憎しみが憎んでいたのは自分の身丈に合わせて仕立てられた幽霊でしかなく、自分自身の正確な複製《レプリカ》や意味だった。憎しみは、自分に刃向かうこの新しい存在が誰なのか、わからない。プルーストは、想像上のものと現実のものを隔絶するこの深淵を見事に示したし、両者のあいだには通路がないこと、たとえ両者に矛盾がなくても、現実的なものが現れれば、必ず想像上のものは崩壊することを見せてくれた。両者が共存できないのは両者の本性のためであって、内容のためではないからである。だが、付け加えるべきことがある。イメージは本質的に貧しいので、私が投企する想像的作用は自分が与えたい結果しかもたない、ということだ。仮にイメージのなかで敵を殴ったとしても、血は流れないか、私が望んだ量の血が流れるだけだろう。だが、現実の敵、現実の肉体を前にすると、現実の血が流れることを予感するし、それだけでやめようと思うには十分だろう。したがって、行動の準備と行動そのものとのあいだには常に断絶がある。たとえ事がほとんど想像どおりだったとしても、現実の状況は想像力によるものとは本性上、異なるのだ。私は、出来事にではなく、自分のいる世界が変わったことに驚くのである。と同時に、企てていた行動の動機は消えるか、記号的意味を変える。なぜなら、動機は想像でしかなかったからである。にもかかわらず、計画どおりの行動を実行するとしたら、それはたいていの場合、慌ててしまい、他にしようがなかったからだ。あるいは、一種の強情から盲目になって、起こった変化に気をつけようとはしないのだ。そこから、対話相手を見ずに「言うべきことを言う」といった、柔軟性を欠いた居丈高な振る舞いが生まれる。彼らは、想像の領域を完全にあきらめずに深みにはまり、撤退できない。したがって、人間のうちに二つのまったく別の人格性を区別すべきだろう。傾向性と欲望をもった想像上の自我と、現実的自我である。想像上のサディストやマゾヒストがおり、想像力のなかの暴力者がいる。現実と接触する瞬間によって、想像上の自我は炸裂しては消え、現実の自我に席を譲る。なぜなら、現実的なものと想像上のものは、その本質からして共存できないからである。まったく還元不能な二種類の対象、感情、振る舞いがあるのだ。

だとすれば、想像的生と現実的生のどちらを送ることを好むかによって、個人を二つの大きなカテゴリーに分類すべきだ、と考えることができるだろう。ただし、想像上のものへの好みが何を意味しているのか、よく理解する必要がある。それは単に想像的対象のほうを現実的対象より好むことではまったくない。たとえば、統合失調症患者や、一般に病的な夢想家は、自分の生の内容を、より魅力的で、より輝かしい非現実的内容に置き換えようとしていると考えるべきではないし、自分のイメージに対して、あたかも今現前している対象が問題になっているかのように振る舞うことで、自分のイメージの非現実的性格を忘れようと努めていると考えてもならない。想像上のもののほうを好むことは、現前している凡庸なものより、イメージとしての豊かなもの、美しいもの、贅沢なものを、非現実的性格にもかかわらず好むということだけではない。それはまた、想像的性格ゆえに「想像上の」感情や行動を採用することでもある。一定のイメージが選択されるだけでなく、想像的状態が、それが含んでいるものすべてとともに選択される。現実の内容（貧しさ、失恋、企ての挫折、等々）から逃走するだけでなく、現実の形態そのもの、その現前性の性格、現実がわれわれに要求する反応の種類、われわれの行動の対象への従属、知覚の無尽蔵さ、知覚の独立性、感情の発展の仕方そのものから逃走するのだ。大多数の人が仕方なしに送っている、この作りもので、こわばった、緩慢な、形骸化した生こそが、統合失調症患者の欲する生である。自分が王様だと想像する病的な夢想家は、実際に王位についたとしても満足しないだろう。すべてが望みどおりになる専制君主になっても、満足しないだろう。実際、欲望は、現実的なものと想像上のものを切り離している深淵のために、文字どおりの形でかなえられることは決してないからである。確かに、欲する対象が与えられることはあるが、それは存在の別の次元においてのことで、私は適応しなければならない。今や、対象は目の前にある。もし私が行動へとせき立てられているのでなければ、不意を突かれた私は、長いあいだためらい、充実した豊かな結果を約束するこの現実性が何ものなのか、わからないに違いない。私は「これがおれの望んだものだったのか」と独りごちるに違いない。〔一方〕病的な夢想家はためらわない。彼が望んでいたのは、それではない。まず、現前するものは、夢想家には不可能な適応を要求する。感情の一種のためらい、現実的な可塑性さえ必要だ。現実的なものは、常に新しく、常に予見できないからである[12]。私はアニーに来てほしい。だが、私の望むアニーは、私の欲望の相関者にすぎない。彼女は目の前にいるが、あらゆる点で私の欲望からはみ出す。学び直しが必要だ。反対に、病的な夢想家の感情は仰々しく、硬直している。感情は、常に同一の形態、同一のレッテルをともなって舞い戻ってくる。その病人には全面的に感情を構築する時間があった。感情のなかに偶然に置かれたものは何もない。感情は、どんな小さな特例も認めないだろう。それと相関的に、感情に対応する非現実的対象の特徴は、永久に決定させられる。こうして、俳優が衣装を選ぶように、夢想家は身につけたい感情と、その感情に対応する対象を装身具店で選ぶことができる。感情は、今日は野望であり、明日は愛欲となる。イメージとしての対象の「本質的貧しさ」だけが、不意打ちしたり、裏切ったり、誘導したりすることなしに、感情を素直に満足させることができる。非現実的対象だけが、夢想家の気まぐれが終わるときに、消えることができる。というのも、対象は夢想家の気まぐれの反映でしかないからであり、ただこの感情だけが、それらの感情から引き出そうと思われている帰結以外の帰結をもたないからだ。したがって、統合失調症患者の世界を、現実的なものの単調さを補う豊かさと輝きのイメージのほとばしりとみなすのは誤りだろう。それは貧しく、周到な世界であり、すべてが前もって決められ、予見された儀式とともに、同じ場面が飽きもせず細部に至るまで繰り返される。とりわけ、そこではすべてが不可避で、抵抗も不意打ちもない(13)。要するに、統合失調症患者があれほど多くの愛欲の場面を想像するとすれば、それは現実の愛に幻滅したからだけでなく、何よりも、もはや愛することができないためなのだ。

原注

(8) デュマ〔Georges Dumas〕『新心理学概論〔*Nouveau traité de la psychologie*〕』(Alcan, 1932)、第二巻〔第二部第一章「刺激と運動」〕、三八頁にあるピエロン〔Henri Piéron〕の記述。指摘すべきは、われわれも何度も実験を行ったが、このような瞳孔の拡大は一度も確認されなかったということである。それは、最も誠実な著作でも不幸にして何度となく出会う、例の心理学的伝説の一つではないかとさえ思われる。だが、われわれの実験がきちんとなされなかっただけだ、という反論も可能なので、ここからは何も結論を出さずにおこう。それに、事実それ自体としては、いかなる矛盾も含んでいないこともある。ちなみに、否定することはできないが、同じく説明を要する同系列の諸事実がある。たとえば、官能的イメージを思い浮かべた際のペニスの勃起である。

(9)「優美な、心を乱す、共感的な、軽い、重い、細やかな、不安げな、恐ろしい、ぞっとする」等々の情感的性質。

(10) われわれは、長いあいだ、情感的記憶が存在することに異議を唱えてきた。しかし、想像力をめぐる考察を通じて意見が変わった。昨日の恥辱を回想するとき、私の意識のなかには現在の知や現在の情動的抽象（あるいは完璧な感情）しかない、とするのは事実に反する。情動的抽象は、それを通して私が昨日抱いた感情を目指す、特別な志向性の素材として役立つ。換言すれば、その現実的感情は、必ずしもそれ自体として与えられるわけではない。それは――感情が強すぎないという条件で、だが――「ヒュレー〔＝素材〕」として役立つことができる。その場合、これは想像的意識で、その相関者は非現実的に現前していた昨日の感情だろう。したがって、情感的記憶および情感的想像力の存在を、われわれは認める。なぜなら、類似した過程によって、われわれは外国人、狂人、罪人などの感情を実感しようと試みるからである。現実的な情動的抽象を自分のうちに生み出しているだけだ、というのは正確ではない。狂人や罪人の感情を、それらが狂人や罪人に属しているかぎり、非現実的状態において現前させることを望むのである。

(11) 当時としては画期的だったフィリップ〔Jean Philippe〕『イメージ〔*L'image, mentale, évolution et dissolution*〕』〔Alcan, 1903〕を参照〔訳注――ジャン・フィリップ（一八六二―一九三一年）は、フランスの心理学者〕。

(12) 予見できないのは、よく言われるように、過去によって未来が予見されるためではない。この論法があてはまるのは、昔ながらのイメージの観念だけである。そうではなく、むしろ現実的なものが非現実的なものによって、つまり豊かさが無限であるものが本質的貧しさをもった図式によって、予見されるためである。

(13) こうした夢想の本質的貧しさについては、ブランシュ・ルヴェルション＝ジューヴ〔Blanche Reverchon-Jouve〕博士とピエール＝ジャン・ジューヴ〔Pierre-Jean Jouve〕による「ある精神分析の諸契機〔Moments d'une Psychanalyse〕」（*N. R. F.*, mars 1933）を見よ。

「H…嬢が風変わりな夢想に次第に執着していったのは、戦争が始まってから（一九一五年）、つまり一一歳のときである。その夢想は、少しずつ組織化され、いくつかの種類の要素を集め、同時に、ますます厳格で頑固なものになっていった。彼女は、自分の空想力だけでは十分でないとわかるや、辞書や雑誌を縦横無尽に調べることで、その夢想の重要性を補強した。

……彼女の生はほとんど宿命的なまでに夢想へと駆り立てられていたので、夢を見ながらベッドで過ごす時間以外は、彼女は図書館に行って自分に必要な新しい要素を見つけ、夢想の筋立てをさらに豊かにし、膨らませようとした」（三五六頁）。

H…嬢のケースは、きわめて興味深い。遺憾なことに、精神分析はそれを大量の思い上がった、不合理な解釈によって押しつぶした。

訳注

＊4 アンリ・ピエロン（Henri Piéron）（一八八一―一九六四年）は、フランスにおける科学的心理学の創始者。コレージュ・ド・フランス教授。サルトルは高等教育修了論文でも参照している。

＊5 アニーは、サルトルの『嘔吐（*La Nausée*）』（一九三八年）の主人公ロカンタンの元恋人の名前である。

＊6 sentiment-passion は「情熱感情」、sentiment-action は「作用感情」、amour-passion は「情熱恋愛」と訳す。サルトルがスタンダール（Stendhal）の『恋愛論（*De l'Amour*）』（P. Mongie, 1822）の用法を意識しているためである。それぞれ、「感情‐情念」、「感情‐作用」、「恋愛‐情念」と訳すこともできる。

3　想像力の病理学

統合失調症患者は、自分のまわりにある対象が非現実的であることをよく知っている。実は、だからこそ彼は対象を現出させるのだ。この問題に関して、マリー・B(14)の観察記録は意味深い。

「私は自分の昔の発作のことを覚えています。自分がスペインの女王だと言ったのです。実は、それが真実でないことを知っていました。人形遊びをしていて、人形が生きていないことを知っていながら、生きていると信じ込みたい女の子のようでした。……すべてが魔法にかけられているように見えていたのです。……私は、ある役を演じるために、登場人物のなかに入り込む女優のようでした。そうだと思い込んでいました。……完全に、ではありませんでしたが。私は想像上の世界に生きていたのです」。

つまり、ここに理解困難な点は何もない。夜間の夢、幻覚、パレイドリア[*7]〔paréidolies〕などの場合、それとは事情がまったく異なる。イメージについての古くからの理論を新しい仮説に置き換えたために逆の困難に陥ったと言ってもよいだろう。イメージと感覚が同じだとすることで、テーヌは難なく幻覚を説明できた。実際、知覚はすでに「真である幻覚」ということになるからである。テーヌが困難に出会うのは、あらゆる幻覚のうち、あるものが真で、他のものが偽だとすれば、どのようにしてイメージと知覚を即座に区別しているのかを説明しなければならなくなったときだ。それとは逆のあり方で、被験者〔＝主体〕がイメージをイメージとして即座に認知している事実を出発点とするわれわれにとっても、幻覚の問題のなかにつまずきの箇所がありはしないだろうか。実際、幻覚の場合、もはやイメージと認知されないイメージを問題にすることになるかもしれないからだ。だが、まずは問いを明確にしておく必要がある。

　幻覚患者が「イメージを知覚とみなす」のが本当だとしても、「知覚とみなす」という表現は何を意味するのだろうか。何人かの心理学者のように、幻覚患者はイメージに外在性を与え、イメージを知覚の世界に「投影する」と理解すべきなのだろうか。それはまったく馬鹿げている。というのも、すでに見たように、イメージというのは曖昧な言葉で、意識を意味すると同時に、意識の超越的相関者を意味するからである。だとすれば、幻覚患者はいったい何に外在性を与えられるのだろうか。意識に対してでないことは確かだ。実際、意識が意識ではないものとして捉えられるのは不可能だからである。デカルトのコギトは、精神病質者においてさえ、その権利を保持する。しかし、想像的意識の対象もまた外在化されえないだろう。というのも、それは本性上すでに外在化されているからである。もし私がピエールについての想像的意識を形成するなら、ピエールは自分とともにみずからの非現実的空間を携え、意識に直面してみずからを定立し、意識に対して外在的[15]となる。したがって、問題はまったく別であり、イメージの対象は知覚の対象とは次の点で異なる。(1)イメージの対象はみずからの空間をもつ、それに対して、知覚されたすべての対象に共通する無限の空間が存在する。(2)イメージの対象は直接的に非現実的なものとして現れる。それに対して、知覚の対象は、フッサールが言うように、最初から実在性の主張を掲げる（存在要求〔*Seinsanspruch*〕）。イメージ化された対象のこの非現実性は、自発性についての直接的直観と相関している。意識は非措定的自己意識[16]であると同時に、創造的活動性の意識でもある。自発性の意識は、側面的意識として現れたものであり、対象の意識と一体である。それは心的状態の構造そのものだ。われわれの考える自発性の意識のあり方は、被験者の健康状態や心の病気の状態から独立したものである。したがって、問題は次のように立てられる。いかにして人は自分の自発性の意識を放棄するのか。いかにして実際には自分が作るイメージを前にして受動的だと感じるのか。人は本当に現実性を、つまり生身の現前性を、健全な意識には不在と思われる対象に与えているのか。結局のところ、すでに見たように[17]、知覚と想像的意識が交互に現れる二つの態度だとすれば、たとえば幻覚患者が「この（現実の）椅子の上に私は（非現実の）悪魔を見た」と言うときのように、幻覚においてイメージの空間と知覚の空間が混ざってしまうことはありうるのだろうか。

この最後の問いには、すぐに答えることができる。実際、患者が二つの空間〔知覚の空間とイメージの空間〕を溶融させてしまうことを証明するものは何もないからである。結局、彼の発言以外の保証はないが、彼の言葉のすべてはあてにならないように見える。第一に、ジャネが指摘するように、患者が医者の前で幻覚（少なくとも視覚的幻覚）をもつことはほとんどない――このことは次のように解釈できる。すなわち、現実的なものの領域で組織化された活動は、幻覚を排除するように見える。そうしたことが、幻覚を妨げるために患者によって使われる「トリック」に、ある種の有効性を与えることになるように思える。何かをつぶやき、自分が言ったことに注意を集中するある患者は、自分に脅威を与え、自分を侮辱する声の出現を、ともかくもしばらく遅らせることができる。戦争のトラウマによって引き起こされた混乱した譫妄についてのデュマの観察記録は、さらに顕著なものだろう。たとえば、兵士クリヴェリは、まずは自分がいる部屋の概要を考慮に入れてから、自分の譫妄の書き割りを描いたように見える。ところが、実際には、医師が部屋の様子を変えても、譫妄の内容はその変化の影響をまったく受けなかったのだ。反対に、デュマ教授が大きな声ですぐそばから不意に患者に「鼻をかみなさい」と呼びかけると、患者は一瞬うわごとを言うのをやめ、おとなしく鼻をかむ。したがって、ここでは、すべてが知覚と譫妄が交互に起こることに有利に働いているように見える。この夢想的混乱は幻覚よりむしろ夢に近い、と反論する人もいるかもしれない。われわれも、それを否定しようとは思わない。しかし、ここで重要なのは、二つの病理学的形態に共通するであろういくつかの性格を解明することだ。要するに、幻覚は知覚された現実性の突然の消滅と一致するように思われる。幻覚は現実世界のなかには場所を占めない。幻覚は現実世界を排除する。それはラガーシュ氏が近著でジャネに注釈を施しつつ見事に述べていることである(18)。

「聴覚的幻覚は、聴覚的知覚がもっている周囲の状況との完全な一致、とりわけ知覚の現前的性格をもたない。被害妄想の患者は、自分に礼儀正しく話しかけてくる現実に目の前にいる人から罵《ののし》られていると思うことはほとんどない。「罵る者」と「罵られる者」のあいだの区別が微妙になるのは、もっと先のことだ。したがって、聴覚的譫妄に立ち会うことは稀である……」。

しかしながら、ジャネが意図するのとは違って（運動言語的幻覚は別として、少なくとも聴覚的幻覚に関しては、彼はそう考えているように思われる）、幻覚とは患者が本気で信じている自作の物語のことだ、としてはなるまい。われわれの考えでは、確かに幻覚的作用はある。だが、この作用は患者に突然現れる純粋な出来事であり、そのあいだ患者の知覚は消えている。それでも、患者が自分の感覚的幻覚を語る際、それを知覚の空間に位置づける、という事実がある。だが、まずラガーシュは、言語的幻覚に関しては、次のように見事に明らかにしている。

「……空間化は、聴覚的幻覚の第一の性質なのではなく、一方では知的所与に依存し、他方では運動的態度に依存するものだ。そのため、距離の変化には無数の可能性があり、患者は状況によって、聞こえる声を遠く離れた町や、壁の後ろや、天井や、床の下や、枕の下に位置づける[19]」。

以上の指摘だけで、位置規定の非現実的性格を示すのには十分だろう。要するに、幻覚の空間化はイメージの位置規定によく似ている。発せられた言葉は、遠くの町で言われたかもしれない。にもかかわらず聞こえるのだ。そもそも本当に聞こえているのだろうか。それはイメージとしてのピエールが見えるとされる以上のものではない。ここでもラガーシュは重要な指摘をしている。

「あらゆる言語的幻覚には、幻覚をもつ者によって未知の余所なるものから来たとみなされる観念－言語内容や言語内容に対する受容的態度が見て取れる。ところで、言葉に対する受容的態度とは、聞くということである。したがって、どんな言語的幻覚もある意味では聞かれているし、あらゆる言語的幻覚は聴覚的であるとさえ言いうるだろう。ただし、この聴覚的という言葉は受容的態度に関することのみであり、聞こえた言葉の感覚性や聴覚的性格と捉えるべきではないだろう[20]」。

換言すれば、罵りの言葉は確かに患者に対して「現れる」。それはそこにあり、患者はそれを被って、それに対して受容性の状態にある。だが、受容性は必ずしも感覚性を含みはしないのだ。

さらに、位置規定が現実的空間（たとえば病人の寝室）に対してなされる場合でさえ、位置規定は事後的になされると言わなければならない。われわれの考えでは、視覚幻覚や聴覚幻覚は知覚の一時的な消失をともなう。だが、幻覚のショックが過ぎ去ると、世界が再び現れる[21]。したがって、見えたばかりの光景について語る病人が、その光景を自分のまわりの世界の一部だとするのは自然であるように思われる。「私はここにいる、悪魔を見たばかりの私が」は、容易に「私はここで悪魔を見たばかりである」に変化する。

そもそも、幻覚患者にとって、ここにいるとは何を意味するのか。彼が正確に部屋の家具を数え上げるからといって、みんなと同じように家具を知覚していると信じなければならないのだろうか。時間‐空間的特徴を欠いた絶対的存在として与えられる奇妙なタイプの幻覚、つまり心的幻覚を忘れてはならない。

つまり、どの点から考察しようと、幻覚の位置規定は二次的問題だと思われる。この問題に原理上の大きな困難はなく、むしろはるかに普遍的な、次のような問題に従属するのだ。つまり、いかにして病人は本質上非現実的なものとして現れるイメージが現実だと思い込むことができるのか、という問題だ。

このように定式化すると、問題が思い込みの変質、あるいは定立の変質であることがわかる。勘違いしてはならない。イメージを構成する定立は、変質することができない。意識が「病的」であるか否かは重要ではない。非現実的対象が非現実的なものとして構成されることは、本質的必然性である。すでに繰り返し述べたように、意識の自発性は、自発性の意識と一体化しており、したがって他方を破壊することなしに一方を破壊することはできない。それゆえ、運動言語的幻覚に関するラガーシュの卓越した説明だけでは、聴覚的幻覚（本当に言語的幻覚から独立している幻覚があるとして）、視覚的幻覚、心的幻覚の場合には十分とは思われない。ここでは、デカルトの区別に立ち返る必要がある。人は自分が話していることを知らずに話すことができるし、自分が呼吸していることを知らずに呼吸することができる。しかし、自分が話していると思っているということを知ることなしに自分が話していると思うことはできないのだ。その結果、ラガーシュが内省と呼ぶもの（患者を心理学的問題に「方向づけ」たり、問題解決のための患者自身の役割に「方向づけ」たりすること）

を、（影響を受けているとか、幻覚が強制されているという）感情や、警戒心の減少などに差し向けたとしても、非現実的対象の産出と、対象の非現実性の意識が一致する事実は揺るがないだろう。反対に、運動言語的幻覚の場合、言葉が患者から分離し、患者に抗する運動であることを示すのには、そういった説明で十分だろう。

以上のことから引き出せる第一の結論はこうだ。幻覚や夢においては、想像的意識の直接的相関者であるイメージとしての対象の非現実性を破壊することは、何ものにもできない。だが、そうなると、この最初の検討の結果、われわれは袋小路に入り込んでしまったように思われる。われわれの理論にいくつか変更を施すか、要求条件のいくつかを放棄しなければならないように思われる。

だが、ひょっとすると幻覚はイメージの第一の構造の変質によって性格づけられるものではないのかもしれない。幻覚は、むしろ非現実的なものに対する意識の態度の根本的転倒として与えられるものかもしれない。要するに、意識全体の根本的変質が問題になっているのかもしれないのであり、非現実的なものを前にしての態度の変化は、現実感覚の弱まりの代償として現れるだけなのだろう。そのことを予感させてくれる指摘がある。ラガーシュの観察によれば、「いくつかの事例では、いかなる現象学的所与によっても、狂気の言葉と正常な言葉を区別できないように見える。病人は、あたかも自分がそう決めていたかのように、話しているのは自分ではないことを、ただちに知る。その際、彼の決定を決め、動機づけている具体的所与を、他の人は捉えることができない」。

ラガーシュは、ポール・Lという病人の例を挙げる。その男の声は、「話しているのが他の人であるときでも変わらなかった。それでも、(彼は)話しているのが他人なのか、自分なのかを知っていた」[*8]。もちろん、問題になっているのは運動的幻覚だが、ここではいくつかの理由により、それはわれわれの目下の関心事ではない。しかし、運動的幻覚が問題になっているのを機に、次のような問いを立てることができる。すなわち、もしポール・Lが突然、声の調子を変えずに、「あたかも自分がそう決めていたかのように」、自分とは別の人が話している最中であることがわかるのなら、もしポール・Lがジャネの言う「志向の社会的対象化」[*9]をいとも簡単に実行できるのなら、それは、彼がふつうに知覚しているとわれわれに思えるまさにそのときでも、実際はわれわれと同じようには知覚していないからではないか[22]。驚くべきは、対話の冒頭で、彼が、話すのは自分である、と宣言していることだ。実際、そのとき彼が話しているのは本当だから、それらの心的働きは正確に実行されている、という結論を下したくなる。そして、次の瞬間、彼が話し続け、発せられた言葉は彼とは別の人によって発せられたと主張するとき、われわれは、彼が病理学的状態に至ったと想定する。しかし、彼が自分に属すると主張する声が、聞こえていると主張する声と同じ次元にあることに、どうして気づかずにいられるだろうか。このことこそ、彼が行っていると言う対話の本質的条件なのだから。だとすれば、一方の声が幻覚として与えられるなら、いかに逆説的に見えようとも、他方の声も幻覚として受け入れなければならないだろう。病人は、自分の発する音声を自分が生み出したものとして与えるとき、それを他人に帰属させるときと同様、幻覚を起こしているのだ。実際は、ある言葉が病人に対して、先立つ言葉との関係に置かれたものとしてと同時に、彼とは別の人によって発せられたものとして現れるためには、会話全体が幻覚的性格をもつ必要があり、いわば、自分のものだとしている言葉が自分に属していることを病人は知る、というより、むしろそのことを夢見る必要がある。そうでなければ、ある対話者から他の対話者へのやり取りにおいて、あまりにも突然にレベルの差ができるので、会話はもはや成り立たなくなるだろう。[23] しかし、以上のことからわかるのは、病人が、ストア派の表現を使えば「真昼に夜が明けると言う」例の狂人であるということ、実際にはその会話のなかで何も知覚しなかったということくらいだろう。以上のすべての指摘は、視覚的幻覚と聴覚的幻覚にもあてはまる。なるほど、医師と話している患者が正確に知覚しているように見える瞬間はあるだろう。いや、そればかりか、その患者がそのとき幻覚をもっていないこともある。患者が幻覚をもつとき、彼は孤独で、放置されている。いわゆる幻覚的出来事は、積極的混乱として、対象が非現実的なものとして現れる知覚の病的無関心を背景にして浮かび上がってくるのではないだろうか。したがって、われわれの考えでは、幻覚が知覚の世界に合流するのは、もはや世界が知覚されず、患者によって夢見られる場合のことであり、そのとき患者自身も非現実の存在になってしまっているのである。

　以上の考察の結論をよりよく捉えるには、幻覚を、類似した構造をもつと思われる現象と比較すればよいだろう。つまり、強迫観念と、である。

　なるほど、長いあいだ強迫観念の画一性と幻覚のイメージの多様性は好んで対立させられてきた。しかし、それは病人の話を鵜呑みにしたからだった。実際には、幻覚の素材が貧しいことに関して、現代の精神科医の意見はほぼ一致している。運動言語的幻覚を別にすれば、聴覚的幻覚はたいてい「いやなやつ、泥棒、酔っ払い」といったきわめて陳腐な罵詈雑言であるし、視覚的幻覚はいつも同じ形象や人物なのだ。このように、幻覚は、ある種の対象〔＝物〕（音響的であれ、視覚的であれ）の間欠的な再出現として現れる。したがって、幻覚は、多かれ少なかれ画一的な情景の間欠的な出現でありうる強迫観念にかなり近い。違いは、強迫観念の対象が主観的性格をもつのに対して、幻覚の対象が外在化されていることに由来するのではない。もちろん、たとえばジャネのある病人が思い描く聖体パンの冒瀆の場面[24]は即座に外在化される（つまり、非現実的空間に投影される）。これはイメージの観念そのものから帰結することである。他方で、多くの心理学者の説を信じるなら、幻覚と強迫観念は、精神に無理やり押しつけられる。しかし、まさにここでこそ注意が必要で、「無理やり押しつけられる」が正確には何を意味するのかを探究する必要がある。

　ジャネの研究以来、強迫観念が、意識に反して意識のなかに場所を占める胆石のような異物ではないことが明らかになった。実際には、強迫観念は一つの意識である。したがって、強迫観念は、他のあらゆる意識と同様、自発性と自律性という性格をもつ。たいていの場合、それは禁止が命じられた想像的意識、つまり精神衰弱者が自分に形成を禁じた想像的意識である。まさにだからこそ、彼は想像的意識を形成するのだ。実は、強迫観念の内容そのものは、さほど重要ではない（あまりに重要でないため、内容がまったくないことさえある。たとえば、ある女性患者は、恐ろしい犯罪を犯す、という強迫観念をもちながら、それがどんな犯罪なのかを想像することさえできなかった）。重要なのは、患者のうちに禁止が引き起こす一種の眩暈《めまい》である。患者の意識は、夢の意識と同様、囚われているが、その囚われ方が異なる。強迫観念を蘇らせるのは、強迫観念が起こるのではないか、という恐れ自体なのだ。「もうそんなことは考えないぞ」というあらゆる努力が、おのずと強迫観念的思考に変わってしまう。たとえ、ときには一瞬のあいだ忘れたとしても、突然、自問に襲われる。「ああ、何と私は平静なことか。なぜ私はこんなに平静なのか。それは、私が……を忘れているからだ」。眩暈によって、強迫観念の対象が蘇る。意識は、いわば自分の被害者であり、ある種の悪循環に釘づけにされている。強迫観念的思考を追い払おうとするあらゆる努力が、それを蘇らせるための最も有効な手段になる。本人はこの悪循環を完全に意識しているし、ジャネの観察記録は、被害者であると同時に加害者であることを患者自身がとてもよく理解していたことを証明している。強迫観念は意識に「無理やり押しつけられる」と言われるのは、まさにその意味においてであり、その意味においてのみである。精神衰弱者は、自発性の意識を失うことは一秒たりともないし、少なくとも人格があるという形式的な印象を失うことはない。イメージとしての対象を現実的対象とみなすことは一瞬たりともない。自分の強迫観念は幻覚的性格のものだと主張する人たちもいるが、ジャネはそれが嘘であることをはっきり示した。同様に、現実感覚が薄まることもない。離人症の患者でさえ、きわめて正確に知覚している。にもかかわらず、何かが消えてしまっている。それは自己への帰属感情、クラパレードが「自我性〔moiïté〕」と呼ぶものである。自我に結びつく現象と、非‐自我に結びつく現象の区別は正確になされるが、いわば中立的背景のもとでなされる。正常な人間の場合、自我と非‐自我の対立ははっきりしているが、これが弱まるのだ。自己が外的世界への諸企図の調和的な総合ではなくなってしまうからである。自己の痙攣、制御を離れた自発性がある。自我の自分に対する抵抗のようなものが生じたのである[25]。

今度は、幻覚患者について見てみよう。こちらは、まず意識の痙攣があり、それによって突然「聴覚」または「視覚」の想像的意識が出現する。この意識が自発性であることは間違いない。それ以外の意識はありえないからだ。これは常同症[*10]になることもあり、その場合、原因は強迫観念的眩暈である。幻覚は準‐観察の原則に従うからである。運動言語的幻覚を示す患者の場合、誰かが自分の口で話しているのを知っていると主張するが、それによって口調が変わることはない[26]。つまり、患者はこの知に侵入されている。患者は自分の幻覚の内容を学ぶのではなく、突然、患者の全体的態度が変化するのだ。話しているのは、もはや彼ではなく、XやYになる。もちろん、聴覚および視覚幻覚に関しても事情は同じだし、心的幻覚に関してはさらにそうで、患者は現象の準‐感覚性によって惑わされているどころか、自分でその準‐感覚性を強調するのである。したがって、患者のうちにはイメージへの志向があり、このイメージはイメージ化された対象の構成に先立っている可能性がある。と同時に、志向的知から想像的意識への移行もある。患者は自分の幻覚によって不意を打たれることはない。患者は、それを熟視するのではなく、現実化する。おそらく、強迫症と同様、幻覚から逃れたいと思っているからこそ、幻覚を現実化するのだ。一日のいつ頃、幻覚が起こるのかを、患者はあらかじめ知っているのではないかと思うことがあるほどだ。患者は幻覚を期待しているに違いなく、この期待があるからこそ、幻覚は生じる。したがって、幻覚と強迫観念を比較することは、ある程度まで許されるだろう。いずれの場合も、意識は、自分が対象を生み出せるという考えに惹きつけられている。ただし、幻覚患者の場合、脱統合〔＝崩壊〕という、きわめて重要な変化が起こる。

確かに、意識の統一性、つまり継起する心の瞬間瞬間を結びつける総合関係は変わっていないかもしれない。この統一性は、思考の正常な働きだけでなく、心的混乱の条件でもあるからだ。だが、幻覚的精神病の場合、意識の統一性の基盤は弁別的機能をなくしているために、自発性が反逆的に浮かび上がる。より高次の心的統合が消失してしまったのだ。つまり、通常は人格の総合作用によって思考は調和的で連続的に展開し、その過程で別の思考が可能なものとして定立されることがあっても、それは一瞬目指されるだけで実現されない。だが、その調和的で連続的な展開が消えてしまうのだ。その代わりに、思考の流れは、相変わらず一貫した発展をしているつもりであっても、実際には側面的で付随的な思考によって絶えず中断され、それらの思考は可能性の状態から脱して、流れに逆らって実現されてしまう。これもまた眩暈ではあるが、ここで自分と闘争状態にあるのは、もはや人格性全体ではない。単なる可能性にとどまることができず、思いつかれるや否や、意識にそれを実現させる部分的組織なのだ。〔だが〕他の場合にもまして、ここでは機械的解釈を控える必要がある。病的な意識は、それでも意識であり、無条件的な自発性である。これらの現象はみな、クレランボーが「小さな心的自動症[27]」の名の下に記述したものだ。

「狭義での聴覚的幻覚および心‐運動的幻覚は、心的自動症の言説では、あとから出てくる現象である。……直観、先取りされた思考、思考のこだま、無‐意味などが、心的自動症の初期現象である。……心的自動症の事実のいくつかは、きわめてよく知られている（セグラ*11を参照）。心的自動症の他の現象は、いまだに解明されていない。一方で、言語的現象、つまり、突発的言葉、音節の戯れ、言葉の連続、馬鹿げた言葉、ナンセンスなどがあり、他方で、純粋に心的な現象、抽象的直観、抽象的思考の停止、思い出の無言の繰り出しなどがある。これらが、通常、心的自動症の最初の形態である。〔それに対して〕観念‐言語的過程、すなわち行為や思い出に関するコメント、問いかけ、自問自答する思考などは、一般にあとから現れる[28]」。

これらの心的混乱によって、幻覚症の場合、精神衰弱とはまったく異なる感情と行動が生まれ、発達する。それは、影響症候群と呼ばれるものだ。患者は自分が一人または複数の人間の影響下にあると思い込む。これまでほとんど解明されてこなかったが、これらの「影響」についての思い込みは、患者にとって、自分の思考の自発性とあらゆる心的行為の自発性を肯定する仕方なのだ。患者が「誰かが私に邪《よこしま》な考えを与える、猥褻な考えを思いつかせる」と言い張るとき、邪な考えが彼のうちに淀んでいたり、水面の木くずのように浮かんでいたりするのを感じている、と思ってはならない。彼は、思考の自発性を感じており、それを否定しようとは思わない。ただし、自発性が孤立して、流れに逆らって現れ、意識の統一性ではないにしても、少なくとも彼の人格的生の統一性を壊している、と述べる。そこに、影響という観念の深い意味がある。患者は、生き生きした自発性として、邪な考えを生み出しているのは自分だと感じていると同時に、自分はこの考えを望んでいなかったと感じている。そこから「私は誰かに……思わされた」という言い方が出てくる。このように、影響症候群とは、対抗自発性があることを患者が認めることにほかならない。患者は、純粋で言葉にできない経験（それはコギトに相当する）によって、馬鹿げていたり場違いであったりする考えを与えられるが、この考えは、それに関してコギトが実行できるような何かとして与えられる。だが、同時に、この考えは彼から逃れ、彼に責任はなく、彼はそれを認知できないのである。

この影響という土台の上に、最初の幻覚が現れる。この段階でも「幻覚」と呼べるだろうか。患者は、視覚的幻覚について語るとき、「誰かが私に……を見させる」と言う。ここでも自発性の直観は放棄されていない。イメージとして与えられたイメージが形成されたのであり、それは非現実的性格を保持している。ただし、それは対自的に自己を定立し、思考の流れを中断させる。だが、患者は、みずからの創造的活動の媒介なしには、迫害者たちが彼に「幻視」や「幻聴」を与えることはできない、ということを見失ってはいなかった。それに、この水準では、人格は軽微で一時的な変化しか被っていないように見える。自発性からの側面的で周縁的な解放があるとしても、それは被験者が極度に集中するときのことだ。私は自分からメスカリン注射を打ってもらったことがある。[*12] 短い幻覚現象を確認できた。その現象は、まさにこの側面的性格を示した。誰かが隣の部屋で歌っていた。私が耳をそばだてて聞こうとすると――そのために私は前方を見つめるのをやめた――、三つの小さな並んだ雲が私の前に現れた。その現象は、捉えようとするや否や、もちろん消えてしまった。充実した明晰な視覚意識とは両立しなかったのだ。それは、人目を盗むような仕方でしか存在できなかったし、そのようなものとして現れた。三つの小さい靄《もや》は消えるとすぐ私の思い出に委ねられたが、その仕方は無意識的であると同時に不思議なものだった。それは意識の縁で解放された自発性の存在にほかならない、と私には思われた。

真の幻覚（幻聴や幻視）に至ると、意識の脱統合はさらに進む。もっとも、意識の統一性は無傷のままかもしれないし、だからこそ話題の飛躍や矛盾も起こりうる[29]。だが、総合的関係づけのこの新たな形態は、人格的総合や整合的な思考とは両立しえない。幻覚の最初の条件は、人格的意識の一種の揺らぎであるように思える。患者は独りでいて、思考が突然混乱し、散漫になる。集中による総合的関係の代わりに、融即〔主客の区別の消失〕によるとりとめのない劣化した関係が現れる。総合力が低下することで、意識はいわば平準化する。と同時に、それと相関して、知覚は曖昧になり、混乱する。客体と主体は、ともに消える。この薄明状態の生は、注意維持や可能性を可能性として捉えることとは両立しないが、しばらくのあいだは、他の変化は見られず、そのまま続くと考えられる。同様に、幻惑や自己暗示といった現象の出現も認められる。しかし、今問題にしているケースでは、部分的で不合理な心的組織が突如、形成されるだけだ。この組織が必ず部分的になってしまうのは、意識のいかなる集中の対象にもなりえないためである。もはや意識の中心もなければ、主題の統一性もない。まさにそのために、それは現れる。その構造自体において反主題的なものとして、つまり意識の集中の主題を提供できない何かとして現れる。詳しく見てみよう。あらゆる知覚は、観察されうるものとして与えられる。あらゆる思考は、熟考されうるものとして、つまり距離を保たれ、考察されうるものとして与えられる。それに対して、部分的で不合理な心的組織は、決して観察されえない。なぜなら、この組織は意識の平準化と相関的だからである。それは構造を欠いた意識のなかに現れるにすぎない。というのも、それはあらゆる構造の否定だからである。したがって、それは常に、その存在を構成する「逃れ去る」という性格とともに現れる。その本質は把握されえないということ、つまり人格的意識の前では決して定立されないということである。聞こえはするが自分からは聞くことができない言葉、見えはするが自分からは見つめることができない顔などだ。そのため、病人本人がよく口にする特徴が出てくる。「それは、ささやくような声だった。誰かが私に電話で話しかけている、等々」。

こういった組織の第二の特徴は、すでに述べたように、不合理性である。それは、話題の飛躍、言葉遊び、地口、突然の罵詈雑言などとして現れる。不合理性そのものが、組織の形成を理解するための鍵を与えてくれる。というのも、われわれの考えでは、どんな存在も、意識においては意識の言葉で表現されなければならないし、たとえ上部構造が傷ついている場合でも、自己意識にならずに影の領域から噴出するような自発性を認めることはできないからである。自発性をこのように理解することは、無意識の存在を暗黙裏に認めることでしかない。だとすれば、不合理な組織とは、意識が自分の現状、つまり薄明にある平準化した状態について考える仕方だと思われる。だが、それは対象を主体の前に立てる正常な思考ではないし、薄明状態に関する思考でもない。むしろ、集中できず、縁にあり、孤立し、逃げ去る性格をした意識のどこかに、部分的組織が現れるのだ。この組織は、あの薄明状態の思考であり、あるいは薄明状態そのものである。それは相関者として非現実的対象――不合理な言葉、地口、タイミングの悪い現象――をもつ象徴的な想像的組織である[30]。その組織が、自発性として、しかも、何よりも非人称的自発性として現れ、与えられる。実を言えば、ここには主体的なものと対象的なものの区別がない。主体と対象という二つの世界は崩壊した。これは言葉によって性格づけることができない第三の存在の型だ。ごく単純化するなら、それを非人称的意識の相関者である非現実的で側面的な現象と名づけられるだろう。

以上が、幻覚の純粋な出来事と呼びうるものである。だが、この出来事は、幻覚の純粋な体験とは一致しない。というのも、体験には人格的統一性をそなえた主題《テーマ》的意識が含まれているからである。それに対して、この手の主題的意識は、幻覚的出来事によって否定される。というのも、幻覚的出来事は常に主体の不在において生み出されるからである。要するに、幻覚は記憶によってのみ体験が起こりうる現象として現れる。ただし、これは直近の記憶であり、つまり、仮に部分的組織が中立化された意識のうちで発展し続けたとしたら、幻覚は存在しないだろう。その場合には、むしろ夢に近いものになる。幻覚は部分的組織に対する意識の突然の反作用を含むが、この反作用は主題的統一の突然の再出現にともなう突然の凝集によって生じる。非現実的対象が思いがけず不合理に出現したことで、驚きや恐怖の波が意識を駆けめぐるに違いない。そこから意識の目覚め、力の結集が起こる。それは物音がして眠っていた人が突然目覚めるのにも似ている。意識は身構え、方向を定め、観察しようとするが、もちろん非現実的対象はすでに消えており、意識が自分の前に見出すのは思い出だけだ。だとすれば、いかにして思い出が意識に現れるかを記述しなければなるまい。

まず特に強調すべきは、たとえ非現実的対象それ自身は意識の前にないとはいえ、少なくとも可能なかぎり力強く具体的な直近の思い出があるということだ。この思い出は疑いえないもので、対象が実在しているという直接的確実性を内包している。しかし、思い出が非現実的対象を意識に提示する際の本質的性格は、それが現在の人格的意識に対して外在的であることだ。この性格は、予見不可能だったものとして、また自由には再現されえないものとして現れる。それは現在の総合には含まれないし、総合に属することも決してない。この外在性と独立性は、現実的世界の対象の外在性と独立性にきわめて近い。また、同時に、対象は自発性の特徴を保つ。対象は、気まぐれで、逃げ去りやすく、神秘に満ちたものとして現れる。しかし、対象は非現実的なものの性格を保っていないのか、という反論もあるだろう。対象はその性格を保つかもしれないが、非現実性の係数は、すでに定義したような予見不可能性や外在性に結びつけられており、幻覚の矛盾した幻想的な性格を強調するにすぎないだろう。患者も、自分の体験を「私は見た、私は聞いた……」と言って、通常の言語で表現しているのだ。だが、本当のところ、対象は思い出に対して非現実なものとして与えられるわけではない。なぜなら、幻覚が起こっていたあいだ、非現実性の定立はなかったからである。ただし、非現実的対象を生み出す際、非現実性についての非措定的意識はあった。〔ところが〕この非措定的意識は、思い出のなかに移行しない。なぜなら、すでに説明したように、知覚された対象の思い出は、現実も非現実的なものも同じ仕方で引き渡すのであり、思い出す際に両者が区別されるには、それらが出現したときに現実性なのか非現実性なのかが明瞭に定立されていなければならなかったのだ[31]。むしろ、幻覚の対象は、思い出において中立的性格を保つように思われる。幻覚の出現に現実性を与えるのは、患者の行動全般であって、直近の思い出ではない。その証拠に、どんな人間も過労やアルコール中毒になると幻覚を体験する可能性があるが、それでも直近の思い出はそれを幻覚だったとして提示する。それに対して、影響の精神病の場合には、結晶化作用が起き、患者は自分の生を幻覚との関係で組織する、つまり、幻覚を思い起こし、それを説明しようとする。それに、この自発性は、予見不可能で断片的なものであるにせよ、少しずつ観念‐情感的実質で満たされるようになるようである。患者は幻覚に対してゆっくり働きかけるに違いない。慢性的な幻覚をともなう精神病が進むと、保護者的な存在が幻覚のなかに現れることがあるのは、そのよい証拠だ。このような作用は、直接的な作用によってではなく、膠結作用や融即によって起こる。いずれにせよ、構成された精神病において、幻覚は機能的役割をもつように思われる。おそらく、まずは患者が自分の幻覚に順応するのだろうが、幻覚現象や声のほうも患者に取り込まれるがままになり、そうして相互的適応から、幻覚的行為とでも呼ぶべき患者の行動全体が生まれるのだろう。

原注

(14) ボレル〔Adrien Borel〕とロバン〔Gilbert Robin〕の論文「病的な夢想〔Les Rêveries morbides〕」（*Annales médico-psychologiques*〔82, nº 3〕, mars 1924）〔二三九―二四〇頁〕。
　先に引用したH…嬢はまた、自分のイメージの現実性についても思い違いをしていない。「H…嬢はそれが架空の物語であることを常に知っていたが、同時にその物語が、こと彼女に関しては真理を含んでいると思っていた」（同書、三六二―三六三頁）。

(15) 本書、前記参照。

(16) 本書、第一部第一章第5節を参照。

(17) 第三部第4節〔訳注――サルトルは「第四部第5節」としているが、勘違いだと思われる〕。

(18) ラガーシュ〔Daniel Lagache〕『言語幻覚と言葉〔*Les Hallucinations verbales et la Parole*〕』（Alcan, 1934）。ジャネ〔Pierre Janet〕「迫害妄想における幻覚〔L'Hallucination dans le délire de persécution〕」（*Revue de Philosophie*〔tome 113〕, 1932）も参照。

(19) 〔ラガーシュ〕前掲書、一六四頁。

(20) 同書、八九頁。

(21) 神経系の病気の専門家であるT…博士は、ある患者について語ってくれた。その患者は、脳炎を起こしたあと、社会的状況には正確に適応できるが（たとえば、主治医と会話すること）、一人にされてしまうと、幻覚をともなう半眠状態に再び陥るのだった。

(22) そのことは、患者が自分に話しているつもりでいるまさにそのときに、同時にそこにはいないXに話しかけているつもりでいる、という事実そのものからも判明する。これは、能動的なものを間違いなく異常な何かにするのに十分である。

(23) 同様に、統合失調症患者が空想する対話において、対話相手は非現実的であるが、本人はある程度の現実性の要素を確保している、と思ってはならないだろう。両者とも非現実的で、両者が発する言葉はいずれも（それが実際につぶやかれたかもしれないとしても）非現実的である。後述する夢における〈私〉の役割を見よ。

(24) 〔ピエール・ジャネ（Pierre Janet)〕『強迫観念と神経衰弱〔*Les Obsessions et la Psychasthénie*〕』第一巻〔Alcan, 1903〕を見よ。

(25) しかしながら、特定条件の影響の下では、精神衰弱の患者たちが影響譫妄を一時的に呈することがある。

(26) 声は変わる可能性があり、たとえば甲高い声から低い声になることもあるが、この変更は必須ではない。

(27) クレランボー〔Gaëtan Gatian de Clérambault〕「自動症を基にした精神病《プシコーズ》および自動症シンドローム〔Psychose à base d'automatisme et syndromes d'automatisme〕」（*Annales médico-psychologiques*〔tome 1〕, 1927)、一九三頁。

(28) ラガーシュ、前掲書、一一九頁の引用による〔訳注――この部分は、クレランボーの原論文の一九七、二〇一頁。サルトルとラガーシュは、ともに原文の décours を discours と誤って記しているが、そのまま訳した〕。

(29) そもそも矛盾というものも総合作用であるから、意識の統合という一般的形式を前提としている。

(30) この象徴化作用については、〈夢〉に関する章で詳述する。
(31) もちろん、そうした明瞭な定立が分節された判断である必要はない。

訳注

＊7 視覚刺激や聴覚刺激を受け取り、普段からよく知っているパターンを、本来そこに存在しないにもかかわらず、心に思い浮かべる現象。たとえば、雲の形から動物、顔、何らかの物体を思い浮かべること。
＊8 ラガーシュ、前掲書、五六頁。
＊9 ジャネ「迫害妄想における幻覚」前掲書。
＊10 第三部訳注＊14（二六三頁）を参照。
＊11 ジュール・セグラ（Jules Séglas）（一八五六―一九三九年）は、フランスの精神科医。サルペトリエール、ビセートルの医師。ジャン＝マルタン・シャルコー（Jean-Martin Charcot）の助手を務めた。幻覚の問題を扱い、とりわけ精神病者に特徴的な言語表現を記述、分類した。ジャック・ラカン（Jacques Lacan）に影響を与えたことでも知られる。
＊12 サルトル自身のメスカリン注射の体験については、本書のエルカイム＝サルトルによる「序」（一二頁）を参照。

4　夢

類似した問題が夢の場合も生じる。デカルトは、これを「第一省察」で次のように語った。

「しかし、私はここで考えなければならない。私は人間であり、それゆえ眠り、夢のなかで、狂気の人が目覚めているときに思い描くのと同じことや、それよりさらに本当らしからぬことを思い描いたりする。何度、この場所で、服を着て、暖炉のそばにいる夢を見たことだろうか。ところが、私は裸でベッドのなかにいたのだ。今この瞬間、私は眠っている眼でこの紙を見ているのでは決してないし、揺すっているこの頭は決してまどろんでいないように思えるし、手を伸ばし、その手を感じているのは、目的と意図があってのことのように思える。睡眠中の出来事は、これほど明晰判明には見えないからである。だが、慎重に考えてみれば、睡眠中にも同じような錯覚に騙されたことがしばしばあったのを思い出し、この点を熟慮してみると、目覚めと眠りをはっきり区別する確実な指標はないことがわかって驚いてしまった。あまりに驚いたために、自分が眠っていると信じ込みかねないほどだ(32)」。

この問題を次のように表すこともできるだろう。夢の世界が、心的イメージによって構成されているにもかかわらず、現実の知覚された世界として現れることがあるのなら、少なくとも、イメージが知覚として現れる場合が、つまりイメージが産出されながら、想像的自発性についての非措定的意識がともなわない場合がありはしないだろうか、と。万が一そんなことがあったとしたら、本書のイメージ理論は全面的に崩壊してしまうのではないか。もちろん、夢は他にも多くの問題を提起する。たとえば、夢のイメージがもつ象徴的機能の問題、また、夢を見る思考の問題などである。しかし、それらは、直接的には本研究と関係がない。したがって、ここでは夢における措定の問題、つまり夢を見る意識によって構成された志向的断定の型の問題のみを扱うことにする。

議論を導いてくれる第一の指摘から始めよう。引用したデカルトの一節には、詭弁がある。[*13] われわれは夢に関しては、まだ何も知らない。夢は到達困難なものだ。夢について記述するには、目覚めたあとの記憶を使うほかないからである。それに対して、デカルトの比較のもう一方の項、目覚めており、知覚している意識のほうは容易に到達できるものだ。私は、この意識をそのつど反省的意識の対象にすることができるし、反省は前者の意識の構造を確実に私に教えてくれる。ところで、この反省的意識は、ただちに貴重な知識を与えてくれる。それは、夢において自分が知覚していると想像するということはありうるとしても、確実なのは、目覚めているときには私は自分が知覚していることを疑うことはできない、ということだ。誰でも夢を見ているふりをしたり、読んでいる本が夢のなかの本であるふりをしたりすることはできるが、すぐさま、間違いなくこの仮構《フィクション》が不合理であることに気づく。実際、その仮構の不合理さは、「私は存在しないかもしれない」という命題、まさにデカルトによれば、真に思考不可能な命題の不合理さにまさるとも劣らない。というのも、私は考える、ゆえに私は存在する〔コギト・エルゴ・スム（*cogito ergo sum*）〕という命題は――それが正しく理解されるなら――意識と存在が一体であるという直観から帰結しているからだ。しかし、自分が存在していることは確実である、というこの具体的意識が存在し、かつ存在の意識であるのは、ある種の個人的かつ時間的な構造をもつかぎりにおいてのことである。確かに、このコギトはいくつかの本質の内面的関係についての直観でありうるし、形相学である現象学はコギトをそのように捉える。[*14] しかし、コギトがそのようなものでありうるためには、まずコギトが常に誰もが扱える個人的で具体的な反省操作でなければならない。ところで、「考えている私は存在する」と考えることは、形相的命題を作ることだが、そこからたとえば「知覚している私は存在する」という命題を作るなら、それは一つの特殊化である。したがって、知覚するとき、私は知覚の対象が存在していることは確信していないが、自分が対象を知覚していることは確信している。もう一つ、指摘すべきことがある。デカルトが知覚の疑わしさを言うのは、知覚を直接的に内観することによってではない。というのも、「知覚しているとき、自分は知覚しているのか、夢を見ているのか、必ずしもよくわからない」とは言わないからである。反対に、彼は知覚する人間が知覚していることを意識していることは確実だとみなしている。ただし、夢を見ている人のほうでも同じような確信をもっていると彼は指摘する。確かに、「夢を見ているのではないかどうかを知るために自分をつねってみる」と俗に言ったりするが、それは単なる比喩で、そんなことを言う人々の精神のなかにある具体的なものとは、まったく対応していない。

ところで、この知覚の明証性に対する最初の可能な反論は、夢を見ている人が突然、反省的次元に移行して、夢の途中で自分が夢を見ている最中であることを確認する、という場合がよくあるということだ。われわれは、のちほど、夢のなかに現れる反省的意識はどれも一時的な覚醒にあたることを示すつもりだが[33]、夢を見ている意識の重みは絶大なので、反省的意識はしばしばすぐに消えてしまう。たとえば、夢を見ている者が「これは夢だ」と絶望的に考えながら、結局は目覚めることのない悪夢の場合がそうだ。反省的意識がすぐ消えてしまって、自分の夢に「再び捉えられてしまう」のである。こうした事例だけで、夢を見ている人における実在の定立を、目覚めている人におけるそれと同一視できないことを明らかにするのには十分だろう。というのも、反省的意識は、夢の場合には夢を夢として定立するという事実そのものによって夢を破壊するのに対して、知覚の場合には反省的意識は反省された意識を裏づけ、強化するからである。しかし、よく考えてみれば、さらに、夢における非措定的意識と覚醒における非措定的意識は、対象を定立する仕方においても異なることがわかるだろう。実際、反省的意識の確実性は、それが反省された意識の非措定的で暗黙の構造であるものを対象として展開し、定立する、という事実からのみ引き出される。つまり、夢を見ているという私の反省的確信が何に由来するかといえば、私の原初的で非反省的な意識は自身のうちに一種の潜在的で非定立的な知を含んでいるはずであり、それが反省によってあとから明らかになるということである。そもそも、そうでなかったら、眠っている人は、「これは夢だ」という判断を、イメージの一貫性のなさや不合理さを明らかにする推論や比較から結論として引き出さなければならないことになるだろう。しかし、そんな仮説が無理であることは、火を見るよりも明らかだ。眠っている人が推論し、比較を行うためには、論証能力を十分にもっていること、つまり、すでに目覚めていることが必要だからである。したがって、事態が本物であるかどうかを判断できる程度には目覚めているのに、「これは夢だ」と心のなかで言うなどというのは馬鹿げている。言うとしたら、「あれは夢だった」以外ではありえない。これは実際によくあるが、ここで問題にしていることとはまったく異なる。要するに、夢はすぐさま、知覚のものではありえない脆弱性という性格をともなって現れる。夢は、反省的意識には逆らえない。しかし、たいていの場合、そうした反省的意識は現れず、夢は命拾いする。どうしてなのか、その理由を解明すべきだろう。だが、ここで注意すべきことがある。第一の非反省的意識は、たとえそれが——対象の定立であると同時に——それ自身についての非措定的意識であるとしても、「これは夢だ」という形で非措定的意識であることはありえない。それは、まず、この判断がある措定を前提にしているからであり、次いで、意識に関するこの全面的定義は反省によってしか与えられないからである。もう少しわかりやすくするために、今後も役に立つ例を使うことにしよう。仮に「ピエールは私に友情を抱いていると私は信じる」と私が言うとしたら、これは反省的判断である。この判断は、信じている対象をたちまち疑問に付すだろう。私はすぐさま自問するかもしれない。私はそう信じている、それは本当だ、だが私はそれを知らない、彼はその証拠を示したことが一度もない、等々。私は懐疑的になって、ピエールは私に友情を抱いていない、という結論を下しさえするかもしれない。確かに、私に対するピエールの友情が私の思い込みの対象として私に現れるとすれば、それはこの友情についての私の非反省的意識が、単なる信としてのおのれ自身についての非措定的意識だからである。しかし、そこから、反省の懐疑的態度もまた非反省的意識の非定立的構造である、と結論づけてはなるまい。ピエールが私に対して抱く友情を意識するとき、私は信じられた対象として、それを意識する。しかし、まさにもし私がそれを信じるとすれば、それは私が疑っていないからである。このように、まさに私がピエールの友情を信じているなら、その信についての私の非措定的意識は、友情に関するほんのわずかな疑いすら含んでいない。その意識は全面的に信である。したがって、その意識は盲目的信頼である。というのも、信じることは信頼することだからである。ただし、この意識が信じることの意識であるかぎり、その意識は知っていることの意識ではない。とはいえ、この留保は反省に照らして現れるにすぎない。だとすれば、夢を見ていることについての非措定的意識は、そのなかに少しも「私は夢を見ている」(「私は夢を見ている」、ゆえに私は知覚していない) という判断において見出される留保つきの否定的性格を含んでいない、という予想がなされる。非措定的意識は、何ものについても否定するものではありえない。それは全面的に、それ自身によって、またそれ自身によってのみ満たされているからである。

われわれは、どこに到達したのか。夢における措定作用は、たとえそれが一見似ているように見えても、知覚の措定作用ではありえない、という確信にである。もっとも、これは知覚的意識に向けられた意識を観察しさえすれば、引き出されることだ。「私は知覚している」と主張することは、私が夢を見ていることを否定することであり、あるいは、こう言ってよければ、それは夢を見ていないと私が主張するのに必要かつ十分な動機づけである。しかし、仮に夢が「自分は知覚である」と知覚と同じ仕方で、かつ同じ確信をもって主張するなら、「私は知覚している」という判断は蓋然的でしかなくなるし、われわれは再び、知覚された対象同士の比較や、見えている光景の整合性や本当らしさから判断しなければならなくなる。〔だが〕すでに別の著作で示したように[34]、この比較は決して現実に行われる操作として意識に与えられることがないだけでなく、そもそも知覚とイメージを区別することも可能にはしない。事実、知覚は、スピノザにおける真理と同じく、自己を顕示する者[*15]〔*index sui*〕であり、それと別様ではありえない。そしてまた、夢はスピノザ思想における誤謬にとてもよく似ている。誤謬は真理として現れることもあるが、真理を所有しさえすれば、誤謬はおのずと消え去るからである。

　しかし、これだけでは十分ではない。夢と知覚についての研究をさらに深めれば、両者を分ける差異が、ある観点からすれば、信と知を分ける差異と同じであることがわかるはずだ。テーブルを知覚するとき、私はそのテーブルの存在を信じるのではない。それを信じる必要は少しもない。テーブルは、そこにそれそのものとしてあるからだ。そもそも、テーブルを知覚しているのだから、補助作用によって、そのテーブルに信じられた実在性なり、信じられうる実在性なりを与える必要はないのである。知覚作用自体において、テーブルは発見され、開示され、私に与えられる。だから、知覚的意識の措定作用を断定作用と混同してはならない。断定作用が意志的な自発性に属するのに対して、措定作用は志向性に固有のニュアンスなのだ。志向性においてノエシスの側にあるのが措定作用であり、ノエマの側が対象がそのものとして現前することなのである。したがって、知覚に固有の明証性は、信〔＝思い込み〕の特殊化だと考えられるような主観的印象では決してない。明証性は、対象が意識に対して、それそのものとして現前することだ。つまり、志向の「充実」（*Erfüllung*）である。同様に、知覚的意識に向けられた反省的意識にとって、反省される意識の知覚的性質は、信の対象ではなく、直接的で明証的な所与である。それ以外はありえない。明証性は現前である。明証性があるのに、信じることは有用どころか可能ですらない。反対に、夢は信である。夢のなかで起こることのすべてを、私は信じる。しかし、私はそれを信じるにすぎない。つまり、対象は私の直観にそれそのものとしては現前しないのである。

だが、われわれは問題の位置をずらしたにすぎない。実際、こんな反論があるかもしれない。夢のイメージの現実性を信じることができるのは、なぜなのだろうか。実際には、それらを自分でイメージとして構成しているというのに。だとすれば、現実を信じることができないのと同様に、イメージの志向的性格のために、イメージを信じる一切の可能性も排除されるのではないだろうか、と。

だが、私は、夢とは信じるという現象であると言ったのであり、現実を信じるのと同じようにイメージを信じると言ったのではない。事情を正しく理解するためには、入眠時イメージに話を戻す必要がある[*16]。このイメージは、眼球内閃光現象、筋肉の収縮、内的言語の想像的把握を基盤に成り立つが、夢の素材を供給するのに十分な豊かさをそなえている。ところで、ルロワは、他の多くの研究者と同様、入眠状態から夢への移行がしばしば把握可能であることを示した。彼によれば、両者のイメージは同じだが、それらに対するわれわれの態度が変化するのである。このことは、多くの観察結果によって確認できる。入眠時イメージをもった人は、口を揃えて言うだろう。夢を見ている最中だと気づいて驚くことがしばしばあるが、そのとき入眠時イメージの内容に変化はなかった、と。とはいえ、はっとして目覚めたとき、彼らは夢を見ていたと意識したのである。もちろん、夜が進むにつれ、全身感覚によって表象的アナロゴンは豊かになり、ついには意識の識閾を越えるのに十分なほど強力だが目覚めを引き起こすには弱すぎるあらゆる感覚刺激によって豊かになる。実際、それらの感覚は、それ自体としてではなく、他の現実のアナロゴンとして捉えられる。こうして、プルーストは突然目覚め、夢のなかで自分が「シカだ、シカだ、フランシス・ジャムだ、フォークだ」という言葉を発したことに気づいたが、それらの言葉は夢で見ていた状況に対しては、辻褄の合う言い回しを構成していたのである[*17]。換言すれば、それらの言葉は、現実には発せられなかった別の言葉に相当していたのだ。同じように、カーテン越しに射し込む陽光の赤い色調が、ものすごい夢のなかで、血に相当するものとして把握される。しばしば、誤って、夢は心的イメージから構成されていると信じられている。だが、これは正確ではない。赤い光が血の心的イメージを引き起こすなどと、どうして認めることができるだろうか。万が一そうだとしたら、赤い光は意識されないままだったとしなければならないが、それは馬鹿げている――あるいは、赤い光は赤い光として把握されたとしなければならないが、そうなると覚醒していたことになる。実際には、それは血として捉えられた赤い光なのだ。これが、ふつうの把握の仕方である。ジャネが引用したいくつかの例が明らかにするのは、継続して響く同一の音が、夢のなかでは意識によって次々と違う対象だと捉えられはするものの、本来の音そのものとは決して捉えられないということである。夢のなかで、意識は知覚することができない。というのも、意識は自分から閉じこもった想像的態度から出ることができないからだ。この意識にとって、すべてはイメージであるが、しかしまさにそれがゆえに、意識は心的イメージを自由に操ることができない。心的イメージは、知覚とは相容れないとはいえ、それが生まれるのは、知覚から想像力への一貫した移行がいつでも可能であるときであり、こう言ってよければ、知覚が常に地として現前しているときだけである。夢とは、想像的態度から抜け出せない意識なのだ。それでも、入眠時イメージからの変容は明らかに起こっている。われわれは反省によって入眠状態から夢への移行を捉えることができるからである。だとすれば、この変容が措定作用の変化だと認めなければならないのだろうか。換言すれば、夢が現れるのは、人が入眠時イメージを知覚とみなすときなのだろうか。いや、これこそが、われわれが事実上不可能だと断言することなのである。仮に意識がイメージを現実だと主張するなら、意識はイメージとの関係でみずからを知覚的意識として構成しているわけだが、そうなるとイメージは消え去ることになる。この変容こそが、まさに覚醒をしばしば促すのだ。目覚まし時計の音は、まず、泉の音、鐘の音、太鼓の響きなどのアナロゴンとして捉えられる。しかし、目を覚ますと、まさに目覚まし時計の音の知覚に移行する。そのことは、われわれが「これは目覚まし時計の音だ」といった類の判断をすることを意味しない。それは、ただ目覚まし時計の音を突然ありのままのその音（つまり、一連のか細い、よく響く音）として把握し、それ以外のものとしては把握しないことを意味している。あとから音の出どころや原因を理解しようとしまいと、どうでもよいことだ。ともかく、私は真の原因を知らないまま、そのカチカチという音によって目覚めることがある。目覚めたとき、私はその音をカチカチという音として捉えることさえできないだろう。そう形容するには、おそらく〔聞こえているものが何であるかを〕同定し、認知する複雑な作用が必要である。だが、実は——私が夢の態度から覚醒の態度に移行するには——それを実在する何かとして把握するだけで十分なのだ。何であるのかを間違えていても、かまわない。家具の軋《きし》むカチカチという音は、夜、私の夢のなかで足音として捉えられることがある。私が目覚めてから、その音を上の階の足音として解釈することもあろう。しかし、この二つの同定作用には天と地ほどの違いがある。夢では、この音はイメージとしての音である。知覚では、現実のものとして、かつそれそのものとして（たとえ間違っていても）足音として捉えられる。アランは、知覚することとは夢を見て、すぐさま目覚めることだ、と言っている。だが、それは大きな間違いだ。偽りの知覚が夢なのではないし、知覚を修正することが目覚めることなのではない。反対に、われわれの考えでは、夢を見ている意識が本質的に知覚能力を欠いているとしないかぎり、夢の世界は説明できないのだ。夢見る意識は知覚しないし、知覚しようともしないし、知覚が何なのかを考えることすらできない。だとしても、現実世界から離れ、想像界に閉じこもったこの意識が想像界を現実界とみなすのは、想像界を減じる役目を果たす現実性と想像界を比較できないためだ、と考えてはならない。これは本書の考えとはまったく違う。なぜなら、まず、イメージはあるがままのものとして現れ、知覚と比較する必要はないからであり、次に、夢見る意識の特徴は、それが現実性の観念そのものを失っていることだからである。したがって、夢見る意識は、みずからのノエマのいかなるものにも現実性の性質を与えることはできない。だが、ここで明らかにしたいのは、夢が一つの閉じた想像界の完全な実現であるということだ。それは、脱出することが絶対に不可能な想像界、いかなる外的観点もとらない想像界である。

　たとえば、入眠状態から急に夢に入り込んだあと、ある音で目覚めた自分の意識を調べてみれば、「私は夢を見ていた」という判断を意識にもたらすのが、入眠時イメージの「関心を引く〔intéressant〕」という性格の把握であることがわかるだろう。純粋な入眠時状態には、この性格はまったく見られない。「関心を引く」という表現を、ルロワが考えるように「私〔＝自我〕に」結びついたと理解してはならない。確かに、夢のなかに私が現前していることは多いし、「深い」夢の場合には、それはほとんど必然的でさえあるが、寝入ったあとすぐに始まる夢では、眠っている人の私〔＝自我〕がいまだいかなる役割も果たしていないということには、多くの例を挙げることができる。たとえば、B…嬢が私に伝えた夢がそうだ。まず本の挿絵が現れ、そこには女主人の膝下にひれ伏す奴隷が描かれている。そのあと、奴隷は女主人からうつされたハンセン病を治すため、膿《うみ》を探しにいく。それは彼を愛する女の膿でなければならない。夢のあいだ中、B…嬢は奴隷の冒険物語を読んでいる印象をもった。いかなるときも彼女は出来事のなかでは役割を演じていなかった〔というのだ〕。そもそも、夢はしばしば——私の場合がそうなのだが——まずは自分が読んでいたり、読んでもらったりしている話として現れる。そのあと突然、私は登場人物の一人と一体化し、話は私の話になる。注目すべきは、B…嬢の夢や私の夢の冒頭の部分を特徴づける中立化された措定作用である。私が急に夢の登場人物の一人になったからといって、措定作用が変化して、実在の定立になる、などと本当に信じられるだろうか。だが、夢における〈私〉（＝〈自我〉）の役割は、さしあたり措いておこう。そして、〈私〉のいない夢もあるのだから、夢が入眠時イメージといかなる点で異なるのか、検討しよう。それが、夢と夢見ている人の人格との関係によるのでも、イメージが突然、現実として定立されることによるのでもないことは、すでにわかっている。だが、B…嬢の夢を取り上げ、それを夢になる前のイメージと比較しさえすれば、違いははっきりする。入眠時イメージというものは、孤立しており、他のイメージから切り離されている。たまたま二つ三つのイメージが相互依存の関係にあるとしても、全体としては、いずれにせよ孤立したままである。入眠時の世界というものがあるのではない。夢になる前の光景には、過去も未来もない。夢になる前の光景の背後や横には何もないのだ。同時に、私は夢になる前の光景のそれぞれをイメージとして定立する。イメージのこの性格は、B…嬢の夢のなかにも残っている。彼女は物語を読んでいる。それは措定作用を中立化する一つの仕方である。ただし、どのイメージも、過去と未来をもつ時間の経過のひとこまとして現れる。奴隷は、夢になる前のイメージの場合のように、それ自身として見られるのではない。夢になる前のイメージでは、奴隷は「奴隷」として現れるだけである。一方、夢では、眠っている者に現れる奴隷は、治すために‐膿を‐探しにいく‐病人としての奴隷として現れるのだ。イメージは、時間的な前と後ろを示すと同時に、とても豊かな空間的世界を背景にして現れる。病人が薬を探しているあいだも、彼にハンセン病をうつした女主人がおり、女主人は今もどこかで生きている、等々のことを忘れない。そもそも、入眠時イメージは、どこかにあるものとして与えられることは決してない。イメージとしての星が「見える」。それは、ここからすぐ近くの距離にあるが、われわれは、そのイメージがイメージとしてある場所を知らないし、そのイメージは想像的世界に取り囲まれているわけではない。反対に、夢の登場人物は、常にどこかにいる。たとえ彼の活動の場がエリザベス朝演劇のように図式的に描かれるとしても、である。この「どこか」は、それ自体、世界全体に対して位置づけられていて、その世界は決して見られることはないが、登場人物のごく周辺にある。したがって、入眠時イメージがいわば「宙に浮いた」孤立した出現であるのに対して、夢は一つの世界なのだ。実を言えば、〔一つどころか〕夢と同じだけの数の世界があり、しばしば夢の諸段階と同じ数の世界さえある。より正しくは、夢のイメージがそれぞれ固有の世界とともに現れる、と言うべきだろう。ときには、このことからだけで、夢になる前のイメージからたった一つの夢のイメージを区別することができる。アーガー・ハーン[*18]の顔が現れ、私がそれをイメージとしてのアーガー・ハーンの顔だと単純に考えるなら、それは入眠時幻覚である。私がすでにアーガー・ハーンの顔の背後に脅迫と約束の重苦しい世界を感じるなら、その瞬間に目覚めたとしても、それは夢である。しかし、それだけでは夢がもつ「関心を引く」性格の説明には少しもなっていない。夢はわれわれを突然、時間的世界に入り込ませることから、どんな夢も一つの物語として与えられる（アーガー・ハーンの顔が出現する場合、それは唯一の光景に集約された、展開する暇がなかった物語である）。もちろん、物語が繰り広げられる空間的‐時間的世界は純粋に想像上のものであり、いかなる存在の定立の対象でもない。実を言えば、この世界は想像されたものでさえない。意識が想像することとは意識がアナロゴンを通して何かを現前化することだとすれば、その意味ではそうではないのだ。この世界は、想像的世界として、信の相関者である。眠っている人は、場面がある世界で繰り広げられていると信じている。つまり、この世界は、中心的イメージから出発して、その世界に向かう空虚な志向の対象なのである。

しかしながら、以上の指摘は、想像的な世界は存在しないという想像力の大法則と、いささかも矛盾しない。というのも、ここで問題になっているのは思い込みの現象にすぎないからである。人は、このイメージとしての世界の細部を見ないし、細部を現前化することもないし、そうしようと思いさえしない。その意味で、イメージは互いに孤立したままであり、本質的貧しさによって切り離されたままであり、「空虚のなかで」準‐観察の現象に従属したままである。イメージは、互いに、意識がイメージを構成するたびごとに思い描くことのできる関係以外の関係を保つことはない。しかし、それでも各々のイメージは、想像的な世界として定立される未分化の塊に取り囲まれたものとして与えられている。だとすれば、こう言ったほうがよいかもしれない。夢において、各々の想像上のものは、その本性を構成している特有の性質である「世界の雰囲気」とともに現れるのだ、と。本書では、想像的なものの時空間が想像された事物の内的性質として与えられるのをすでに見たが、ここで同様の指摘をする必要があるだろう。すなわち、夢見られたイメージの「世界性」は、そのイメージが他のイメージとのあいだに保つ無数の関係としてあるのではない。それは夢のイメージの内在的特性の問題にすぎない。たとえ眠っている人が、あるイメージから別のイメージに移ったとき、自分が相変わらず同じ世界にとどまっているという「夢を見る」としても、イメージと同じ数の「世界」があるのだ。だとすれば、夢においては各々のイメージは世界の雰囲気に囲まれている、と言ったほうがよいだろう。だが、便宜的に「夢の世界」という表現を用いることにしよう。この表現が一般に流布しているからである。ただし、若干の留保を含むものであることを、お断りしておく。

こうして、今や、意識が夢直前の状態から夢に移るとき、意識にノエシス的な変容が起こることがわかった。つまり、入眠時イメージとは、意識が突然、信じ込みの状態に陥ることだった。私は、眼球内の染みがイメージとしての魚である、と不意に信じ込んだのだった。今では私は夢を見ているのだが、この突然の信じ込みは重みを増して、豊かになる。この魚には一つの物語がある、と私は突然、信じ込む。この魚は、ある川で釣られ、大司教の食卓に載せられようとしているのだ。川、魚、大司教は、いずれも想像上のものだが、一つの世界を構成している。したがって、私の意識は一つの世界の意識である。私は、私の知全体、私のすべての関心事、私のあらゆる思い出を投影するだけでなく、人間存在に課せられる世界‐内‐存在という必然性までをも投影した。私はそれらすべてを投影したが、想像的様態で私が今構成しているイメージのなかに投影したのだ。何が起こったのかといえば、意識が全面的に自縛に陥り、全面的にそこに荷担して、みずからの豊かさのすべてをもって、しかし想像的様態のみに基づいて、総合を生み出すことを決意したのである。こんなことは夢のなかでしか起こりえない。その状態が眠っている人にきわめて近い統合失調症患者でさえ、自分が「演じている最中である」と捉える可能性を持ち続けている。それに対して、夢の場合、注意はなくなり、対象を超越的なものとして定立する能力もなくなって、意識は無数の印象に幻惑され、印象をあれやこれやのイメージとしての対象であるものとして、あれやこれやのものに相当するものとして捉える。そのあと、不意に意識は全面的にこの演技の状態に入り込み、きらめくそれらの印象を、輪郭は霧のなかに消えている世界の端にある対象に相当するものとして把握する。夢が持続するかぎり、意識は自分から反省しようと決心することができない。意識は、みずからの落下に引きずられ、いつまでもイメージを捉え続ける。これこそが、夢の象徴体系についての真の説明だ。意識が自分の気がかりや欲望を象徴という形でしか捉えられないのは、フロイトが考えたのとは異なって、抑圧がそれらを偽装させるよう意識に強いるためではない。意識が現実に属するいかなるものも現実としては捉えられなくなったからなのだ。意識は現実的なものの機能を全面的に失い、感じること、考えることのすべてを、イメージ化された形以外では、感じたり、考えたりすることができない。だからこそ、アルブヴァクス[*19]が明らかにしたように、夢のなかでは回想することができないのだ。ここでは社会環境は措いておこう。いずれにせよ、ほんのわずかでも現実的回想が起こってしまえば、意識の前には現実全体が突然、結晶化する。回想は、この現実の部屋、私が横になっているこの現実のベッドに対して位置づけられることになるからである。結晶化という比喩は、ここでは二つの意味をもつ。夢になる前のイメージがたった一つでも現れれば、意識のノエマを想像的世界のノエマへと結晶化できるという意味、また現実がたった一つでも現実として把握または知覚されれば、意識の前に現実的世界を結晶化することができるという意味である。そして、事態はそのどちらか一方でしかありえない。

さて、今度は、想像的世界のなかの意識の思い込みの程度、あるいはこう言ったほうがよければ、この想像的世界の「重み」について考察しなければならない。B…嬢の夢に話を戻そう。夢が一つの物語として与えられるという事実だけで、夢に帰属させられる思い込みがどのような種類のものなのかが理解できる。しかし、眠っている彼女は、さらに詳しいことを教えてくれる。彼女は、自分がその物語を読んでいると信じた〔＝思った〕、と言っていた。彼女が言わんとしているのは、物語が、読まれた物語がもつのと同じ類の興味や信憑性をそなえて彼女の前に現れた、ということである。読書とは一種の幻惑であり、推理小説を読むとき、私は自分が読んでいるものを信じる。しかし、このことは、私が推理小説の思いもかけない冒険を想像上のものとみなすのをやめる、という意味ではない。単に、世界全体が私に対して本の文字を通してイメージとして現れるということ（すでに、言葉がアナロゴンの役をすることは示した[35]）、その世界は私の意識のうちに閉じ込められており、私はもはやその世界から抜け出すことができず、その世界に幻惑されている、ということだ。この種の、実在の定立のない幻惑こそ、私が信〔＝思い込み〕と呼ぶものである。意識は、隷属されているものとして自身を意識するばかりでなく、自分に抗しがたいという意識をもつ。この世界は、それだけで自己完結的であり、知覚によって消し去られることも、修正されることもありえない。現実的なものの領域に属さないからである。その非現実性こそが世界を埒外に置き、密度の高い不透明性と力を与えるのだ。意識がそうした態度に固執するかぎり、意識は態度を変えようとする動機を自分に与えることはおろか、抱くことさえできず、知覚への移行は革命によってしかなされない。以上が——その力はさらに強力だが——夢の世界の潜在力である。すなわち、対象の上にノエマ的に捉えられたこの潜在力は、幻惑の非措定的意識の相関者なのだ。それゆえ、夢の世界は、読書の世界と同様、全面的に魔術的なものとして与えられる。われわれは、小説の主人公の冒険につきまとわれるように、夢見られた登場人物の冒険につきまとわれる。想像することについての非措定的意識が自分を自発性として捉えるのをやめたわけではない。自分を魅了された自発性として捉えるのである。その結果、夢は宿命性という固有のニュアンスを帯びる。夢の出来事は不可避なものとして現れ、それに相関して、意識は否応なしにそれらの出来事を想像せずにはいられない意識となる。にもかかわらず、夢のイメージがもつ性格は、意識が夢に与えるものだけにとどまる。つまり、準‐観察の現象は、ここでも他の場合と同様に通用するのである。ただし、と同時に夢のイメージは強迫的な性格をもつ。それは幻惑された意識がみずからイメージを作ろうとしたことに由来する性格であり、意識の魔術的性質に由来する「怪しげな」性格であり、宿命的性格である。この宿命的性格の起源については、さらに詳しく説明する必要があるだろう。

想像的世界には、可能性の夢はない。というのも、可能性は現実世界を前提とするからであり、現実世界から出発してこそ、可能性が考えられるからである。夢の意識は、みずからの想像の産物から距離をとり、自分が思い浮かべる物語の続きの可能性を想像することができない。そんなことをしたら、目が覚めてしまう。たとえば、目が覚めてから、見ていた悪夢に対して安心できるような結末を想像するときにしているのが、そういうことだ。要するに、夢の意識は予見することができない。なぜなら、そんなことをすれば、第二の可能態を想像することになり、したがって第一段階の想像力についての反省的認識をもつことになるからである。物語のある時点で行われるどんな予見も、そこに現れるという事実そのものによって、物語の一エピソードになる。私は自制することも、別の結末を構想することもできない。私は、休みなく、助けを求めることもできず、その物語を自分に話すことを強いられている。「無駄弾」はない。このように、物語の各瞬間は想像的未来をもつものとして現れるが、その未来は私には予見できない未来であり、ひとりでにしかるべき機会にやって来て、意識につきまとい、意識がそれに向かって砕け散る未来である。常識が考えるのとは逆で、想像的世界は自由を欠いた世界として与えられる。それはまた、決定されておらず、自由の裏面であり、宿命的なものである。それゆえ、眠っている人が安心して困難を切り抜けるのは、他の可能性を思いつくことによってではない。物語そのもののなかで、安心させてくれる出来事が直接生み出されることによってである。眠っている人は、「拳銃があったらなあ」とつぶやくのではなく、突然、手のなかに拳銃をもっている。だが、もしそのときが覚醒時だとすれば、「でも、もしこの拳銃が故障していたら」という形で表明される考えに襲われたら、万事休すだ。この「もし」は夢のなかでは存在しえないからである。この救いをもたらすはずの拳銃は、使おうとするまさにそのとき、故障してしまうことになる。

だが、夢の世界は、本人が夢のなかで役割を演じないかぎり、閉じた世界ではない。それでも大部分の夢は本人の冒険として現れる。「私は自分がこれこれである夢を見た」というのは、夢の話をするときの決まり文句だ。眠っている当の本人が想像的世界のなかに出現することを、どう理解すればよいのか。本当に、眠っている人が自分で現実的意識として夢のイメージのただなかに入り込んできた、と考えるべきなのだろうか。率直に言って、この仮説はナンセンスだと思われる。なぜなら、眠っている人が自分自身を、夢で演じられている想像上のドラマにおける現実的意識として入り込ませるためには、その人は自己自身を現実的存在として、つまり現実世界のなかに、現実的記憶のある現実的時間のなかに存在しているものとして意識している必要があるからである。しかし、この状況は、まさに覚醒状態を定義するものだ。現実的人物を突然、夢のなかに導入してみるがよい。夢は至る所で破綻し、現実性が再び現れるだろう。そもそも、これはどういうことだろうか。確かに、私の意識は目覚めているときは「世界‐内‐存在」によって特徴づけられるが、まさにこの「世界‐内‐存在」は、意識と現実性の関係を特徴づけるがゆえに、夢を見ている意識にはあてはまらないはずだ。夢を見ている意識は、それ自身が想像的意識にならないかぎり、想像的世界「内‐存在」であることはできまい。だが、想像的意識とは、現実的意識にとっての一対象以外の何ものでもない。実を言えば、夢見る意識は常に、夢によって幻惑されているかぎり、自身についての非措定的意識であるが、世界‐内‐存在を失い、それを再び見出すのは、目覚めたときのことにすぎないのだ。[36]

　実は、この問題に対する答えを理解するには、自分がいない場面から始まり、そのあと不意に自分が現れる夢を思い出せばよい。誰でも、想像上の登場人物の（たとえば、B…嬢が夢見た例の奴隷の）冒険に居合わせる夢を見ることがある。次に、突然、その奴隷が自分自身であることに気づく。実を言えば、「気づく」という用語は不適切だ。なぜなら、当然のことだが、夢の全過程にあるのは準‐観察の現象だからである。むしろ、眠っている人は、さまざまな動機づけの結果、トラを前にして逃げている奴隷が自分自身である、という思い込みに突然、満たされる。ちょうど入眠時状態において、例の光斑が人間の顔である、という思い込みに突然満たされたのと同じだ。この変化を、さらに詳しく検討してみよう。その奴隷が私自身になることによって、非現実的なものを構成する性格が失われるわけではない。反対に、私のほうが、奴隷に投影されることで、想像上の私になるのだ。多くの場合、［夢の始まりのときと同様に］私は逃げていく奴隷を見続けるが、「今や」奴隷を全面的に満たす固有のニュアンスがある、すなわち、クラパレードの新語をその原義からずらして、〈私性〉〔Moiïté〕と呼ぶことができる構成的なあり方だ。[37]この奴隷の構成的性格とは、彼が私であるということである。しかし、彼は非現実的に私なのであり、想像的資格で私なのだ。事態をよりよく理解してもらうために、改めて読書と比較してみよう。周知のように、読書の際、私は多かれ少なかれ小説の主人公と同一化している。これは、とりわけ一人称小説の場合に、よく見られる。作家は、この同一化を利用して、読者にとって物語をスリリングで緊迫したものにする。しかしながら、この同一化は決して完璧ではない。まず、作家はたいてい「美的距離感」を利用し、たとえば「過去形で」書くが、それによって読者は登場人物たちを上空から眺めることができる。さらに、反省的意識の可能性が常にある。だからこそ、それだけを抜き出して描写するに値する状態が生じる。それは主人公とは別でありながら、それでいて非現実的に主人公である状態だ。〔そのとき〕私は、私自身であり、他者である。しかし、こうした自他の障壁が壊れたと仮定してみよう。作中のあらゆる危険に脅かされるこの人物が、非現実的にではあるが、それでも絶対に私自身だ、という思い込みに襲われたとする。そのとき、私が小説に対して抱く関心は性質を変える。脅かされたり、追いかけられたりしているのは、私なのだ。私は、非現実的に私に起こる出来事に立ち会う。それまでも、主人公が冒す危険は私を幻惑し、私のなかに大きな関心を引き起こしたが、その関心の基本は、あくまで——主人公に対する部分的同一化にもかかわらず——共感だった。今や、引き起こされる感情は帰属感情となる。非現実的なものにならなければ入れないこの想像世界では、非現実的な私が私を表象し、苦しみ、危険に陥り、私自身と同時に私自身のまわりの世界を終わらせるような非現実的な死の危険さえ冒す。非現実的な勝負が演じられるが、その賭け金は私の非現実的な自我〔＝私〕である。ところで、読書において全面的には実現されえない（そもそも、そうでなければ本の美的鑑賞を害することになる）この忘我状態《トランス》は、まさに私が登場人物である夢のなかで実現される。ひとたび非現実的な私が夢の幻惑する世界に囚われると、想像世界は急に閉じられる。それはもはや、私が見とれていることができていた、私の前にとどまっていた想像上のスペクタクルではない。今や、私はそこで表象され、「危険に瀕し」、自分の場所を占める。想像世界は私の上に閉じられるのだ。想像世界は、非現実という資格で表象されるだけでなく、非現実的に生きられ、働きかけられ、苦しまれもする。同時に、想像世界と私の意識との関係は変容する。なぜなら、それまでは（想像世界によって、どんな情感的印象が引き起こされたにせよ）表象関係にすぎなかったからである。想像的な私が「内部」に入った瞬間から、すべてが変わる。この私は、流出〔*émanation*〕の関係を私の意識とのあいだに保つ。私は、逃げる奴隷を見るだけでなく、自分がその奴隷だと感じもする。ところで、私は覚醒状態において自分を昨日と同じ自分だと感じるようには、私の意識の内奥において、自分がその彼だとは決して感じない。むしろ、私は外部で、彼のうちに、自分を彼だと感じる。私が彼の上に捉えるのは（ルネの絶望、テナルディエの妻*20の悪意、ジャン・ヴァルジャンの善意のように）非現実的な実際的性質である。したがって、彼は、ある意味では超越的かつ外在的である。というのも、私は彼が走っているのを相変わらず見ているからである。だが、別の意味では超越的だが距離がない。というのも、私は彼のうちに非現実的に現前しているからである。しかし、奴隷が被るこの変容を、想像世界もまた被る。というのも、想像的世界は、奴隷（私でもある）にとって、彼が被り、憎み、恐れる世界だからである。したがって、それは、ある意味では純粋に表象された世界のままだが、別の意味では直接的に生きられる世界である。それは私の意識に対してひそかで距離を欠いた、ある種の現前性を獲得する。私は囚われている。もちろん、だからといって私が措定作用を変えるわけではない。私は博打遊びにはまったように囚われている。容易にやめられない遊びがあるものだ。私は陶酔を断ち切ることができない。想像上の冒険を止めるには、別の想像上の冒険を生み出さなければならない。私は非現実的なものの幻惑を最後まで生きなければならないのだ。意識にとって現実的なもののカテゴリーがまったく存在しない場合があるとすれば、これこそがその完璧で閉じた表象である。

眠っている人は常に自分の登場以前の場面の人物の誰かに同一化する、と考えるのは間違っている。最初から自分が登場する夢もある。ただし、どんな対象でもよいが、すぐに、あるいは少ししてそれが自分だと信じられるような対象が、夢見る人のイメージの中から生み出される必要がある。実際、それこそが、彼が実在していない想像世界に入り込む唯一の仕方である。つまり、想像世界の対象のどれかと一体化する必要がある。換言すれば、自分が非現実的-世界-内-存在であるという印象をもつための物質的基盤が必要なのだ。実際、すでに指摘したように、眠っている人自身は、想像世界にいることはできないが、すでに非現実的-世界-内-存在をもつ想像上の対象が自分であるという思い込みに満たされる。こうして、その対象を生み出すと同時に、自分が対象であるという思い込みを生み出すことができる。そこから夢の奇妙な性格が出てくる。すべてが上位の観点と同時に、相対的で限定的な観点から見られ、知られる。前者はある世界を思い描く眠っている人の観点であり、後者はその世界のなかにいる想像上の私の観点である。実際には、想像上の私がその世界を見ているわけではないし、眠っている人が〔想像上の私という〕この特殊な存在の場に身を置いて、その観点から物事を見ているわけでもない。彼が物事を見るのは、常に彼自身の観点から、創造者としての彼の観点からである。ただし、見ているまさにそのとき、彼は物事が、それを苦しみ、体験している対象‐私〔l'objet-moi（＝想像上の私）〕との関係にあることを見るのだ。怒り狂って噛みつこうとしている犬は、眠っている人ではなく、対象‐私に近づく。眠っている人は、自分と対象‐私との距離を不可逆的な絶対として捉える。覚醒時に、私に‐噛みつこうと‐している‐犬と私自身との距離を、犬から私への絶対的に方向づけられた距離として捉えるのとまったく同じように、である。そこには、レヴィンがホドロジー空間[*21]と呼ぶ、緊張のベクトルや力線に満ちた空間がある。ただし、その空間は、私を取り囲んでいるのではなく、ある一つの対象を取り囲んで、圧力をかけているのであり、この対象こそ、私が他の諸々の対象の真ん中に想像する対象‐私なのだ。その結果、夢は決して知覚の世界のなかで表象できるものではなくなる。たとえば、私が去年、実際に見た夢で検討してみよう。私は貨幣偽造者に追いかけられていた。鋼鉄張りの部屋に逃げ込んだが、相手は壁の向こう側でアセチレンバーナーを使って鋼鉄板を溶かし始めた。私には一方で、部屋のなかで身をすくませながら——ここは安全だと思いつつ——待機している私が見えていた。他方では、壁の向こう側で穿孔作業を行っている相手が見えていた。つまり、対象‐私に何が起ころうとしているのかを私は知っていたのだが、対象‐私のほうは相変わらずそれを知らず、にもかかわらず、貨幣偽造者を対象‐私から隔てている壁の厚みは、相手から対象‐私までの絶対的距離だった。そして、貨幣偽造者がまさに作業を終えようとしたとき、突然、対象‐私は、相手が今にも壁を突き破ろうとしているのを知った。つまり、対象‐私がそのことを知っているものと私は突然想像したわけだが、この新たな知識がどこから得られたのかの理由を探そうともしなかった。こうして、対象‐私は、危機一髪のところで窓から逃げ去ったのである。

　ここまで見てきたことで、夢のなかで感じる想像上の感情と現実の感情のあいだに誰もが設けざるをえない区別が、よりよく理解できるだろう。対象‐私が恐ろしい目に遭うにもかかわらず、悪夢とは呼ばない夢もある。眠っている本人は平穏なままだからである。その場合、実際にそのような状況にあったら感じるはずの感情が、対象‐私だけにあてがわれている。それは想像上の感情であり、ふつう「情動的抽象」と呼ばれる感情と同程度にしか眠っている人を「捕える」ことはない。夢は眠っている人のうちに必ずしも現実的情動をかき立てはしないからである。小説を読み、恐ろしい出来事を追体験するにしても、必ずしも情動をかき立てられないのと同じだ。私は、対象‐私の身に起こる冒険に冷静に立ち会うことができる。それでも、事件はこの非現実的な私に起こっている。逆に、悪夢だからといって、内容が恐ろしいとも限らない。眠っている人の現実の情感性は、ここでは考察の対象とはしない種々の動機によって、ときとして夢に先立ち、夢がいわば想像的なものの領域でそれを「演じる」からである。そういう次第で、恐ろしい事件が起こることもあれば、何も重大なことが起こらないこともある。それでも、その内容が陰鬱なものとして志向的に捉えられるのは、これらのイメージを生み出す眠っている人が現実に陰鬱だからである。こうして、夢に見られた世界の雰囲気が悪夢となる。

同様に、今では先に〔原注（33）で〕指摘した一見異様に見える事態も説明することができる。私がよく見た夢がある。ニューヨークを散歩していて、それなりの喜びを感じている夢だ[*22]。そこからの目覚めは、毎回、いわゆる「失望〔déception〕」ではなく、スペクタクルが終わったあとに覚える魔法が解けた気分〔désenchantement（＝幻滅）〕だった。それで、夢のなかで、今度こそ夢じゃない、と言ったりすることがあったほどだ。ここでは〔夢のなかで〕私は反省的行為を行っており、その反省的行為が間違いをもたらすものだったように見える。この事実は反省の価値そのものに疑問を呈することになるだろう。しかし、実際には、その反省的行為なるものは現実には実行されなかったのである。それは、想像上の反省的行為であり、私自身の意識ではなく、私‐対象[*23]によって行われた行為である。ニューヨークの高層ビルのあいだを散歩しているその私、その彼が突然「夢を見ているんじゃない」とつぶやくのだ。目が覚めたという確信が現れるのは、その彼のうちでなのである。小説の主人公が眼をこすり、突然「夢を見ているんだろうか。いや、夢じゃない」と言うようなものだ。夢を見る意識は、想像的なものしか生み出さない決意をしたのであり、その思いや関心事は、すでに見たように、象徴的で非現実的な形で意識の前に投影される。夢であってほしくないという思いや、スペクタクルが終わったあとの幻滅に陥りたくないという気遣いが実際に表現されるのは、目覚めてからのことでしかない。それは、芝居の観客が「人生がこの芝居のようだったらいいのに」と考えるには、上演中の表象から身を引き離し、現実の領域（現実の願望、現実の人格、等々）に身を置く必要があるのと同じである。ここでは、夢であってほしくない、というこの願望は、願望でしかないのだが、外部で、想像的なものの超越性において自己自身を意識するし、まさにその想像的超越性において願望は充足される。このように、対象‐私が本当にニューヨークにいたがっていると私が想像しているのだが、私はそれをニューヨークに行きたいという自分の願望によって想像している。その事実によって、対象‐私はニューヨークの街のなかに、夢としてではなく、血肉をそなえた自分を見出す。つまり、そこには現実的反省はまったくないし、目覚めとは——小説を批評するときの表現を借りれば——程遠いところにいる。もちろん、このことは、対象‐私が生み出すことができるあらゆる反省、「私は怖い」、「私は侮辱された」などにもあてはまる——だが、こうした反省は、かなり稀だ。

反対に、眠っている人が夢から抜け出すために用いることができる唯一の手立ては、「私は夢を見ている」という反省的確認である。この確認を行うには、反省的意識以外の何ものもいらない。ただし、こうした反省的意識が生まれることは、めったにない。というのも、ふつう反省的意識を促すタイプの動機づけとは、まさに眠っている人の「魅了されてしまった」意識がもはや思い抱くことのないものだからである。この問題で最も興味深いことは、眠っている人が悪夢の最中に反省的意識が可能であることを思い出すために行う絶望的な努力である。たいていは無駄な努力だ。眠っている人は、意識がまさに「魅了」されているために、記憶を虚構《フィクション》の形で生み出さざるをえないからである。彼は格闘するが、すべては虚構へと滑りゆき、すべては意に反して想像的なものに変化する。結局、夢の中断には二つの動機しかない。第一の動機は、現実的なものが力ずくで乱入することである。たとえば、悪夢を引き起こした現実の恐怖が悪夢自身に「捕え」られ、ついには巨大になった恐怖が意識の魅了状態を打ち砕き、反省の動機となる。私は自分が恐れているのだと意識し、同時に夢を見ているのだと意識する。また、外的刺激が力ずくでやって来ることもある。その理由は、いきなり訪れるのですぐにはアナロゴンとして捉えられないためであったり、暴力的なために突然反省の対象となる現実の情動‐衝撃を引き起こしてしまったり、睡眠中ずっといくつかの指示が残っていたためであったりする[38]。夢の中断を引き起こす第二の動機は、しばしば夢そのもののうちにある。実際、夢の物語がある出来事に達し、その出来事が一つの終わり、つまり続きがありえないものであることもある。たとえば、私はしばしば、ギロチンにかけられる夢を見る。その夢は、私の首が丸い穴にはめられる、まさにその瞬間に中断する。その場合、目覚めの動機は恐怖ではなく——なぜなら、逆説的に見えるかもしれないが、その夢は必ずしも悪夢の形では現れないからだ——むしろ、そのあとを想像することの不可能性である。意識はためらう。そのためらいが、反省の動機となる。そうして目覚めるのである。

結論を出すことにしよう。夢は——デカルトが考えたのとは逆に——現実の把握として現れることはない。反対に、それが一瞬でも現実的なものとして定立されうるなら、夢はその意味の一切、その固有の本性の一切を失ってしまうだろう。夢とは何よりも物語であり、だからこそ素朴な読者が小説を読むときに覚える類の心躍る興味を夢に感じるのだ。夢は虚構《フィクション》として体験される。夢をまさにそのような虚構《フィクション》とみなすときだけ、夢が眠っている人に引き起こす種類の反応を理解することができる。ただし、ここで問題になっているのは「魅惑する〔envoûtante〕」フィクションである。意識は——入眠時イメージに関する章で示したように——自縄自縛に陥っている。意識が体験していること、それは、虚構《フィクション》を虚構として把握しながら、虚構から脱出するのは不可能であるということだ。ミダス王が手に触れたものすべてを黄金に変えたのと同じように、意識はみずから、捉えるものすべてを想像的なものに変えることに、みずから決めたのである。そこから夢の宿命的性格が出てくる。このような宿命性として捉えることが、夢見られた世界を現実として把握することと、しばしば混同されてきた。実際は、夢の本性とは、意識は現実を取り戻そうとするのに、現実が至る所で逃れてしまう点にある。意識の努力のすべてが、意識の意に反して想像的なものを生み出すことへと変わる。夢は、決して現実性と取り違えられたフィクションではない。それは、自身によって、また、意に反して、非現実的世界のみを構成することへと運命づけられた、意識の冒険譚《オデュッセイア》〔＝漂流譚〕なのだ。夢とは、仮に意識が「世界-内-存在」であることを失うと同時に、現実的なもののカテゴリーを奪われてしまったらどうなってしまうのかを理解させてくれる、一つの特権的体験なのである。

原注

(32) デカルト〔René Descartes〕『省察〔*Meditationes de prima philosophia*〕』〔一六四一年〕――「第一省察」。

(33) 心地よい夢の途中で「今度こそ夢じゃない」と内心思うことは誰にでもあり、だとすれば反省それ自体が夢のなかでは誤りに陥ってしまうのではないか、という反論があるだろう。この反論についてどう考えるべきかは、のちほど検討する。

(34) 拙著『想像力』(Alcan) を参照。

(35) 本書、第二部第1節「知」を参照。

(36) 実を言えば、問題はもっと複雑であり、意識は夢のなかにおいてさえ、その「世界-内-存在」を少なくともある仕方で保存する。とはいえ、「世界-内-存在」の喪失という考えを、少なくとも隠喩的に用いてもよいだろう。

(37) 〔編者注〕『イマジネール』初版のときから、印刷の際に一文が脱落している。草稿がないため、編者の判断で角括弧内の言葉を補い、欠落を埋めることにする。

(38) こうした指示が残ることについては、それだけで本格的な研究の対象になるだろうが、本書では取り組むことができない。

訳注

＊13　この議論は、ミシェル・フーコー（Michel Foucault）によって狂気の文脈にずらされつつ再び扱われ（『狂気の歴史（*L'Histoire de la folie à l'âge classique*）』（Plon, 1961）（邦訳、田村俶訳、新潮社、一九七五年））、ジャック・デリダ（Jacques Derrida）と論争になった（『エクリチュールと差異（*L'écriture et la différence*）』（Seuil, 1967）（邦訳、合田正人・谷口博史訳、法政大学出版局（叢書・ウニベルシタス）、二〇一三年））。

＊14　フッサールは、現象学は単なる経験的事実に関わる事実学ではなく、現象学的還元によってその根拠となる本質を究明する本質学あるいは形相学であるとした。

＊15　スピノザの真理観を表す言葉「真理は真理と虚偽の試金石である（Verum index sui et falsi）」（ブルフ宛の書簡（書簡76）（『スピノザ往復書簡集』畠中尚志訳、岩波書店（岩波文庫）、一九五八年所収））。

＊16　imagerie は、複数の images の意味で用いられていると思われるので、同様に「イメージ」と訳す。

＊17　プルースト『失われた時を求めて7』「第四篇　ソドムとゴモラI」鈴木道彦訳、集英社（集英社文庫）、二〇〇六年、三五一頁。バルベックのホテルで「語り手」が父と祖母の夢を見る場面の挿話。一見脈絡のない単語の羅列だが、夢のなかではそれなりの整合性があったのに、目覚めるとそれが何だったのか思い出せなくなっている、と語り手は言う。

＊18　アーガー・ハーンは、イスラーム教、イスマーイール派の分派ニザール派のイマームの称号。ここで特定の人物が想定されているかどうかはわからないが、サルトルと同時代人のアーガー・ハーン三世のことかもしれない。

＊19　モーリス・アルブヴァクス（Maurice Halbwachs）（一八七七―一九四五年）は、フランスの社会学者。集合的記憶を提唱した。サルトルは引用出典を明示していないが、「社会環境」に触れる文脈から考えて、以下の著作だと思われる。『記憶の社会的枠組み（*Les cadres sociaux de la mémoire*）』（Alcan,

1925)。その第一章「夢と記憶イメージ。記憶の社会学理論への寄与（Le rêve et les images-souvenirs. Contribution à une théorie sociologique de la mémoire)」を参照。

＊20 原文は la Ménardier だが、これは la Thénardier の誤植と思われる。ヴィクトル・ユーゴー（Victor Hugo）『レ・ミゼラブル（*Les Misérables*）』（一八六二年）の登場人物で、里子のコゼットを虐待する。ジャン・ヴァルジャンは、同小説の主人公。なお、ルネは、フランソワ＝ルネ・ド・シャトーブリアン（François-René de Chateaubriand）の同名の小説（一八〇二年）の主人公。

＊21 ドイツの心理学者クルト・レヴィン（Kurt Lewin）（一八九〇―一九四七年）の用語。人間の行動は単なる物理的な空間ではなく、欲求、緊張、誘因、葛藤など、距離や方向以外の要素も考慮されるホドロジー空間で展開されるとした。

＊22 サルトルが念願の訪米を果たすのは、戦後の一九四五年。この時点では、ニューヨークは文字どおり夢だった。

＊23 ここだけ objet-moi ではなく moi-objet となっているが、違いはないと思われる。

結論

1　意識と想像力

ここまでの現象学的心理学研究によって少しずつ解明されてきた形而上学的問いを、今や提起することができるだろう。それを定式化すると、次のようになる。「意識が想像することができる意識であるという事実から、意識の性格はどのようなものになるか」。ところで、この問いを批判的分析の仕方で形式化すれば、「イメージの構成が常に可能でなければならないことが真だとすれば、意識とは一般に何であるべきか」というものになる。哲学的問いかけをカント的観点から立てるのが習慣になっているわれわれの精神にとっては、この形式が最も理解しやすいだろう。しかし、実を言えば、この問題の最も深い意味は現象学的観点によってしか捉えられないのだ。

現象学的還元を行ったあと、反省的記述によって開示された超越論的意識が姿を現す。こうして、「意識」の本質について、形相的直観が捉えた結果をいくつかの概念によって定着させることができる。現象学的記述が明らかにすることは何か。たとえば、超越論的意識の構造そのもののうちに、この意識が一つの世界の構成者であるということが含まれている、ということである。だが、もちろん、この一つの世界、つまり、われわれがいるこの世界、大地、動物、人間、人間の歴史を含むこの世界の構成者でなければならない、とは言っていない。これは還元不可能な最初の事実なのであり、世界のノエマ的本質が偶然的で非合理的な特殊化されたものとして与えられるのだ。この偶然的な現実存在をその総体において解明しようとする探究を「形而上学的」と呼ぶ現象学者は多いだろう。それは、正確には本書が形而上学的と呼ぶものではないが、そのことはさほど重要ではない。われわれの関心は、以下のことにある。はたして、想像するという機能は、「意識」の本質に関して偶然的で形而上学的な特性なのか、それとも反対に、その本質を構成する構造として記述されるべきなのか、ということ。換言すれば、想像することが決してなく、現実的なものの直観だけでしかない意識を想定しうるのか——その場合、われわれの諸意識の一つの性質として現れる、想像することの可能性は、偶然的な獲得物ということになる——、それとも、定立されるや否や、意識は常に想像することができるものとして定立されるべきなのか、そのどちらなのか、ということである。この問題は「意識」の本質を端的な反省によって観察することで解決されうるはずだから、もし本書を現象学の方法に慣れ親しんでいる読者に向けて書いていたなら、われわれもそうしたかもしれない。だが、形相的直観という観念はいまだにフランスの読者の多くには嫌悪感を引き起こしかねないので、ここでは間接的で少し手の込んだ方法を使うことにする。つまり、想像ができるためには意識はどうあらねばならないか、という問いから始め、この問いかけを批判的分析の通常のやり方、つまり遡行的方法で展開してみよう。次に、獲得された結果を、コギトによって実現される意識のデカルト的直観が与える結果と比較し、想像的意識を実現するのに必要な条件が、意識一般の可能性の条件と同じものか、それとも別のものかを見ることにする。

実を言えば、このように立てられた問題は、フランスの心理学者たちにとっては、全面的に新しく、かつ無用なものにさえ見えるだろう。実際、内在性の錯覚に囚われているかぎり、想像力の一般問題などないからだ。というのも、彼らの理論によれば、イメージは事物と厳密に同一の実在類型をそなえているからである。イメージとは、再生的感覚であり、程度や、まとまりや、意味作用においては原感覚と異なっていても、同じように世界－内的〔*intra-mondaine*〕な実在に属する。イメージは他のあらゆる実在者と同じように現実的だとされる。イメージについて立てられる唯一の問題は他の実在者との関係だが、その関係がいかなるものであれ、イメージの実在そのものは何の変容も被らない。シャルル六世[*1]の肖像画が不正確であろうと似ていようと、王が死んでいようと生きていようと、さらには王が存在したことがなかったとしても、肖像画がこの世界に実在していることに変わりはないのと同じである。つまり、イメージの実在に関わる問題はないことになる。

ところが、反対にイメージを本書で試みたように考究するなら、イメージの実在問題は不可避になる。実際、ノエシスの観点からすれば、意識に対してある対象が実在するということは、意識が対象を実在として措定あるいは定立するということだからである。ところで、想像的意識の措定作用は、根本的に現実的意識の措定作用とは異なる。イメージされているかぎりでのイメージ対象の実在類型は、本性上、現実的なものとして捉えられた対象の実在類型と異なる、ということだ。確かに、今ピエールのイメージを形成するなら、私の想像的意識は、この瞬間ベルリンなりロンドンなりにいるかぎりでのピエールの実在についての、ある種の定立を含んでいる。しかし、ピエールが私にイメージとして現れるかぎり、今ロンドンにいるピエールのほうは私には不在のものとして現れる。イメージされた対象が原理的に不在であること、本質的に無であること、それだけでイメージされた対象と知覚の対象を区別するのには十分である。だが、現実の対象を定立することもあれば、イメージされた対象を定立することもあるためには、意識はいかなるものであるべきだろうか。

ここで、ただちに本質的な指摘をしなければならない。もっとも、この指摘は、知覚とイメージの関係の問題をここまで一緒に検討してきたなら、読者自身も指摘するはずのものである。[1] ある対象にとってであれ、対象の何らかの要素にとってであれ、「空虚に目指されること」と「不在として与えられること」とのあいだには多くの違いがある、ということだ。知覚の場合、多くの空虚な志向が、対象の現在与えられている要素から発して、直観にまだ見えていなかったり、もはや見えなくなったりした別の側面や要素に向かう。たとえば、私が見つめる絨毯のアラベスク模様は、部分的にしか直観に与えられていない。窓の前の肘掛け椅子の脚で隠れている曲線やデザインがある。にもかかわらず、私はこの隠れた模様を覆われてはいるが今実在しているものとして捉えるのであって、決して不在のものとしては捉えない。しかも、アナロゴンを用いて模様を現前化し、模様それ自体として捉えるのではなく、与えられている模様の連続を私が捉える仕方で捉えるのだ。私は隠された模様の始まりと終わりを（それは私には椅子の脚の前と後ろに現れる）、椅子の脚の下で連続しているものとして知覚する。したがって、私は、与えられているものを捉える仕方のなかで、与えられていないものを現実的なものとして定立するのである。それは、与えられているものと同じ資格で現実的であり、与えられているものに意味と性質を与える。同様に、あるメロディーの流れていく音は、適切な過去把持によって捉えられる。それは、今聞こえている音を音そのものにすることである。その意味で、与えられた現実を知覚することは、総体としての全体的現実性という地の上に〔図として〕それを知覚することである。この現実性は、私の注意のいかなる特別な作用の対象でもなく、実際に知覚されている現実の本質的な存在条件として共‐現前している。ここから想像的作用が現実的作用と逆の方向に向かうということがわかる。仮に隠れている模様を想像しようとするなら、私は注意を模様に向けて、他から切り離す。それは、ちょうど、事物が差異化されていない世界という地の上で、今知覚しているものを他から切り離すのと同じである。隠れている模様を、知覚された現実の意味を構成するものとして空虚な仕方で捉えるのをやめ、それをそれ自身として自分に与える〔＝思い描く〕。しかし、現在から発して目指すのをやめ、隠れた模様をそれ自体として捉えようとするがゆえに、私はそれを不在なものとして捉えることになり、それは空虚な仕方で与えられたものとして私に現れる。確かに、隠された模様は現実的にそこの肘掛け椅子の下に存在しているし、そこで私は模様を目指している。だが、それが与えられていない場所で目指しているがゆえに、私はそれを私にとって無として捉えるのだ。このように、想像的作用は、同時に構成し、切り離し、無化する。

だからこそ、記憶の問題と予期の問題は、想像力とは根本的に異なる二つの問題なのだ。

確かに、思い出〔souvenir〕は多くの点でイメージにきわめて近いものに見えるし、本書でも、イメージの本性をよりよく理解してもらうために、ときとして記憶から事例を引いてくることができた。[*2] にもかかわらず、思い出の措定とイメージの措定とのあいだには本質的差異がある。過去の人生の出来事を回想するとき、私はその出来事を想像するのではなく思い出す〔m'en *souviens*〕。つまり、私は出来事を不在の‐所与としてではなく、過去における現在的‐所与として定立する。昨夜ピエールが別れ際にした握手は、過去のなかに流れ込むことによって、非現実性という変容を被ったのではない。退却したにすぎない。その握手は、相変わらず現実的だが、過去のものである。それは過去のものとして実在するのであり、他の多くと同じ現実的な実在の様式である。それを改めて把握しようとするとき、私はそれが存在する場所で目指し、昨日という過去の対象に自分の意識を導く。対象の懐《ふところ》で、私は自分が探している出来事、ピエールの握手を再び見出す。要するに、現実に肘掛け椅子の下に隠れている模様を現実に見ようとするとき、それがある場所に探しに行く、つまり椅子を移動させなければならないのと同様、あれこれの思い出を思い浮かべるとき、私は思い出を喚起するのではなく、思い出がある場所に赴いて、退却した現実の出来事として思い出が私を待ち受けている過去のほうに意識を導く。反対に、今ベルリンにいるピエールをそのまま思い描くとき――あるいは、単に今実在しているピエール（昨日私と別れたときのピエールではなく）をそのまま思い描くときには、私が捉える対象は少しも与えられていないか、手の届かないところにあるものとして与えられている。この場合もまた、私は何ものでもないもの〔rien〕を捉える、つまり虚無を定立するのである。その意味で、おわかりのように、ベルリンにいるピエールについての想像的意識（彼は今、出発当日のピエールの思い出よりも、クーアフュルステンダム通りを散歩中だろうか、等々）は、（私が絶対に実在しないと断言する）ケンタウロスの想像的意識にはるかに近い。イメージとしてのピエールとイメージとしてのケンタウロスの共通点は、両者が〈無〉の二側面であることだ。それは、生きられた未来と想像された未来を区別するものでもある。というのも、未来には二種類あるからである。一方は、そこで私の現在の知覚が展開される場である時間的基盤〔＝図〕にすぎない。他方は、それ自体として、しかもいまだあらぬものとして定立される。テニスをするとき、対戦相手がラケットでボールを打つのを見て、私はネットに突進する。したがって、ここには読み〔＝予測〕がある。ボールの行方を予見するからだ。しかし、そうした読みは、それ自体としては、ある地点へのボールの移動を定立することではない。実際には、未来はここでは相手の動作によって開始された形態の現実的展開でしかない。対戦相手の現実の動作が、その現実性を形態全体に伝える。お望みなら、現実－過去の圏域と現実－未来の圏域をそなえた現実的形態が、相手の動作を通して全面的に実現される、と言ってもよい。私の予見について言えば、それは相変わらず現実性であり、私は形態を予見することで形態を実現し続ける。私の予見は形態の内部における現実の動作だからである。このように、少しずつ現実の未来全体があるようになり、この未来は、現実的過去と同様、発展中の現在の形態の意味として、あるいはこう言ってよければ、世界の意味作用として与えられるにすぎない。その意味で、対象の知覚されない現実的側面を、現実的であり、かつ空虚に目指される現在として提示しようと、現実の未来として提示しようと、同じである。椅子によって隠された模様は、私が椅子を移動させるときの動作の現実的補足であるのと同様、椅子で見えなくなった現在的で潜在的な存在である。現実的存在は、すべて現在、過去、未来の構造をともなって与えられ、したがって過去と未来は現実の本質的構造として、どれもが現実的であり、つまりは現実的措定の相関者である。それとは反対に、ベッドに寝転んで、なんとはなしに友人ピエールがベルリンから帰ってきたときのことを予見するなら、私は未来を、未来によって意味が構成されていた現在から切り離す。私は、未来をそれ自体として定立し、自分にそれを与える。しかし、まさに私は、未来がいまだあらぬかぎり、つまり不在のものとして、あるいは無として未来を自分に与えるのである。このように、同じ未来を私は現在の根拠〔＝背景〕として、現実的なものとして生きることができる（たとえば、ピエールを駅に迎えにいき、私の行為全体が行為の現実的意味として一九時三五分にピエールが到着することを前提にしているとき）、あるいは反対に未来を他から切り離し、それ自体として定立することもできる。ただし、それは未来をあらゆる現実性から切断し、未来を無化し、未来を無として現前化することによってである。

今や、意識が想像することができるための本質的条件は捉えられた。意識は非現実性を措定することができなければならないのだ。だが、この条件をさらに吟味する必要がある。これは、意識が何ものかについての意識であるのをやめるということではない。志向的であることは意識の本性そのものであり、意識が何ものかについての意識であるのをやめるなら、意識は存在しなくなるだろう。そうではなく、ここで問題になっているのは、意識は現実的なものの全体性に対して、ある種の無の性格をもつ対象を形成し、それを定立することができなければならない、ということだ。思い起こしていただきたい。想像上の対象は、非実在または不在として、あるいは他の場所に実在するものとして定立されるか、実在するものとしては定立されえないかのいずれかだった。この四つの措定作用に共通する性格は、程度の差はあれ、否定のカテゴリーを包含していることである。このように、否定作用こそがイメージを構成している。実際、本書では、措定があとからイメージに付け加わるのではなく、むしろイメージの中核にある構造であることを、すでに指摘した。しかし、否定作用は何に対して行われるのか。それを知るためには、私がシャルル八世の肖像画をシャルル八世のイメージとして捉えるときに何が生じるのかを一瞬考えてみるだけで十分である。そのとき、私は絵を現実世界の一部として見るのをやめるのだ。絵の上に知覚される対象が、まわりの環境の変化によって影響を受けることはなくなる。この絵それ自体は、現実的なものとして、照明のあてられ方が変わったりするし、色が剝げ落ちることもあるし、焼けることだってあるだろう。絵は——意識に固有の「世界‐内‐存在」ではなく——「世界の‐ただなかの‐存在」[*3]をもつからである。絵の客観的性質は、時間‐空間的総体として捉えられた現実に依存している。しかし、反対に私がシャルル八世をイメージとして絵の上に捉えるとき、把握された「シャルル八世という」対象は、もはや、たとえば照明によって変容を被ることはない。たとえば、私がシャルル八世の頰にあたる照明の量を調整することはできなくなるのである。

というのも、頰への照明は、画家によって、一度限りのこととして、非現実的なものにおいて調整されてしまったからだ。非現実の太陽——あるいは、描かれた顔から一定の距離に画家が置いた非現実の蠟燭——が、頰の明るさの程度を決めている。現実のスポットライトがなしうるのは、せいぜいシャルル八世の頰に該当する現実の絵の一部に照明をあてることだ。同様に、その絵が焼けたとしても、焼けるのはイメージとしてのシャルル八世では決してなく、イメージと化した対象を顕現させるためにアナロゴンの役割を果たす物質的対象だけである。このように、非現実的対象は一挙に、現実との関係では手の届かぬところにあるものとして現れる。したがって、意識は、イメージとしての対象である「シャルル八世」を生み出すためには、絵の現実性を否定することができなければならないし、また、意識が絵の現実性を否定することができるのは、全体性として捉えられた現実から一歩身を引くときだけであることがわかる。イメージを定立することは、現実全体の外に対象を構成することであり、したがって現実と距離を置き、そこから解放され、つまりはそれを否定することである。あるいは、対象が現実に属しているのを否定することは、対象を定立するかぎりにおいて現実を否定することだと言ってもよいだろう。二つの否定作用は補完的であり、後者は前者の条件である。また、現実の全体が世界となるのは、それが意識にとっての総合的状況としてこの意識によって捉えられるかぎりにおいてであることも、われわれは知っている。

したがって、意識にとって想像が可能である条件は、二つある。意識は、世界をその総合的全体性において定立できる必要がある。同時に、意識は、イメージされた対象をこの総合的総体には手の届かないものとして定立する、つまり世界をイメージに対して無として定立することができる必要があるのだ。そこから明白に出てくる帰結は、「世界の‐ただなかの」存在であるような意識には想像的なものを創ることはとうてい不可能だということである。実際、世界のうちに位置する意識が他のものと同じような実在者だと仮定するなら、意識は当然のこととして、さまざまな現実の作用に必ず従うものとしなければならない――そして、意識は、現実性の細部を、現実全体を一挙に捉える直観によって乗り越えることはできないことになるだろう。つまり、この意識は、現実作用によって引き起こされる現実の変容しか含むことができず、現実のなかに完全に埋没しているからである。いかなる想像力も行使できないだろう。以上のような、意識を世界に嵌入されたものとする考え方は目新しいものではない。心理学的決定論の考え方が、まさにこれにあたる。一方、われわれは恐れることなく主張できる。意識が決定済みの心的諸事実の継起にすぎないのなら、意識は現実的なもの以外のものを生み出すことは絶対にできない、と。想像することができるためには、意識は、その本性からして、世界から逃れるのでなければならず、世界に対して一歩退いた定位〔position〕を自分自身から引き出せなければならない。要するに、意識は自由でなければならないのだ。かくして、非現実性の措定は、みずからの条件が否定の可能性であることを明らかにした。ところで、この否定は全体性としての世界を「無化」することによってのみ可能であり、また、この無化は意識の自由そのものの裏面として開示された。しかし、ここでいくつかの指摘が必要だろう。まず、世界を総合的全体性として定立する作用と、世界から「一歩退く」作用とはまったく同一の作用であると考えなければならない。比喩を使うことが許されるなら、印象派の画家が「森」や「睡蓮」といった全体を、画布の上に描いた数多くの小さなタッチから引き出すことができるのは、まさに絵に対して適当な距離を置くことによってなのだ。しかし、逆の観点から見れば、全体を構成する能力は、距離をとる作用の根本的構造として与えられる。このように、現実に対して自由なものとして自己定立するには、現実を総合的全体として定立することができるだけで十分であり、この乗り越えは自由そのものである。なぜなら、意識が自由でなければ、乗り越えは果たされないからである。つまり、世界を世界として定立することと、世界を「無化する」こととは、一つであり、まったく同じことなのだ。この意味で、ハイデガーは、無は存在者を構成している構造である、と言うことができた。[*4] 想像が可能であるためには、意識が現実を世界として構成する際、現実を乗り越えることができるだけで十分である。というのも、現実を世界として構成することのうちには、現実の無化が常に含まれているからだ。しかし、この乗り越えは、どんな仕方でも行われるわけではないし、意識の自由を恣意（＝自由裁量）と混同してはならない。なぜなら、イメージとは、単に否定された世界ではなく、常にある観点から否定された世界、まさに「イメージとして」現前化される対象が不在または非実在であると定立するのを可能にする世界だからである。現実を世界として恣意的に定立したとしても、それで非現実的対象としてのケンタウロスが現れるわけではない。ケンタウロスが非現実的なものとして出現するためには、まさに世界が、ケンタウロスが‐いない‐世界として捉えられる必要がある。それが起こりうるのは、さまざまな動機づけによって意識が、世界をケンタウロスがそこに居場所をもたないものとして捉えるときだけだ。同様に、私の友人のピエールが不在のものとして私に与えられるためには、世界をピエールがそこに現在私にとって現前していない全体として捉えるよう導かれている必要がある（ピエールは、現在他の人にとっては――たとえばベルリンで――現前していることもありうる）。とはいえ、非現実的なものの出現を動機づけるのが一定の観点から世界を表象的に直観することでは必ずしもないし、たいていの場合、そうではない。実際、意識にとって、現実的なものを乗り越えて現実的なものを一つの世界となす仕方は他にも数多くあるからである。乗り越えは、まずは情感や行動によってなされるし、なされなければならない。たとえば、死んだ友人が非現実的なものとして現れることは、現実をそうした観点から空虚な世界として情感的に把握することを根拠にしてなされる。

　現実を世界として把握するさまざまな直接的な様相を「状況〔situations〕」と呼ぶことにしよう。[*5] こうして、意識が想像するための本質的条件は、意識が「世界内の状況に」あること、あるいは、より簡潔に、意識が「世界‐内に‐ある」ことだと言ってよいだろう。いかなる非現実的対象が構成されるときでも、動機づけとなる意識の具体的で個人的な現実として捉えられた世界‐内‐状況であり、こうして現れた非現実的対象の性格は、この動機づけによって画定されている。つまり、意識の状況は、あらゆる想像的なものにとって同じである純粋で抽象的な可能性の条件としてではなく、ある特定の想像的なものの出現の具体的で正確な動機づけとして現れるはずである。

以上の観点から、最後に、非現実的なものと現実的なものの関係を捉えることにしたい。まず、たとえいかなるイメージもこの瞬間に生じないとしても、現実を世界として把握するあらゆる営みは、おのずと非現実的対象を生み出す結果になる傾向があるということである。なぜかと言えば、このような把握は常に、ある意味で世界を自由に無化することだからであり、それは常に特定の観点からなされるからである。このように、もし意識が自由であるなら、意識の自由のノエマ的相関者は世界であるが、それは各瞬間、各観点から、イメージによって否定される可能性をもつ。ただし、イメージはそのあとで、特定の志向によって構成される必要がある。しかし、逆から言えば、イメージは、特定の観点からの世界の否定なので、世界を背景〔＝図〕にして、また背景〔＝図〕との関係で現れるにすぎない。もちろん、イメージが出現するには、個々の知覚が世界という混交的総体のなかに溶け込み、総体が後退する必要がある。だが、まさにこの総体の後退こそが総体を地として構成するのであり、この地の上に非現実の図〔＝形態〕が浮かび上がることになる。このように、非現実的なものを生み出すことを通して、たとえ意識が瞬間的にその「世界－内－存在」から解放されるとしても、それでもこの「世界－内－存在」こそが想像力の不可欠の条件となる。

このように想像力全体の可能性の条件について批判的分析を行うことで発見できたのは、

以下のことである。すなわち、想像するためには、意識は一切の特定の現実性に対して自由でなければならず、その自由は、世界を構成すると同時に世界を否定する「世界-内-存在」によって定義されうるのでなければならない。また、この世界内の意識の具体的状況は、あらゆる瞬間に、非現実的なものの構成のための特異な動機づけとして用いられなければならない。このように、非現実的なもの——常に二重の無、すなわち、世界との関係でそれ自体の無であり、自己との関係で世界の無である——は、常に、それが否定する世界を地〔=根拠〕として構成されなければならない。ちなみに、もちろん世界は表象的直観に委ねられているばかりでなく、その総合的な地が単に状況として生きられることを要求している。以上のことが想像力が可能になるための条件だとすれば、これらの条件は、「意識」という本質の特殊化なり、偶然に獲得されたものなのか、それとも特定の観点から見られた意識の本質にほかならないのか。答えは問いそのもののうちにあるように見える。実際、この自由な意識の本性は何ものかについての意識であるが、そのことから、意識は現実を前にして自己を構成し、瞬間ごとに現実を乗り越える。なぜなら、意識は「世界内に存在する」ときにしか、つまり、自分と現実的なものとの関係を状況として生きるときにしかありえないからである。この自由な意識は、端的に言って、それ自身、コギトのなかであらわになる意識にほかならないのだ。

　コギトの条件自体が何よりも懐疑ではないのだろうか、つまり現実を世界として構成すると同時に、その同じ観点から現実を無化することではないのだろうか。また、懐疑を懐疑として反省的に把握することは、自由に関する疑問の余地のない直観に一致するのではないのだろうか。

　したがって、結論はこうなるだろう。想像力とは、意識の経験的で付加的な能力ではなく、意識がみずからの自由を実現するかぎりでの意識全体である。世界内の意識の具体的で現実的な状況の一切は、意識が常に現実の乗り越えとして現れるかぎり、想像的なものを含む。だからといって、現実的なもののあらゆる知覚は想像的なものへと反転すべきであるということにはならないが、常に自由であるがゆえに意識は常に「状況内」にあることから、常に、瞬間ごとに、意識にとって非現実的なものを生み出す具体的可能性がある〔と言える〕。意識が現実化するだけなのか、それとも想像的になるのかを瞬間ごとに決定するのは、さまざまな動機づけだ。非現実的なものは世界の外に生み出されるが、それを生む意識は世界内にとどまる。人間が想像するのは、人間が超越論的に自由だからなのである。

　ところで、心理学的、経験的な機能となった想像力のほうは、世界のただなかにおける経験的人間の自由の不可欠の条件である。なぜなら、意識に固有である無化の機能――ハイデガーが超越と呼ぶもの――が想像力の作用を可能にするとしても、今度は逆に、この機能は想像的作用においてのみあらわになりうる、と付言しなければならないからだ。無の直観はありえないだろう。なぜなら、まさに無は何ものでもなく、また、どんな意識も――直観的なものであろうと、なかろうと――何ものかについての意識だからである。無は、何ものかの下部構造としてのみ与えられる。無の経験は、厳密に言えば間接的経験ではなく、原理上相変わらず有効だ。すなわち、死や存在の無を直接的に理解しようとする試みは、本性上、挫折する運命にあるのである。

「……とともに」、「……のうちで」与えられる経験である。ここでは、ベルクソンの分析が世界が無の懐《ふところ》に滑り込むこと、そして、その同じ無から現存在*6〔réalité humaine（＝人間的現実）〕が出現すること、それらがなされうるのは、世界にとっては無であり、それにとっては世界が無であるような何ものかを定立することによってでしかない。われわれは、言うまでもなく、ここを出発点として想像的なものの構成を定義する。意識の前に想像的なものが現れるからこそ、世界の無化を、意識の本質的条件として、またその第一次的構造として捉えられるのだ。もし想像しない意識というものが一瞬でも考えられるなら、そのような意識は実在者のうちにつかまっていて、実在者以外のものを捉えられない、としなければならないだろう。だが、それは事実とは異なるし、ありえないことだろう。どんな実在者も、定立されるや否や、そのこと自体によって乗り越えられる。のみならず、実在者は何ものかのほうへと乗り越えられなければならないのだ。想像的《イマジネール》なものはどんな場合でも具体的な「何ものか」であり、実在者はそれに向けて乗り越えられる。想像的なものが実際に定立されない場合には、実在者の乗り越えも無化も実在者のなかにはまり込んでおり、乗り越えも自由もそこにありながら、見出されることはない。人間は、世界のなかで押しつぶされ、現実によって貫かれ、事物にきわめて近いものになる。にもかかわらず、人間が何らかの方法で（たいていは表象なしで）総体を状況として把握する以上、人間は総体を自分がそれとの関係では欠如、空虚などであるような何かのほうへと乗り越える。要するに、想像的意識の具体的動機づけそれ自体が、意識の想像化的構造を前提としているのだ。現実的意識は、常に特定の想像化的意識のほうへの乗り越えを内包している。この想像化的意識は状況の裏面のようなものであり、また、想像化的意識に応じて状況が定義される。たとえば、今ここにいない友人ピエールに会いたいとき、状況は、ピエールがそこでは与えられていないような「世界内存在」として定義される。一方、ピエールは、それに対して現実的なものの全体性が一つの世界をなすために乗り越えられるような何かである。しかし、現実のピエールは決してそのようなものではなく、反対に、ピエールが現前しているものとして与えられたり、現実的なものに基づいて空虚な現前化する志向によって目指されたりするなら（たとえば、彼がドアの向こうを歩いているのが聞こえるとき）、ピエールは状況に属することになる。状況がそれに応じて定義されるようなピエールは、まさに不在のピエールなのである。

このように、想像的なものは、どの瞬間にあっても、現実的なものの暗黙の意味を表している。狭義の想像作用は、想像的なものをそれ自体として定立すること、つまり暗黙の意味を明示化することである――イメージとしてのピエールが突然、私の前に現れ出るときのように――。しかし、想像的なものの独特の定立は世界の崩壊をともなうし、そのとき、その世界はもはや非現実的なものの無化された地（＝根拠）にすぎなくなる。否定があらゆる想像力の無条件的原理だとしても、逆に、否定が実現されるのは、想像力の作用においてであり、その作用によってでしかない。否定されるものは、想像されなければならないのである。実際、否定の対象になるものは、現実的なものではありえない。さもなければ、否定するものを肯定する羽目になってしまうからだ——とはいえ、それはまったくの虚無でもない。何ものかが、まさに否定されているからである。このように、否定の対象は、想像的なものとして定立されなければならない。このことは、否定の論理的形式（懐疑、留保など）にとってと同様、否定の積極的で情感的な形式（防御、無力感、欠如感など）にとっても真である。

今や、想像的なものの意味と価値を理解することができるだろう。想像的なものは、みな「世界を地〔＝根拠〕として」現れる。だが、逆に、現実的なものを世界として把握することは、みな想像的なものに向かっての隠れた乗り越えを含んでいる。どんな想像的意識も世界を想像的なものの無化された地〔＝根拠〕として維持し、逆に世界の意識はどれも想像的意識に呼びかけ、想像的意識を状況の特定の意味の把握として動機づける。無は直接的な開示によっては把握されず、意識の自由な連続性においてとともに、その連続性によって実現されるのであり、無は世界の想像的なものへの乗り越えの素材である。無はこのようなものとして体験されるのであり、それ自体としては決して定立されることがない。想像的意識がなければ現実的意識はありえず、その逆もまたしかりである。このように、想像力は、意識の事実上の特徴として現れるどころか、意識の本質的で超越論的な条件として開示されたわけである。想像しない意識を想定することは、コギトを実行できない意識を想定することと同じくらい不合理なのだ。

原注

（1） 本書、第二部を見よ。

訳注

＊1 これまではシャルル八世（ウフィツィ美術館蔵）が問題になっていたし、このあとでもそうなので、これは誤植と考えられる。

＊2 mémoire を「記憶」、souvenir を「思い出」と訳し、動詞 s'en souvenir は「思い出す」と訳す。第一部の「記憶イメージ」の場合と同様、ここでもベルクソンが意識されていると思われるが、文脈に合わせた結果だと理解していただきたい。

＊3 それぞれの原文は、être-dans-le-monde, être-[au-]milieu-du-monde（原文では au- が抜けている）前者は「世界 - 内 - 存在」で、『存在と無』の表現をここで用いるなら、対自のあり方を意味する。後者は「世界の - ただなかの - 存在」で、事物のあり方ということになる。しかし、この時点でのサルトルは、このハイデガー由来の用語を厳密には練り上げていないと思われる。このあとのくだりでのハイデガーへの言及も含め、これらの用語は、ハイデガーのいくつかのテクストをまとめたフランス語訳『形而上学とは何か』（次注参照）で用いられたものである。このことから、結論の部分は一九三八年のこの訳書の刊行以降に書かれた可能性が高いと考えられる。

＊4 このあたりの主張は、ハイデガーの『形而上学とは何か』から着想を得ていると思われる。この論考は、一九三八年に単行本としてフランス語訳が出たところだった（Martin Heidegger, *Qu'est-ce que la métaphysique?*, traduit de l'allemand avec un avant-propos et des notes par Henry Corbin,

Gallimard, 1938)。

＊5 『存在と無』で重要な概念となる「状況」の初出だと思われる。

＊6 réalité humaine は、アンリ・コルバン (Henry Corbin) がハイデガーの「現存在 (Dasein)」の訳語として選んだ表現。『存在と無』では「人間という存在」の意味で用いられる。

2 芸術作品

ここで芸術作品に関する問題全般を取り上げようとは思わない。芸術の問題は〈想像的なもの〉と緊密に結びついているとはいえ、本格的に扱うには、別途そのための著作が必要だろう。とはいえ、彫像やシャルル八世の肖像画や小説を例にしてここまで行ってきた長い検討から、いくつかの結論を引き出すときが来たように思われる。以下の指摘は、本質的に芸術作品の実在の類型《タイプ》に関するものである。その主要命題を定式化すると、芸術作品とは非現実的なものであるということになる。

このことは、すでにたとえばまったく違う意図でシャルル八世の肖像画について考察したとき、明らかに見て取れたことである。まず、シャルル八世が一つの対象であることが理解された。しかし、このシャルル八世は、もちろん絵、画布、現実的な絵の具の層と同じ対象ではない。画布と額縁をそれ自体として考察するかぎり、「シャルル八世」という美的対象は現れないだろう。絵によってそれが隠されているというのではなく、現実的意識には与えられていないからである。それが現れるのは、世界の無化を前提とする根本的な回心を行う意識が、みずから想像的なものとして構成されるときだ。その場合も、見方によって五個にも六個にも見える立方体の場合と同様である。五個の立方体が見えるとき、六個に見える絵柄を見ないふりをしている、と言うのは適切ではない。そうではなく、五個あるように見ると同時に六個あるように見ることはできないのだ。立方体を五個として把握する志向的作用は、自己充足的で完璧なものであり、六個として捉える作用を排除する。絵に描かれたイメージとしてのシャルル八世の把握についても、事情は同じだ。この描かれたシャルル八世は、必然的に想像的意識の志向的作用の相関者である。画布の上で捉えられたものとして非現実的なものであるこのシャルル八世がまさに美的鑑賞の対象(「感動的」とか「知的に、力強く、優美に描かれている」と人が言ったりするのは、この対象についてである)であるがゆえに、われわれは絵のなかの美的対象が非現実的なものであることを認めるに至ったのだ。このことは、芸術作品に関して現実的なものと想像的なものがしばしば混同されることを思えば、かなり重要である。実際、芸術家がイメージとしての観念をまず抱き、そのあとでそれを画布上に現実化する、などと言われる。ところで、こういった考えの誤りは、画家がそのままでは伝達できない心的イメージから出発し、作業が終わったところで、誰もが眺めることのできる対象を鑑賞者に引き渡す、と考えてしまう点にある。つまり、想像的なものから現実的なものへの移行があった、と考えてしまうのだ。しかし、それは事実と異なる。何度でも断言しなければならないが、現実的なものとは、絵筆がもたらしたもの、画布のボリューム感、画布の肌理《きめ》、絵の具の上にかけられたニスのことである。しかし、まさにそれらすべては美的鑑賞の対象ではない。反対に、「美しい」ものとは、知覚に与えられえない存在、その本性において世界とは切り離された存在である。たとえば、画布の上に光を投げかけても、美しいものを照らすことはできないというのは、今しがた示したとおりだ。照らされるのは画布であって、美しいものではない。画家は自分の心的イメージを現実化することは決してしないのだ。画家は単に物質的アナロゴンを構成しただけであり、それを注視しさえすれば、誰でも心的イメージを捉えることができる。しかし、このように外在的アナロゴンをそなえているイメージも、やはりイメージではある。想像的なものが現実化されたわけではなく、せいぜい対象化（＝客体化）されただけなのだ。画家は一筆一筆を、それ自体のために描き入れるのでもなければ、整合的な現実の総体《まとまり》を構成するためですらない（あるレバーが、それ自体のためにではなく、機械という総体のためにある、と言う場合の意味で）。画家は非現実的な総合的な総体との関係において描き入れるのであり、芸術家の目標は、この非現実的なものを顕現させる現実の色調の総体を構成することだ。つまり、絵とは、非現実的なものが時に（鑑賞者が想像的態度をとるたびごとに）降臨する物質的な事物だと考えられるべきであり、この場合の非現実的なものとは、描かれた対象物のことである。勘違いが起こるとすれば、それは画布の現実のある種の色彩が、現実的で官能的（＝感覚的）な歓びを与えるからだ。たとえば、マティスのある種の赤色は、見る者に官能的享楽を引き起こす。しかし、次のように理解しなければならない。この官能的享楽は、それだけを切り離して考察するなら――たとえば、そうした享楽が自然のなかで実際に与えられている赤色によって引き起こされているなら――何も美的なところはない。それは、ただ単に感覚の喜びである。反対に、赤色が絵の上で捉えられるときには、いずれにせよ非現実的総体に属するものとして捉えられる。それが美しいのは、この総体においてのことだ。たとえば、それはテーブルのそばの絨毯の赤色である。それは、そもそも決して純粋な色ではない。たとえ画家が形式と色彩のあいだの感覚的関係のみに関心をもっているとしても、まさに絨毯を選ぶことで、この赤色の官能的価値をいっそう強めるのだ。たとえば、触覚的要素がこの赤色を通して志向されているに違いない。それは羊毛らしい赤色である。絨毯の素材は羊毛だからだ。色彩のこの「羊毛らしい」性格がなければ、何ものかが失われるだろう。絨毯はそれが正当化する赤色のためにそこに描かれているのであって、絨毯のために赤色が描かれているのではない。だが、乾いた光沢のある紙片ではなく、まさに絨毯を選んだとすれば、それは羊毛の色、密度、感触から成る逸楽的な混合物のためである。だとすれば、赤を絨毯の赤として、つまり非現実的なものとして捉えることによってのみ、真にこの赤を享受できるわけだ。それに、絨毯の赤と壁の緑が織りなすきわめて力強いコントラストは、この緑がまさに壁紙らしい固く光沢のある緑でなかったら、失われてしまうだろう。したがって、色彩や形象の関係が真の意味を帯びるのは、非現実的なものにおいてである。描かれた対象が、キュビスムの絵の場合のように、通常の意味が最小限に減じられているときでさえ、少なくとも絵は平面的ではない。確かに、鑑賞者が捉える形象は、絨毯にもテーブルにも同定されないし、通常世界で捉えるもののうちの何ものにも同定されない。にもかかわらず、その形象は密度、マチエール、奥行きをもち、遠近法的関係を支え合っている。それらは、ものである。そして、まさにそれらがものであるかぎり、これらの形象は非現実的なのだ。キュビスム以降、絵は現実的なものを表象したり模倣したりすべきではなく、それ自身が対象〔＝物〕とならなければならない、と宣言するのが習わしになった。こうした教義は美的綱領としては完璧に支持できるものであり、数多くの傑作はこの教義に負うところが大である。とはいえ、その意味をよく理解する必要がある。これを、絵は一切の意味を欠いているがゆえに、それ自体において現実的な対象〔オブジェ〕として提示されるという意味に解するなら、重大な誤りを犯すことになる。確かに、絵はもはや〈自然〉を指し示してはいない。現実的対象はもはや花束なり林の中の空き地なりのアナロゴンとして機能しない。それでも、絵を「鑑賞する」とき、私は現実化的態度をとっているわけではない。絵は相変わらずアナロゴンとして機能する。ただ、絵を通して顕現するのは、新しいものから成る非現実的総体、私が見たこともなければ、見ることもない対象から成る非現実的総体なのだ。これらはそれでも非現実的な対象であり、絵のなかにも、世界のどこにも実在しないが、画布を通して顕現し、一種の憑依〔＝所有〕現象によって画布を独占する。こういった非現実的な対象から成る総体を、私は美しいと形容するのだ。一方、美的歓びは現実的だが、それ自体は現実の色彩によって生み出されたものとして捉えられるわけではない。美的歓びとは、非現実的な対象を把握する仕方にすぎず、現実的な絵に向かうどころか、現実的な画布を通して想像的対象を構成するのに役立つ。こうして、よく言われる例の、美しいものを見るときの無関心〔＝公平無私〕が現れる。だからこそ、カントは、美しい対象が美しいものであるかぎりにおいて捉えられたとき、それが実在しようとしまいと構わない、と言うことができたし、ショーペンハウアーは〈権力への意志〉の一種の一時停止について語ることができた。[*7] これは、人がときとして利用する現実的なものを把握する神秘的な仕方に由来するのではない。そうではなく、ただ美的対象は、それを非現実的なものとして定立する想像的意識によって構成され、把握されているだけのことである。

　絵画について示したことを小説、詩、演劇といった芸術についても示すのは容易なことだろう。小説家、詩人、劇作家が言語的アナロゴンを通して非現実的対象を構成するということは自明である。同様に、ハムレットを演じる俳優が、自分自身を、自分の身体のすべてを、そうした想像的登場人物のアナロゴンとして使うことも自明だ。こうして、役者がもつ逆説についての有名な議論に決着をつけることもできるかもしれない。周知のように、俳優は自分が演じる人物を信じていない、と主張する著者たちがいる。反対に、数多くの証言を根拠にして、俳優は、のめり込むと、いわば自分が表現している主人公の犠牲になるということを示そうとする者たちもいる。二つの主張は、互いに他を排除しないように思われる。もし「信じる」という言葉を現実の定立と解するなら、俳優が自分をハムレットであると定立していないことは明らかだ。しかし、だからといって、ハムレットを生み出すために全面的に自分を「動員」しないわけではない。彼は、みずからの全感情、全力、全動作を、ハムレットの感情と行為のアナロゴンとして用いる。しかし、まさにそのために、感情、力、動作を非現実化するのだ。彼は全面的に非現実的仕方で生きる。役になりきって、現実に涙することが重要なのではない。その涙の起源については先述したが[2]、俳優は、この涙を彼自身――自分とともに観客も――ハムレットの涙として、つまり非現実的な涙のアナロゴンとして捉えるのだ。ここでは、すでに夢に関して指摘した変化に似た変化が起こっている。彼は、非現実的なものにつかまり、霊感を与えられる。俳優のうちで登場人物が現実化するのではなく、俳優が登場人物のうちで自己を非現実化するのである[3]。

ところで、対象が、その本性上、非現実性から逃れるように思われる芸術がありはしないだろうか。たとえば、音楽のメロディーは、みずから以外の何ものも指し示さない。大聖堂は、ただ周囲の建物の屋根を威圧する現実的な石の塊ではないだろうか。しかし、より詳細に検討してみよう。たとえば、ベートーヴェンの交響曲第七番を演奏するオーケストラを聴いているとしよう。ただし、ベートーヴェンをどう演奏するかを知るために「トスカニーニを聴きに」行く、といった馬鹿げた――そのうえ美的観想から外れる――ケースは措いておこう。一般に、人をコンサートに惹きつけるのは、「第七交響曲を聴きたい」という欲望である。もちろん、アマチュア・オーケストラを聴く気はあまりしないし、できればあれやこれやの指揮者のものがよいと思ったりする。その根本にあるのは「完璧に演奏された」第七交響曲を耳にしたいという私の素朴な欲望なのだ。というのも、完璧に演奏されたときこそ、第七交響曲は完璧にそれ自身となるように思えるからである。「演奏が速すぎ」たり

「遅すぎ」たり、「テンポが悪い」下手くそなオーケストラの過失は、演奏している作品をヴェールで覆い、作品を「裏切っている」ように思われる。最良の場合、オーケストラは演奏している作品の前で姿を消す。楽団員や指揮者を信用するに足る理由があるときには、私は自分が第七交響曲そのもの、それ自身を前にしている気がするだろう。この考えには誰もが賛成してくれることと思う。だが、第七交響曲「それ自身」とは、いったい何だろうか。当たり前だが、それは一つの物であり、つまり、私の前にあり、抵抗し、持続する何かであることは明らかだ。ところで、この物が総合的全体であり、この全体が諸々の音によってではなく、主題という大きな総体によって現実に存在することは、証明するまでもないだろう。だが、この「物」は、現実的なのか、それとも非現実的なのか。まず、私が第七交響曲を聴くということが何なのかを考察しよう。私にとって、この「第七交響曲」は時間のうちに実在しているわけではない。私はそれを日付のついた出来事として、一九三八年一一月一七日にシャトレー劇場で行われた芸術の催しとしては捉えていない。仮に、明日とか一週間後に、フルトヴェングラーがその交響曲を演奏している別のオーケストラを指揮するのを耳にしても、改めて同じ交響曲を前にしていることになるだろう。もちろん、より上手に、またはより下手に演奏されはするだろうが……。今度は、どのように聴くのかを検討してみよう。眼を閉じて聴く人たちがいる。その場合、演奏という視覚的で日付のついた出来事には関心がないのだ。純粋な音に身を委ねているだけだ。一方、オーケストラや指揮者の背中をじっと見つめる人たちもいる。しかし、彼らは自分が凝視しているものを見てはいない。ルヴォー・ダロンヌが「補助的幻惑をともなう反省」と呼ぶ現象である。*8 実際には、ホールも、指揮者も、オーケストラすらも消えてしまっている。つまり、私は第七交響曲の前にいるが、そのための明白な条件は、曲をいかなる場所でも耳にしていないこと、出来事が実際的で日付がついていると考えるのをやめることである。すなわち、この条件は、音楽主題が継起するのを絶対的な継起として解釈するという条件であり、現実における時間の継起としてではない、ということだ。現実における時間の継起の場合、たとえば、その同じ瞬間にピエールが友人の誰それのところを訪問したりしている流れである。私がその交響曲を捉えるかぎり、曲はホールのなかにも、弦楽器の弓の先にもない。それはまた、「ある日ベートーヴェンの精神のうちで生じた作品だ」と私が考えるような「過去のもの」でもない。曲は全面的に現実的なものの外にある。それは固有の時間をもっている、つまり内的時間を所有している。内的時間は、アレグロの最初の音から終楽章の最後の音まで流れる。だが、この内的時間は、アレグロの開始の「前」にあった別の時間に続き、それを引き継いだわけではないし、終楽章の「後」にやって来る時間によって引き継がれるわけでもない。第七交響曲は、時間のなかにはまったくない。したがって、現実的なものから全面的に逃れている。曲は、それ自身として、しかし不在のものとして、手の届かないところにあるものとして与えられる。それに対して働きかけ、音を変え、テンポを遅くすることは、私にはできない。にもかかわらず、曲はその出現に際して、現実的なものに依存している。指揮者が気絶して倒れたり、ホールで火災が起きたりすれば、オーケストラは突然、演奏をやめるだろう。だが、そのときは第七交響曲そのものが中断されたと人々は捉える、などと結論してはなるまい。そうではなく、交響曲の演奏が停止させられた、と考えるのだ。これで、演奏が第七交響曲のアナロゴンであることがはっきりわかるのではないだろうか。曲は、具体的な日付のある、通常の時間のなかで展開するアナロゴンを通して以外には顕現することができない。しかし、第七交響曲をそうしたアナロゴンに基づいて捉えるためには、想像的還元を行う必要がある。つまり、まさに現実的な諸々の音をアナロゴンとして把握する必要があるのだ。このように、曲は絶えざる余所、絶えざる不在として与えられる。それが別の世界、すなわち叡知界に存在していると思ってはならない（ハクスリーの『恋愛対位法』のスパンドレルのように[*9]——また多くのプラトン主義者のように）。それは、ただ単に——たとえば本質のように——時間と空間の外にあるのではない。現実的なものの外に、存在の外にあるのだ。私は曲を現実的に耳にすることは決してなく、想像的なもののうちで聴く。だからこそ、劇場や音楽の「世界」から日常的関心事の世界に移るのは、困難を極めるのだ。実を言えば、一つの世界から別の世界に移るのではなく、想像的態度から現実的態度に移るのである。美的観照とは〔人為的に〕引き起こされた夢であり、現実的なものに移ることは真の覚醒である。現実に戻る際に覚える「失望」については、しばしば語られてきた。しかし、それだけでは、たとえば写実的《レアリスト》で残酷な戯曲の上演後にも不快感を覚えるということが説明できない。その場合には、むしろ現実に戻って安心しなければならないはずだからである。実を言えば、この不快感は、単に眠っていた人が目覚めたときの不快感にすぎない。すなわち、幻惑され、想像的なもののなかに足止めされた意識が、戯曲や交響曲が突然停止されることで急に解放され、急に存在との接触を取り戻すのである。現実的意識の特徴である吐き気を催させるには、それだけで十分なのだ。

以上の考察からだけでも、現実的なものは決して美しくない、と結論することができるだろう。美という価値は、想像的なものだけにあてはまるものであり、その本質的構造のうちに世界の無化を含む。だからこそ、倫理的なものと美的なものを混同するのは愚かなのだ。〈善〉という価値は世界‐内‐存在を前提にしており、現実における行為を目指しており、まずもって実在の本質的な不条理に従っている。人生を前にして美的態度を「とる」ことは、現実的なものと美的なものを混同し続けることだ。それでも、ある出来事や現実的対象を前にして美的態度をとることはありうる。その場合、何が起こっているのかは、誰もが自分のうちで確認できる。見ている対象《オブジェ》に対して一種の後退が起こり、対象が独りで無のうちに滑り込んでいくのである。それは、その瞬間から対象が知覚されなくなってしまったからだ。対象は、みずからのアナロゴンとして機能する。つまり、その対象の非現実的イメージが、現在の現前を通してわれわれに顕現するのである。そのイメージは、単に中立化され、無化された対象「それ自体」のこともあるだろう。たとえば、美しい女性を眺めるときや、闘牛における仕留めの瞬間を眺めるときがそうだ。イメージが、対象を通して対象の可能な状態を不完全で混乱した仕方で出現させることもあるだろう。たとえば、画家がより強烈で、より鮮明な二つの色の調和を、壁に見つけた現実の色点を通して捉える場合がそうだ。

そうなると、対象はそれ自身の背後に与えられるので、触れることのできないものとなり、手の届かないところにいってしまう。そのために、対象に対する一種の狂おしい無関心が生まれる。女性が美しすぎると欲望が消される、などと言われるのがそれだ。実際、うっとり見とれるこの非現実的な「彼女自身」が現れる美的次元と、肉体的に所有しようとする現実的次元の双方に同時に位置することは、われわれにはできない。その女性に欲情を抱くためには、彼女が美しいことを忘れなければならないのだ。欲情とは、彼女がもつ最も偶然的で、最も不条理なもののうちで、その現実の存在の核心に深く入り込むことだからである。現実の対象を美的に観照することは、記憶錯誤と同じ構造をしている。記憶錯誤において、現実の対象は過去におけるそれ自身のアナロゴンとして機能する。ただ、美的観照には無化があるのに対して、記憶錯誤の場合には過去化がある。記憶と想像力が異なるように、記憶錯誤と美的態度は異なるのだ。

原注

（2） 第三部第2節〔実際は第二部〕を見よ。

（3） その意味で、「あがる」ことが〔『ハムレット』の〕オフィーリアの内気な性格を表現するのに役立った、と新人女優が言ったりすることもあるだろう。あがることが役立ったのは、彼女があがることを突然、非現実化したからである。つまり、あがることそのものとして把握するのをやめ、それをオフィーリアの内気さのアナロゴンとして捉えたということだ。

訳注

＊7　ショーペンハウアーは『意志と表象としての世界（*Die Welt als Wille und Vorstellung*）』（一八一九年）の第三部で、芸術について語り、芸術とは意志から解放された観照という態度にある、と述べている。ただ、「権力への意志」という表現はニーチェのものであり、ショーペンハウアーの文脈で言えば「生への意志（Wille zum Leben; vouloir-vivre）」と言うべきだと思われる。

＊8　ガブリエル・ルヴォー・ダロンヌ（Gabriel Revault d'Allonnes）（一八七二―一九四九年）は、フランスの精神科医。この表現の出典は不明。

＊9　『恋愛対位法』全二冊、朱牟田夏雄訳、岩波書店（岩波文庫）、一九六二年。オルダス・ハクスリー（Aldous Huxley）（一八九四―一九六三年）は、イギリスの著作家。小説、エッセイ、詩、旅行記などを発表した。のちにアメリカに移住。ハクスリー家は、著名な科学者を多数輩出している。『恋愛対位法（*Point Counter Point*）』（一九二八年）は、文字どおり、複数の物語が交錯する長篇小説で、ボードレールをモデルに構想されたモーリス・スパンドレルは、倦怠と無為から悪徳に淫する人物。サルトルは一九三二―三三年にル・アーヴルで行った連続講演でも、この作品を取り上げている。以下を参照。*Etudes sartriennes*, nº 16 « Les conférences du Havre sur le roman », Editions Ousia, 2012.

訳者解説

本書は、ジャン＝ポール・サルトルの *L'imaginaire: psychologie phénoménologique de l'imagination* の全訳である。一九四〇年にガリマール社の「思想叢書（Bibliothèque des idées）」の一冊として刊行されて以来、一九六六年には文庫版（coll. « Idées »）、一九九二年にはアルレット・エルカイム＝サルトルの校訂によるフォリオ文庫（coll. « Folio »）として版を重ねている。今回、底本にしたのは新たにエルカイム＝サルトルの序文が付け加えられたフォリオ文庫の二〇〇五年版（Jean-Paul Sartre, *L'imaginaire: psychologie phénoménologique de l'imagination*, édition revue et présentée par Arlette Elkaïm-Sartre, Paris: Gallimard (coll. « Folio / essais »), 2005）である(1)。

本書の成り立ちについては、編者の「序」に簡潔な説明があるが、ここではそれを補足する形で、その前史と後世への影響も含めて、本書の全体像を素描し、サルトルの著作にあまり馴染みのない読者のための道しるべとしたい。本書はイメージ論として今なお重要な問題構成を提供するものだが、その一方で、心理学や哲学の専門的な議論も数多く含んでいるため、ある程度の予備知識がないと、浩瀚な著述の迷路をさまよってしまう危険があるからだ。

一　本書の成立の背景

第二次世界大戦後に世界を席巻した実存主義の旗手として活躍したジャン＝ポール・サルトル（一九〇五―八〇年）は、若い頃、何よりも小説家として世に出ることを望んでいたが、その哲学者としての出発点が心理学ときわめて近い位置にあったことはあまり知られていない。高等師範学校での勉強を終えた彼は、一九二七年、今で言えば修士論文に相当する高等教育修了証（Diplôme d'Etudes Supérieures）を取得するための論文として、「心的生におけるイメージ――役割と性質（L'image dans la vie psychologique: rôle et nature）」を執筆した(2)。修論にあたるとはいえ、昨今の基準で言えば博論にも匹敵する堂々たる論文で、指導教授だった心理学界の大御所アンリ・ドラクロワ（一八七三―一九三七年）は書籍化を奨め、出版社を紹介した。サルトルがその作業に実際に取りかかったのは、一九三三年に一年間ベルリンに留学し、フッサールの現象学を学んだあとのことだ(3)。正確な脱稿時期は明らかではないが、ベルクソンなどの著書を出版していたアルカン社は、原稿の一部を大胆すぎると判断し、前半部しか出版しなかった、というのが定説になっている。それが一九三六年に『想像力（*L'Imagination*）』の名の下に刊行された小著であり、内容としては、デカルト以来、スピノザ、ライプニッツを経て、ベルクソンに至るイマージュの理論史を敷衍しつつ、フッサール理論の優位を明言した部分が、いわば結論になっている。一方、独自の理論を展開したために出版社から拒まれた後半部が、本書『イマジネール』というわけである。ミシェル・コンタとミシェル・リバルカによるこの説明[4]が必ずしも事実のとおりであるかは、新資料の発見とともに、必ずしも確実とは言えなくなっている。というのも、『想像力』のスタンスは『イマジネール』に必ずしもストレートにはつながっていないのみならず、高等教育修了論文のほうは、フッサールを本格的に研究する以前のものであり、内容としては、むしろ当時のフランスにおける心理学の常識にヴュルツブルク学派の心理学の新しい知見をぶつける内容だったからだ。だが、ここでは専門家向けの細かい議論に入るのは避け、いくつかの事実を確認するだけにしよう。

『想像力』は、サルトルにとって最初の単行本だっただけでなく、出版された最初の論考でもある。それ以前には一九三一年に雑誌『ビフュール（*Bifur*）』第八号に掲載されたエッセイ「真理の伝説（Légende de la vérité）」（未邦訳）があるだけなので、哲学者サルトルのまさに出発点と言えるが、そこには通常私たちが思い描く実存主義思想の片鱗すら見出すことができない。というのも、関心はまったく別のところにあるからだ。いずれにせよ、『想像力』を皮切りに、サルトルは一九三七年には「自我の超越（La transcendance de l'Ego）」を『哲学探究（*Les Recherches philosophiques*）』誌に、そして同年には短篇小説「壁（Le Mur）」、三八年には長篇小説『嘔吐（*La Nausée*）』を発表し、作家として脚光を浴びることになる。『イマジネール』の第一部「確実なもの」は、一九三八年に『形而上学道徳』誌に全文が掲載されている。[5]したがって、少なくとも核となる部分はこの時点で書き上がっていたことは間違いない。ただし、のちに見るように、ハイデガーへの言及は最後に追加されたと考えられる。

本書の出版が、いわゆる哲学系の出版社ではなく、サルトルの小説の版元でもあるガリマール社によって引き受けられたのには、『嘔吐』などの文学的成功が与《あずか》っていると思われる(6)。出版が一九四〇年になってしまったのは、世界情勢の変化によるものだろう。一九三九年には第二次世界大戦が勃発、サルトル自身も九月初旬には召集され、駐屯地に赴いている。ただし、軍務についていたサルトルが校正などをしたという情報は書簡や手帖からは得られないので、入稿も校正もそれ以前に済んでいたと考えてよいだろう。一方、それらの作品と並行するように、サルトルは『プシュケー（*Psyché*）』と題する現象学的心理学の大部の論考も準備していたが、こちらは短編集『壁』を仕上げるために放棄され、その一部が一九三九年一二月に『情動論素描（*Esquisse d'une théorie des émotions*）』という表題の下で小冊子（全五二頁）として刊行された(7)。以上のことから見て取れるのは、一九四〇年頃から執筆が始まる『存在と無（*L'Être et le Néant*）』以前のサルトルにおいて(8)、現象学を出発点としながらも、問題構成の中心は意識の構造の分析にあったこと、そのなかでもイメージや情動の問題が中核にあったことである。要点をまとめておこう。

当時のサルトルの理論的基盤にあるのは何よりもフッサールの志向性の概念であり、サルトルはこれを「あらゆる意識は何ものかについての意識である」と定式化している。イメージについて言えば、イメージは意識の内容ではなく意識作用、意識そのものであるというのが『想像力』の末尾で表明され、『イマジネール』の出発点にもなった主張である。サルトルは、これらの考えを主に『イデーン』と『論理学研究』から引き出しているとはいえ、イメージ論という点では、必ずしもフッサールに全面的に依拠しているわけではない[9]。サルトルがフッサールに負っているものを、まずは簡単に整理しておこう。

1　意識の志向性。意識はまず何ものかについての措定的意識であり、と同時に自己（についての）の非措定的意識である。たとえば、コップを見ているとき、意識はコップを主題的に見ているのであり、定立されているのは、あくまでもコップである。しかし、それと同時に、コップを見ている自分自身を側面的には意識している。だからこそ、のちにこの意識を反省するときには、見ている自己が意識されるわけである。だが、第一次的意識は、あくまでも対象についての意識であって反省的な自己意識ではない[10]。

2　同じことは、知覚だけでなく、想像についてもあてはまる。イメージは、一般に考えられるのとは異なり、意識のなかにあるのではないし、物でもない。むしろ、意識作用なのである。その意味で、心的イメージと物的イメージ、あるいは自由な想像力と、写真や絵などの物的支持体に基づく想像力とは、共通している。その際に、イメージの素材となるのがアナロゴンであり、それを通して人はイメージとして定立された対象を目指すとされる。

3　フッサールにおいてと同様、サルトルにおいても、「想像する（imaginer）」という動詞は少なくとも二つの意味をもつ。第一に、それは「思い浮かべる」という意味で、「再現前化」または「再生作用」である。この場合、想像することは思い出すことと、ほぼ同じ特徴をもつ。第二に、それは「非現実化」または「中立性」であり、現実のイメージ化、画像意識と言ってよかろう。本書では、主に第二の点が強調される形で論が展開され、「結論」で記憶とイメージが決定的に異なると断言されることは心に留めておいてよいだろう。

さて、本書でカントがほとんど参照されていないことから明らかなように、ここでの想像力に関する議論は、いわゆるカント的な「構想力（Einbildungskraft）」の流れにはない。つまり、直観と概念のあいだを媒介し、それによって規定される心的能力が問題なのではない。そうではなくて、ベルクソンとフッサールによって——だが別々に——始められた、別の発想での想像力、つまり、ある物質的・知覚的対象との関係における像（image; Bild）の意識が問題なのである。その意味で、本書で頻出するimaginationを「想像力」と一義的に訳してしまうと、誤解を与えてしまう可能性がある。確かに、日本語の「想像力」は、過去の表象を再生することだけでなく、何もないところから何かを発想することも指すが、ここでのimaginationは、むしろ、現実を否定して、何かをイメージとして表象する力のことだからだ。本書の訳を『イマジネール』とした所以である。

その意味でも、明示されてはいないが、本書の重要な仮想敵は、過去の哲学者たちや実験心理学である以上に、ときどき引用されるベルクソンだと考えるべきかもしれない。だが、ベルクソンを論破するためにフッサールに全面的に依拠するのかと言えば、必ずしもそうとは言えない。サルトルは、フッサールの「志向性」、「定立／措定」、「中立性」などのタームを用いながらも、かなり自由に論を展開しており、フッサール批判も少なからず見られるか

らである。(11)

二　訳語について

本書の内容を見る前に、採用した訳語について、簡単に触れておきたい。まず書名については、これまで『想像力の問題』と題されてきたが、今回は『イマジネール』とフランス語をそのまま音写することにした。すでに触れたように、本書が単に想像力を扱うのではなく、image全般を扱うためである。そのimageは、フランス哲学思想に関する書物では、しばしば「イマージュ」と音写されるが、本書ではあえて「イメージ」という英語由来のカタカナ表記を採用することにした。というのも、ベルクソンが『物質と記憶』で問題にし、それに想を得たジル・ドゥルーズが『シネマ』で展開したような、実在と表象の中間にあるような、あるいはそのまま実在の像に通じるような「何か」が本書で論じられているわけではないからである。のちに詳しく見るように、本書におけるimageは、基本的には一方で知覚と、他方で記号（signe）と対立するものを意味している。これは心象だけでなく、写真や絵画など、実物を表象した外的な映像をも示すものであり、漢字で示すなら「像」に近いが、サルトル自身が本書の冒頭で明記しているように、意識または作用とされているので、ここでは「イメージ」と訳すことにした。そもそも、imageというフランス語はきわめてレンジの広い言葉であり、そのどこに焦点をあてるかによって、概念として扱うときに

も違いが出てくる。フランス語の image の日常語における基本的な意味は、

(1)（鏡、水面などに映る）像、（映画、テレビなどの）映像
(2)イラスト、（印刷された）図案
(3)（絵画、彫刻などで表現した）姿、形、特に聖像、イコン
(4)似姿、（忠実な）再現
(5)典型的な姿（光景）
(6)観念像、印象、残像、イメージ
(7)比喩的表現、喩え

などである。一方、哲学用語としては、

(1)視覚によって捉えられた事物の具体的または心的な複製物
(2)以前に経験した感覚の心的な反復（répétition mentale）
(3)想像力の働きによって心に描かれたもの、必ずしも現実の事物に対応しないもの、つまり精神活動によって構成された具体的な表象

を表す。サルトルは本書でこれらの意味を混在させて用いているので、大変厄介である。

それと相関して、imageantという形容詞も、そのまま「想像的」とばかりは訳せないことも実感した。savoir imageantを「想像的知」と訳してしまうと、「想像する知」だと思われるだろうが、これはむしろ「イメージをともなった知」を意味している。ただし、全体との兼ね合いもあるので、「想像的《イメージ》知」などとルビを振って訳した場合も多い。conscience imageanteも同様で、「想像的《イメージ》意識」としたところもある。

さらに悩ましいのは、représenter, représentationである。表象文化論がブレイクして以来、「表象」という語は日本語に定着したと言えるが、この言葉もきわめて多義的であり、imaginer, imageのほぼ同意義として用いられる場合も少なくない。術語以外の場合では、「表象する」とせず、「思い浮かべる」と開いた場合も少なくないことをお断りしておく。

analogonは、従来「類同的代理物」と訳されてきた。達意の訳であるが、これを「アナロゴン」と単に音写するのは、訳者の怠慢のみによるものではない。「アナログ」という、今やきわめて日常化した言葉のニュアンスを保つためである。この言葉を、サルトルはおそらくフッサールの『論理学研究』から借用しているが、明確には定義されていない。およそ、対象と類似した物質的または心的な素材でイメージの形成を促すものを意味する。

le réelは、厳密には「現実的なもの」であり、l'imaginaire「想像的なもの」と対になる概念だが、読みやすさを考えて、多くの場合、単に「現実」と訳した。réalitéの訳語と同じになってしまうが、意味的にはさほど大きな違いはないと考える。また、réalitéは「現実」でなく、「現実性」と訳したところもある。

sujet と objet は、日本語に最も訳しにくい哲学用語であるが、本書でも悩ましいケースが頻出した。sujet は「主体」のほか、「被験者」や「患者」と訳した。objet は多くの場合「対象」としたが、その場合でも「客体」や「物」のニュアンスも含んでいる。必要に応じて、〔 〕で補ったり、「オブジェ」とルビを振ったりした。

vie は、英語の life と同様、「生命」、「生活」、「生涯」などの意味をもつが、vie psychique については馴染みのない表現かもしれないが「心的生」とした。

mémoire, souvenir は、ベルクソンとの関係もあって、きわめて訳しづらい言葉だが、場合によって「記憶」、「思い出」などと訳し分け、原綴を補ったり、訳注を施したりした。最も苦慮したのは、signe と signification である。signe は記号として、文字などを表すことがあるだけでなく、さまざまな表徴（身振りとしてのサインなど）も指す。signification は、意味作用を表す言葉だが、本書ではイメージとの対比で「記号が表す意味」を指す場合も少なくない。そのため、これらの語には必ずしも一義的な訳語をあてず、文脈に応じて訳し分けた。

exister は、本書ではもっぱら対象の実在性に関する文脈で用いられるので、一貫して「実在」としたが、もちろん戦後のサルトルの文脈では「実存」と訳される言葉である。ただし、本書にはそのようなコノテーションはまったくない。

他には、「信憑」と訳されることの多い croyance; Glaube を、あえて術語的にではなく、「思い込み」や「信」と訳した。現象学に通じていない読者にも一読して理解してもらうための工夫として、ご理解いただきたい。

三　本書の構成

すでに述べたように、本書は相矛盾するようにも見える複数のベクトルから成っており、地図なしで踏破しようとすると、よほどの専門家でも遭難の危険性が高い。そこで、お節介と言われるのを承知で、全四部と結論から成る本書の構成をできるかぎり中立的な形で記述し、ロードマップを提供することにしたい。

第一部　確実なもの

第一部は、イメージの問題に現象学的にアプローチしたときに見えてくるものの記述であり、現象学を念頭に置けば、比較的容易にサルトルの足跡を追うことができる。

第一章　記　述

第1節「方法」では、方法論が告げられる。それは反省行為（現象学的還元）によって、非反省的な意識においてイメージがどのように機能しているかを記述することである。これによって、イメージの特徴があらわになる。続く第2節から第5節までは、その四つの特徴が示される。

第一の特徴。イメージは、一つの意識である。一般には、イメージは意識の内容だと考えられているが、サルトルは、前著『想像力』の結論を引きつつ、イメージが意識のうちにある、という考えを「内在性の錯覚」として退ける。

第二の特徴。イメージには観察はなく、あるのは準‐観察だけである。知覚において人は対象を観察するが、イメージの場合は、自分でそこに置き入れたものだけを見るので、観察が成立しない。知覚には学習や発見があるが、イメージは本質的に貧しいものであり、最初に置いたものしかない。「知覚の対象が絶えず意識をあふれ出るのに対して、イメージの対象は人がそれについてもつ意識以上のものでは決してない」のである。

第三の特徴。想像的意識は、対象を一つの無として定立する。これが、対象を実在的なものとして定立する知覚的意識との大きな違いである。想像的意識には、四つの定立の仕方がある。

(1)対象を非実在のものとして定立する。
(2)対象を不在のものとして定立する。
(3)対象を他の場所に実在するものとして定立する。
(4)対象を実在するものとしては定立しない。

この四つに共通しているのは、現実に知覚している世界を否定すること、または脱現実化することである。それは否定的あるいは中立的な態度と言える。

第四の特徴は、自発性である。知覚的意識が受動的であるのに対して、想像的《イメージ》意識は自発的（spontané）である。つまり、それはみずから進んで対象を生み出す意識である。

第一章の結論は「イメージという意識が、総合的形態であり、ある種の時間的総合の契機として現れる」ことである。知覚的意識はしばしばイメージ的意識の前や後にあるが、両者は同時にはありえない。また、イメージと知覚では、対象の素材が異なる。この点が、次章で検討される。

第二章　イメージの仲間

一般に「イメージ」と呼ばれるものには、内的なもの（心象）だけでなく、物質性をもつ外的なもの（絵画や写真）もある。個々の例が具体的に検討され、その共通点が探求される。

第1節「イメージ、肖像、カリカチュア」では、ある人物の心的表象、写真、カリカチュアを比較したうえで、どれもが不在の人物を志向し、現前させようとする点では同じ作用であることが指摘される。だが、知覚と異なり、想像作用には対象を現出させるために、対象と類似したもの、すなわちアナロゴンという知覚対象の等価物として働く素材が必要である。写真やカリカチュアは、まさにこのような物的素材、物的アナロゴンである。一方、心象の場合はより複雑だとして、その検討は先送りにされる。ただし、イメージに形を与える

(informatrice) 志向自体は同一であり、違いは素材の違いによる。素材を事物の世界から借りてくるイメージ（写真、カリカチュア、俳優の物まね）、心的世界から借りてくるイメージ（運動の意識、感情）のほか、両者の中間の形態のイメージ（炎のなかに見える顔、入眠時イメージ）もある。

第2節「記号《シーニュ》と肖像」で問題にされるのは、記号とイメージの相違であり、のちにロラン・バルトが大いに援用するものである。記号（ここでは言語記号、端的に言えば文字）の場合、意味するものと意味されるものの関係は恣意的な「取り決め」にすぎず、物的素材と対象のあいだにはいかなる関係もない。それに対して、イメージの場合、物的素材と対象は基本的に類似している、つまりアナロジーの関係にある。それと同時に、たとえば肖像というイメージの場合、そこにはいないモデルそのものが目指されるのであって、絵が（物体として）知覚されているのではない。その意味で、絵が対象（そのモデル）を与えるのに対して、記号はその対象を与えない。記号は、空虚な志向によって記号として構成されるのである。

第3節「記号《シーニュ》からイメージへ　物まねの意識」では、物まねの例が取り上げられる。物まねで私たちが実際に見ているのは物まね芸人であり、まねされている本人はそこにいない。それなのに、なぜ本人の姿が目に浮かぶのか。実は、物まねでは、元の本人を思い起こすさまざまな記号（ここでは、むしろドゥルーズがプルースト論で用いた意味に近い）が素材になっている。ここには時間的な契機があり、記号的な意識がイメージ的意識へと発展するのだ。物まね芸人を見ている人は、そこにちりばめられたさまざまな記号＝表徴（それは小道具であったり、顔や身体の表情であったりする）の意味を読み取ろうとして、目の前の物まね芸人ではなく、その彼方にある有名人を志向する。これは、知覚が決して純粋な知覚ではなく、情感的反応をともなうからこそ可能になる。イメージ的総合が行われることで、物まね芸人にそのモデルが憑依するのだ。

第4節「記号《シーニュ》からイメージへ　図式的デッサン」では、図式的デッサンを例にして、きちんと描き込まれた絵ではなく、ただの線の集まりにすぎないものにも人物や顔などを見て取ることができる事例が取り上げられる。イメージとも思えないものにイメージを読み取る際、重要な役割を果たすのが眼球運動である。そして、その運動の根底には、われわれがもつ知がある。知が、無定形に見えるものをたどるなかで、イメージを探し求めるのだ。その意味で、「イメージの意識は降格した知の意識」だとされる。

第5節「炎のなかの顔、壁の染み、人間の形をした岩」では、炎のなかの顔や壁の染みなどが取り上げられ、日本で言う「見立て」、つまり、そこにあるものとは別のものを、どうやって見ることが可能なのかが検討される。この場合も、図式的デッサンの場合と同様、形象《フォルム》を解釈するのは運動だが、知覚された素材そのものがイメージを作り上げるのではなく、運動をともなって見られた素材がイメージとして形成されるとされる。

第6節「入眠時イメージ、コーヒーの模様や水晶の球のなかに見える光景や人物」では、心理学や病理学研究の成果が積極的に用いられる。入眠時に見る映像に関しては、観察ではなく、準 - 観察であることから考えても、それは知覚ではなく、イメージである。ここでも、イメージの形成は眼球の運動と関連している。一方、コーヒーカップに残った模様に見て取れる像や水晶球に浮かぶ光景は、炎のなかの顔や壁の染みと、入眠時映像との中間にあるものだとされる。

第7節「肖像から心的イメージへ」で、サルトルは、ここまでの分析を振り返ったうえで、改めて「素材」と「知」の役割を確認する。外的なイメージの場合、とりわけ写真などの場合、素材は知覚のレベルでイメージを引き起こすが、そのあと見てきた例では、素材は次第に貧しくなり、類似性は希薄になって、むしろ観念や知の役割、さらには運動の役割が増してくる。その際、知はそのままではイメージにはならず、観念から降格するとともに、運動のなかに流れ込む必要もある。

第8節「心的イメージ」。心的イメージは、知覚の世界のなかに実在する現実的な事物を目指す。ただし、心的内容を通して目指す。だが、心的イメージは外的素材をまったくもたないので、現象学的還元を行って、その残滓を検討しようとしてもできない。したがって、それを検討するには、実験心理学の地平に戻る必要があるとされる。

第二部　蓋然的なもの

第二部では、ヴュルツブルク学派の心理学による実験や知見が縦横に引用され、心的イメージにおいて何が素材の役割を担うのかが探求される。

第1節「知」では、素材を考えるにあたって、まず、純粋な知とイメージをともなった知が同じものであるかが問われ、知がイメージを構成し始めることで根本的な変容を被ることが指摘される。アウグステ・フラッハが「象徴的図式」と呼ぶ例が参照され、イメージ的知が、自己を超越し、関係性を外部として定立しようとする意識であることが指摘される。一方、読書の意識は、半ば記号的、半ばイメージ的なハイブリッドなものだとされる。

第2節「情感性」では、従来「状態」だと考えられてきた「感情、情感」が、特別の志向性をもち、自己を超越する意識であることが確認されたうえ、意識にはしばしば情感がともなうことが指摘される。白い手が問題になるとき、それはただの客観的な手ではなく、美しく、惹かれるような手であったり、醜く、拒否反応が起こるような手であったりする。したがって、知と情感が別々にあるわけではなく、何らかのイメージの志向があるとき、そこには知と情感が同時にともなう。

第3節「運動」では、きわめて具体的に、虚空に指で図を描くとき、なぜその像を私たちがイメージできるのかが考察される。外的なアナロゴンなしでイメージを思い描くとき、運動がアナロゴンの役割を果たすこともある。つまり、想像的意識《イメージ》にとって、情感と運動という二つの素材がある。知の相関者が運動である場合は、しばしば純粋空間の諸規定に関わっている。

第4節「心的イメージにおける言葉の役割」では、改めて言葉とイメージの違いが確認される。記号の意識は空虚なままでありうるが、イメージの意識は、ある種の虚無と同時に、一種の充実を経験する。心的イメージにおいて、アナロゴンの機能は、言葉の意識における言語的記号の機能とはまったく異なる。内的言語における単語はイメージではない。

第5節「心的イメージにおける事物の出現の様相について」では、いわゆる想像力の問題が扱われる。人はどのようにして心象を思い描くことができるのか。それは、しばしば知を出発点として、情感性や運動を用いて行われる。心的イメージにおける対象の特徴として、それが個体化の原理に従わないこと、また必ずしも同一性の原理に従わないことが指摘される。さらに、想像力におけるイメージは、再生される感覚ではなく、むしろ意識の本質的構造、心的機能であると断定される。

第三部　心的生におけるイメージの役割

ここでは、学生時代の研究の成果を存分に利用しながら、サルトルは心理学におけるイメージ論を再検討する。そのため、他の部分とはやや異質な印象を与える。

第1節「象徴」では、イメージが本質的に、その構造自体において象徴的であることが主張される。フラッハの論文「観念形成の過程における象徴的図式」を批判的に援用しながら、象徴が記号や挿絵とどのように異なるのかが確認される。理解はイメージとして実現されるのであって、イメージによって実現されるのではない、という点が強調される。

第2節「象徴的図式と思考の挿絵」でも、フラッハの実験例を数多く援用しながら、サルトルはその意見に与《くみ》することなく、両者の共通点と相違点を明らかにする。挿絵のイメージは、低次の思考が行う最初の試行錯誤であったり、非知性的な思考によって生み出されたりするとされる。

第3節「イメージと思考」では、想像的意識が思考のある類型を表していることが示される。それは、対象において、また対象によって構成される思考である。対象に関わる新たな思考はすべて、想像的意識においては、対象に基づいて把握された新たな決定として現れる。想像的意識において、人は知覚において現れうる対象と類似したものとして与えられる対象を前にしている。この対象は、ものとして構成されるかぎり、何らかの知の相関者である。知は、対象を構成するのに役立つが、構成に尽きるものではない。知はイメージのその後の展開を支配するのであり、この知こそが、イメージの展開を一定の方向に向けさせたり、われわれがイメージを恣意的に変容させようとするときに抵抗したりする。

第4節「イメージと知覚」では、イメージと知覚が排除し合うという本書の基本的なテーゼが再確認される。「心的」イメージの構造は、アナロゴンが外的なものであるイメージの構造と同一である。すなわち、想像的意識の形成は、どちらの場合も、知覚的意識の消滅をともなう。知覚のなかにイメージの発端があるとしても、イメージそのものは知覚的意識が消滅することによってのみ構成されうる。

第四部　想像的生

第1節「非現実的対象」で、サルトルは現象学の地平に戻る。イメージとしての対象は、非現実的である。それは現前しているが、触れることはできないものである。イメージとしての対象は、明確化された欠如である。それは「ない」という逆説的な仕方で形をとる。対象の素材そのものが非現実的であるだけでなく、対象が従属する時間空間的規定も、すべてこの非現実性を帯びている。イメージとしての対象の持続は、特殊な定立行為の超越的相関者であり、その結果、対象の非現実性の特徴を帯びている。

第2節「非現実的なものを前にしての諸行為」では、実在しないイメージもまた私たちを触発すること、私たちがそれに反応することが指摘されたうえで、現実を前にした反応と非現実を前にした反応は異なること、真の感情と想像上の感情も異なることが確認される。想像的生と現実的生のどちらを選ぶのかによって、人は二つの大きなカテゴリーに分類できるだろう、という指摘は、のちのサルトルの文学論（作家とはイマジネールを選んだ人間のことである）に通じる。

第3節「想像力の病理学」では、精神病理学の資料を駆使して、病理学的な現象が検討される。幻覚や夢では、想像的意識の直接的相関者であるイメージとしての対象の非現実性を破壊することはできない。幻覚や強迫観念などの例を取り上げ、ここまでの主張が検証される。

第4節「夢」では、夢における措定の問題、つまり夢を見る意識によって構成された志向的断定の型の問題が扱われる。夢における措定作用は、一見似ているように見えても、知覚の措定作用ではありえない。想像と知覚の違いは、信と知を分ける差異と同じものである。

夢の本性とは、現実が、それを捕まえようとする意識を至る所ですり抜けてしまうところにある。

結　論

結論は、本書のなかで最もあとに独立して書かれたものと思われる。この部分は、それまでの本論で検討したことの要約にとどまらず、まったく新しい展望も含んでいるからである。

第1節「意識と想像力」では、本論での主張を確認しつつ、ここまであまり強調されてこなかった点が補足的に喚起される。たとえば、記憶や予期が想像力とは根本的に異なることである。さらに重要な指摘は、意識にとって想像が可能である条件とは、意識が世界から逃れることができ、世界から距離を置くことができ、現実を否定することができることである、というものだ。この「意識は自由でなければならない」という主張は、『存在と無』につながる重要なテーゼである。

第2節「芸術作品」のほうは、いわば応用編の素描である。「芸術作品とは非現実的なものである」というテーゼが提示され、美的対象または芸術作品というアナロゴンがいかにして機能するのかが素描される。本論で何度も言及された視覚芸術のみならず、演劇や音楽にまで触れられている点でも、新たな展開が見られると同時に、戦後のサルトルの芸術論の出発点ともなっている。その意味で、本論での論証からすると飛躍もあるが、本書のなかで最も刺激的な部分になっている。

以上の概略だけでも、本書がいかに多様な要素から成り、また複合的な構造をとっているのかが見て取れるのではないだろうか。ときに相互に矛盾しているとも見えるほど、サルトルは一つの立場にこだわることなく、多角的にイメージの問題を論じた。そのなかで唯一ぶれていないのは、イメージが知覚と異なること、イメージとは意識であること、そして、人間にとって知覚とイメージはどちらも重要な意識のあり方であるという主張である。

四　『イマジネール』以後のイメージと想像力

ところが、さらなる展開の余地を残しながら、サルトルはイマジネールという問題構成をその後の著作ではほとんど扱うことなく（ジュネ論とティントレット論では、わずかに語られるが）、最終作『家の馬鹿息子（*L'Idiot de la famille*）』（一九七一―七二年）でそこに立ち戻るまで、ほとんど封印するかのように語ることがなくなってしまう。その理由は複数あると思うが[12]、最も中心的な理由を端的に述べれば、戦争をきっかけにして、サルトルの哲学的関心が存在論と倫理の問題（つまり「自由」）に大きく方向転換を遂げたことがあるだろう。本書の結論でもハイデガーが何度か参照されているが、一九三九年以降のサルトルは、『存在と時間』を精読し、歴史の問題、本来性の問題に取り組む。そのとき、想像力としての意識は、世界内存在としての人間がもつ現実否定の力の側面に収斂し、本書の結論で素描された美学的な問題を理論的に発展させる余裕はなくなったと言える。だが、晩年のフローベール論『家の馬鹿息子』では、作家をまさにイマジネールとの関係で論じ、虚構という迂路を通して、いかに文学空間に現実が再出現するのかをつぶさに語ることで、若き日の問題構成を発展させるのである。

だが、ここでは、これ以上サルトル思想の展開を追うことはせず、むしろ同時代や次世代の著作家たちへの影響を簡単に見ておこう。まずは両大戦間期にあたるこの時期、イメージに関心を寄せたのはサルトルだけではなかったことを思い起こす必要があるだろう。文学ではシュルレアリスム運動やジョルジュ・バタイユが、心理学や哲学では未開社会や神秘主義との関係でもイメージ論への関心が高かったことは、ガストン・バシュラールの例からも明らかである。そのような状況下で出版された本書に対して、モーリス・ブランショとエマニュエル・レヴィナスはすぐに反応し、それぞれのイメージ論を展開したが、このことからも同時代の反響の大きさが窺える(13)。

一方、純粋に哲学の領域で言えば、モーリス・メルロ゠ポンティは『想像力』の書評以来、遺作『見えるものと見えないもの』（一九六四年）に至るまで継続的にサルトルのイメージ論との批判的対話を続けたし、ミシェル・アンリが『身体の哲学と現象学』（一九六五年）でとりわけ運動とイメージの関係について批判的に考察していることもよく知られた事実である。また、ジル・ドゥルーズのイメージ論の出発点に、ベルクソンだけでなく、サルトルが大きな影を落としていることも間違いない。だが、何と言っても特筆すべきは、ロラン・バルトの場合である。バルトの写真論『明るい部屋』（一九八〇年）には「サルトルの『イマジネール』へ」との献辞が記されているが、それ以前の映像論も含めて、バルトは本書から刺激を受けて独自の記号論を発展させたのである。

宮川淳をはじめ、サルトルの想像力論への反発を思索の梃子とする思想家は少なくないが、なかでも最も重要だと思われるのはミシェル・フーコーである。その最初期のテクスト「ビンスワンガー『夢と実存』への序論」（一九五四年）には、サルトルの『イマジネール』を踏まえたうえで、独自のイメージ論への立場表明が発せられている。このように、本書は、その後のフランス現代思想のイメージ論を理解するための必読の書と言っても過言ではない。

なお、本書に映画の話は出てこないが、映画批評の第一人者アンドレ・バザンも少なからぬ影響を受けた一人である。彼の旧蔵書の『イマジネール』のなかから発見された読書メモ「写真、「類似的表象」、「アナロゴン」（サルトル）」は、サルトルとの格闘の痕跡をまざまざと示している。

とはいえ、これらの思想史上の有形無形の影響から見て取れる本書が蔵する鉱脈の豊かさもさることながら、本書の最大の魅力は、それができあがった理論であるというより、イメージという不思議な現象がどうして起こるのかについて、ほとんど無手勝流とも呼べる奔放さで、さまざまな観点から考察を行っている点にあると思われる。とりわけ「物まね」のケースのような具体的な分析は、予備知識などなしで誰でもイメージという問題の本質に迫れる部分であり、読者の一人一人が、そこから自分なりのイメージ論を考えるきっかけになることだろう。

最後に

翻訳作業についても簡単に記しておこう。今回の訳は、まず水野が訳し上げた原稿を、澤田が主に読みやすさの観点から手を入れたあと、改めて両者で確認を行った。また、訳注に関しては、二人で分担して執筆した。内容的に疑義がある点については徹底的に協議したうえで最終稿を作成したが、最終的な責任は澤田にある。訳稿を仕上げたあと、若手のサルトル研究者たちに読んでもらい、多くの助言をいただいた。とりわけ関大聡氏には、原文とつぶさに照合していただき、貴重な示唆を少なからずいただいた。ここに記して、深甚の感謝の意を表したい。また、二〇一七年度には、学習院大学哲学科の大学院の授業で一年間、駆け足ではあるが講読した。一緒に読んで、多くの疑問をぶつけてくれた院生諸君にも感謝したい。

フランスのサルトル研究者からも多くの示唆と助言をいただいた。ここに記して感謝する。Un grand merci à Gautier Dassonneville, Vincent de Coorebyter et François Noudelmann. サルトルが本書で参照している心理学関係文献の多くは日本では入手が難しかったが、今年度は在外研究でパリにいたため、フランス国立図書館でそれらを参照することができたのは幸いだった。サバティカルを与えてくれた立教大学と、あたたかく送り出してくれた同僚にも感謝したい。

本書は、一九五五年に平井啓之氏によって『想像力の問題　想像力の現象学的心理学』の表題で人文書院の『サルトル全集』第一二巻として初訳が出ている。今回、その改訂版（一九七五年）を参照したが、解釈はまことに的確で、文章としても読みやすく、見事と言うほかないものだった。にもかかわらず、ここに新訳を出して世に問うのは、すでに述べたように、新資料もいろいろと発見され、新しい知見ももたらされたからである。平井氏の訳業に敬意を表しつつ別の観点から解釈した場所もあるが、『イマジネール』が新たな読者と出会うきっかけになるなら、それにまさる喜びはない。実験心理学や精神病理学など、訳者たちの専門外の事項をはじめ、誤解や不備もあるに違いない。識者からのご指導をいただければ幸いである。

新訳を出すことを編集者の互盛央さんと話し合ってから、ちょうど二年になる。ご自身も立派な研究者であり、かつ辣腕の編集者である互さんには、訳語の選定からレイアウトに至るまで、ひとかたならぬお世話になった。改めて満腔の謝意を表したい。

二〇一九年七月　パリにて　　　　澤田　直

注

（1）ただし、それぞれの版は誤植を含んでおり、必ずしも最新版が最良と言えない点が悩ましい。必要に応じて以前の版も参考にしたが、詳しい校注などは割愛した。

（2）この論文は、ゴーティエ・ダッソンヌヴィルによって翻刻された。Jean-Paul Sartre, « L'image dans la vie psychologique: rôle et nature », *Etudes sartriennes*, nº 22, 2019, pp. 43-246.

（3）その後、アルカン社は他の出版社などと合併し、フランス大学出版局（Presses universitaires de France）（通称 PUF）となったため、『想像力』は現在も PUF から出版されている。

（4）Michel Contat et Michel Rybalka, *Les écrits de Sartre: chronologie, bibliographie commentée*, Gallimard, 1970.

（5）雑誌発表時のタイトルは「イメージの志向的構造」で、単行本との異同はごくわずかである。Jean-Paul Sartre, « Structure intentionnelle de l'image », *Revue de métaphysique et de morale*, 45e année, nº 4, octobre 1938, pp. 543-609. この論文はフランス国立図書館のオンライン「Gallica」で閲覧できる。なお、この発表は『戦中日記』やボーヴォワール宛書簡で触れられている『イマジネール』を博士論文とする計画と関係しているかもしれないが、詳しい経緯はわかっていない。
https://gallica.bnf.fr/ark:/12148/bpt6k11329z

（6）今でこそ、人文社会科学全般に充実した執筆陣を擁し、総合出版社の趣きをもつガリマール社であるが、その出発点は文学であり、いわゆる学術書の多くがアルカン社から刊行されていたことは、本書の参考文献からも見て取れるだろう。

（7）Simone de Beauvoir, *La force de l'âge*, Gallimard, 1960, p. 326, rééd. in *Mémoires*, édition publiée sous la direction de Jean-Louis Jeannelle et d'Eliane Lecarme-Tabone, Gallimard (coll.

« Bibliothèque de la Pléiade », tome 1, 2018, p. 649（シモーヌ・ド・ボーヴォワール『女ざかり』上、朝吹登水子・二宮フサ訳、紀伊國屋書店、一九六三年、二九七頁）。

（8）一九四〇年七月二二日のボーヴォワール宛書簡参照。「私は形而上学論『存在と無』を書き始めた」（Jean-Paul Sartre, *Lettres au Castor et à quelques autres*, édition établie, présentée et annotée par Simone de Beauvoir, tome 2, Gallimard, 1983, p. 285）。

（9）サルトルがフッサールをどのように読解し、自分なりのイメージ論に組み替えたのかについては、以下の著作が詳細に検討している。Maria Manuela Saraiva, *L'imagination selon Husserl*, Nijhoff, 1970. また、想像力の現象学的研究全般については、次のものが参考になる。Edward S. Casey, *Imagining: A Phenomenological Study*, Indiana University Press, 1976.

（10）この点については、とりわけ「自我の超越」で詳述されている。

（11）ヴァンサン・ド・コルビテールのように、むしろここに積極的にフッサール批判を読み取る研究者もいる。Vincent de Coorebyter, « De Husserl à Sartre: la structure intentionnelle de l'image dans *L'Imagination* et *L'Imaginaire* », *METHODOS: savoirs et textes*, mars 2012. https://journals.openedition.org/methodos/2971

（12）サルトルの生涯を通しての想像的なもの（イマジネール）への関心の変遷をたどった重要な論考として以下のものがある。François Noudelmann, *Sartre: l'incarnation imaginaire*, L'Harmattan, 1996.

（13）三者のイメージ論については、郷原佳以『文学のミニマル・イメージ——モーリス・ブランショ論』左右社（流動する人文学）、二〇一一年に詳しい。

ラ　行

ワ　行

マ　行

ヤ　行

ナ　行

ハ　行

サ　行

タ　行

人名索引

・以下は、原書収録の索引を基に作成したものである。
・本文と原注に加え、「序」および訳注に登場する人名も対象とした。

ア 行

カ 行

*本書は、講談社学術文庫のための新訳です。

ジャン＝ポール・サルトル

1905-80年。フランスの哲学者・文学者。主な哲学著作は，本書（1940年）のほか，『想像力』（1936年），『存在と無』（1943年），『弁証法的理性批判』（1960年）など。

澤田　直（さわだ　なお）

1959年生まれ。立教大学教授。

水野浩二（みずの　こうじ）

1952年生まれ。札幌国際大学教授。

講談社学術文庫

定価はカバーに表示してあります。

イマジネール

想像力《そうぞうりょく》の現象学的《げんしょうがくてき》心理学《しんりがく》

ジャン＝ポール・サルトル

澤田《さわだ》　直《なお》・水野浩二《みずのこうじ》 訳

2020年5月12日　第1刷発行

発行者　渡瀨昌彦

発行所　株式会社講談社

東京都文京区音羽 2-12-21 〒112-8001

電話　編集（03）5395-3512

販売（03）5395-4415

業務（03）5395-3615

装　幀　蟹江征治

印　刷　株式会社新藤慶昌堂

製　本　株式会社国宝社

ISBN978-4-06-519438-6

「講談社学術文庫」の刊行に当たって

これは、学術をポケットに入れることをモットーとして生まれた文庫である。学術は少年の心を養い、成年の心を満たす。その学術がポケットにはいる形で、万人のものになることは、生涯教育をうたう現代の理想である。

こうした考え方は、学術を巨大な城のように見る世間の常識に反するかもしれない。また、一部の人たちからは、学術の権威をおとすものと非難されるかもしれない。しかし、それはいずれも学術の新しい在り方を解しないものといわざるをえない。

学術は、まず魔術への挑戦から始まった。やがて、いわゆる常識をつぎつぎに改めていった。学術の権威は、幾百年、幾千年にわたる、苦しい戦いの成果である。こうしてきずきあげられた城が、一見して近づきがたいものにうつるのは、そのためである。しかし、学術の権威を、その形の上だけで判断してはならない。その生成のあとをかえりみれば、その根は常に人々の生活の中にあった。学術が大きな力たりうるのはそのためであって、生活をはなれた学術は、どこにもない。

開かれた社会といわれる現代にとって、これはまったく自明である。生活と学術との間に、もし距離があるとすれば、何をおいてもこれを埋めねばならない。もしこの距離が形の上の迷信からきているとすれば、その迷信をうち破らねばならぬ。

学術文庫は、内外の迷信を打破し、学術のために新しい天地をひらく意図をもって生まれた。文庫という小さい形と、学術という壮大な城とが、完全に両立するためには、なおいくらかの時を必要とするであろう。しかし、学術をポケットにした社会が、人間の生活にとってより豊かな社会であることは、たしかである。そうした社会の実現のために、文庫の世界に新しいジャンルを加えることができれば幸いである。

一九七六年六月

野間省一

サミュエル・スマイルズ著／中村正直訳（解説・渡部昇一）
西国立志編《さいこくりっしへん》
原著『自助論』は、世界十数ヵ国語に訳されたベストセラーの書。「天は自ら助くる者を助く」という精神を思想的根幹とした、三百余人の成功立志談。福沢諭吉の『学問のすゝめ』と並ぶ明治の二大啓蒙書の一つ。
527

カエサル著／國原吉之助訳
ガリア戦記
ローマ軍を率いるカエサルが、前五八年以降、七年にわたりガリア征服を試みた戦闘の記録。当時のガリアとゲルマニアの事情を知る上に必読の歴史的記録として有名。カエサルの手になるローマ軍のガリア遠征記。
1127

カエサル著／國原吉之助訳
内乱記
英雄カエサルによるローマ統一の戦いの記録。前四九年、ルビコン川を渡ったカエサルは地中海を股にかけ政敵ポンペイユスと戦う。あらゆる困難を克服し勝利するまでを迫真の名文で綴る。ガリア戦記と並ぶ名著。
1234

プラトン著／三嶋輝夫訳
プラトン対話篇**ラケス** 勇気について
プラトン初期対話篇の代表的作品、新訳成る。「勇気とは何か」「言と行の関係はどうあるべきか」を主題に展開される問答。ソクラテスの徳の定義探求の好例とされ、構成美にもすぐれたプラトン初学者必読の書。
1276

プラトン著／三嶋輝夫・田中享英訳
ソクラテスの弁明・クリトン
プラトンの初期秀作二篇、待望の新訳登場。死を恐れず正義を貫いたソクラテスの法廷、獄中での最後の言説。近年の研究動向にもふれた充実した解説を付し、参考にクセノフォン『ソクラテスの弁明』訳を併載。
1316

アリストテレス著／桑子敏雄訳
アリストテレス**心とは何か**
心を論じた史上初の書物の新訳、文庫で登場。心についての先行諸研究を総括・批判し、独自の思考を縦横に展開した書。難解で鳴る原典を、気鋭の哲学者が分かり易さを主眼に訳出、詳細で懇切な注・解説を付す。
1363

西洋の古典

君主論
ニッコロ・マキアヴェッリ著／佐々木　毅全訳注
大文字版

近代政治学の名著を平易に全訳した大文字版。乱世のルネサンス期、フィレンツェの外交官として活躍したマキアヴェッリ。その代表作『君主論』を第一人者が全訳し、権力の獲得と維持、喪失の原因を探る。

1689

ギリシャ神話集
ヒュギーヌス著／松田　治・青山照男訳

壮大無比なギリシャ神話の全体像を俯瞰する。紀元二世紀頃、ギリシャの神話世界をローマの大衆へ伝えるために編まれた、二七七話からなる神話集。各話は極めて簡潔に綴られ、事典的性格を併せもつ。本邦初訳。

1695

マルクス・アウレリウス「自省録」
マルクス・アウレリウス著／鈴木照雄訳

ローマ皇帝マルクス・アウレリウスはストア派の哲学者でもあった。合理的存在論に与する精神構造を持つ一方、文章全体に漂う硬質の色を帯びる無常観。哲人皇帝マルクスの心の軋みに耳を澄ます。

1749

共産党宣言・共産主義の諸原理
K・マルクス、F・エンゲルス著／水田　洋訳

全人類の解放をめざした共産主義とはなんだったのか。力強く簡潔な表現で、世の不均衡・不平等に抗する労働者の闘争を支えた思想は、今なお重要な示唆に富む。斯界の泰斗による平易な訳と解説で読む、不朽の一冊。

1931

アリストテレス「哲学のすすめ」
廣川洋一訳・解説
大文字版

哲学とはなにか、なぜ哲学をするのか。西洋最大の哲学者の「公開著作」十九篇のうち唯一ほぼ復元された、哲学的に重要な著作を訳出、解説を付す。古代社会で広く読まれた、万学の祖による哲学入門が蘇る！

2039

カント「視霊者の夢」
金森誠也訳（解説・三浦雅士）

霊界は空想家がでっち上げた楽園である――。同時代の神秘思想家スヴェーデンボリの「視霊現象」を徹底検証し、哲学者として人間の「霊魂」に対する見解を示す。『純粋理性批判』へのステップとなった重要著作。

2161

西洋の古典

道徳感情論
アダム・スミス著／高　哲男訳

『国富論』に並ぶスミスの必読書が、読みやすい訳文で登場！「共感」をもベースに、個人の心に「義務」「道徳」が確立される、新しい社会と人間のあり方を探り、「調和ある社会の原動力」を解明した必読書！

2176

役人の生理学
バルザック著／鹿島　茂訳・解説

「役人は生きるために俸給が必要で、職場を離れる自由もなく、書類作り以外能力なし」。観察眼が冴え渡る抱腹絶倒のスーパー・エッセイ。バルザック他、フロベール、モーパッサンの「役人文学」三篇も収録する。

2206

神曲　地獄篇
ダンテ・アリギエリ著／原　基晶訳

ウェルギリウスに導かれて巡る九層構造の地獄。地獄では生前に悪をなした教皇、聖職者、作者の政敵が、神による過酷な制裁を受けていた。原典に忠実で読みやすい新訳に、最新研究に基づく丁寧な解説を付す。

2242

神曲　煉獄篇
ダンテ・アリギエリ著／原　基晶訳

知の麗人ベアトリーチェと出会い、地上での罪の贖いの場＝煉獄へ。ダンテはここで身を浄め、自らを高めていく。ベアトリーチェに従い、ダンテは天国に昇る。古典の最高峰を端整な新訳、卓越した解説付きで読む。

2243

神曲　天国篇
ダンテ・アリギエリ著／原　基晶訳

天国では、ベアトリーチェに代わる聖ベルナールの案内により、ダンテはついに神を見て、合一を果たし、三位一体の神秘を直観する。そしてついに、三界をめぐる旅は終わる。古典文学の最高峰を熟読玩味する。

2244

ジャーナリストの生理学
バルザック著／鹿島　茂訳・解説

今も昔もジャーナリズムは嘘と欺瞞だらけ。大文豪が新聞記者と批評家の本性を暴き、徹底的に攻撃する。バルザックは言う。「もしジャーナリズムが存在していないなら、まちがってもこれを発明してはならない」。

2273

西洋の古典

西洋中世奇譚集成　魔術師マーリン
ロベール・ド・ボロン著／横山安由美訳・解説

神から未来の知を、悪魔から過去の知を授かった神童マーリン。やがてその力をもって彼はブリテンの王家三代を動かし、ついにはアーサーを戴冠へと導く。波乱万丈の物語にして中世ロマンの金字塔、本邦初訳！

2304

人間不平等起源論　付「戦争法原理」
ジャン＝ジャック・ルソー著／坂倉裕治訳

身分の違いや貧富の格差といった「人為」で作り出された不平等こそが、人間を惨めで不幸にする。この不平等の起源と根拠を突きとめ、不幸を回避する方法とは？　幻の作品『戦争法原理』の復元版を併録。

2367

論理学　考える技術の初歩
E・B・ド・コンディヤック著／山口裕之訳

ロックやニュートンなどの経験論をフランスに輸入・発展させた十八世紀の哲学者が最晩年に記した、若者たちのための最良の教科書。これを読めば、難解な書物も的確に、すばやく読むことができる。本邦初訳。

2369

人間の由来（上）（下）
チャールズ・ダーウィン著／長谷川眞理子訳・解説

『種の起源』から十年余、ダーウィンは初めて人間の由来と進化を本格的に扱った。昆虫、魚、両生類、爬虫類、鳥、哺乳類から人間への進化を「性淘汰」で説明。我々はいかにして「下等動物」から生まれたのか。

2370・2371

愉しい学問
フリードリヒ・ニーチェ著／森　一郎訳

『ツァラトゥストラはこう言った』と並ぶニーチェの主著。随所で笑いを誘うアフォリズムの連なりから「永遠回帰」の思想が立ち上がり、「神は死んだ」という鮮烈な宣言がなされる。第一人者による待望の新訳。

2406

革命論集
アントニオ・グラムシ著／上村忠男編・訳

イタリア共産党創設の立役者アントニオ・グラムシの、本邦初訳を数多く含む待望の論集。国家防衛法違反の容疑で一九二六年に逮捕されるまでに残した文章を精選した。ムッソリーニに挑んだ男の壮絶な姿が甦る。

2407

西洋の古典

言語起源論
ヨハン・ゴットフリート・ヘルダー著／宮谷尚実訳
神が創り給うたのか？　それとも、人間が発明したのか？——古代より数多の人々を悩ませてきた難問に果敢に挑み、大胆な論を提示して後世に決定的な影響を与えた名著。初めて自筆草稿に基づいた決定版新訳！
2457

書簡詩
ホラーティウス著／高橋宏幸訳
古代ローマを代表する詩人ホラーティウスの主著。オウィディウス、ペトラルカ、ヴォルテールに連なる韻文による書簡の伝統は、ここに始まった。名高い『詩論』を含む古典を清新な日本語で再現した待望の新訳。
2458

リュシス　恋がたき
プラトン著／田中伸司・三嶋輝夫訳
美少年リュシスとその友人を相手にプラトンが「友愛」とは何かを論じる『リュシス』。そして、「知を愛すること」としての「哲学」という主題を扱った『恋がたき』。「愛すること」で貫かれた名対話篇、待望の新訳。
2459

メタサイコロジー論
ジークムント・フロイト著／十川幸司訳
「抑圧」、「無意識」、「夢」など、精神分析の基本概念を刷新するべく企図された幻の書『メタサイコロジー序説』に収録されるはずだった論文のうち、現存する六篇すべてを集成する。第一級の分析家、渾身の新訳！
2460

国家の神話
エルンスト・カッシーラー著／宮田光雄訳
稀代の碩学カッシーラーが最晩年になってついに手がけた畢生の記念碑的大作。独自の「シンボル（象徴）」理論に基づき、古代ギリシアから中世を経て現代に及ぶ壮大なスケールで描き出される怒濤の思想的ドラマ！
2461

七十人訳ギリシア語聖書　モーセ五書
秦　剛平訳
前三世紀頃、七十二人のユダヤ人長老がヘブライ語聖書をギリシア語に訳しはじめた。この通称「七十人訳」こそ、現存する最古の体系的聖書でありイエスの時代の聖書である。西洋文明の基礎文献、待望の文庫化！
2465